比較不能な価値の迷路

リベラル・デモクラシーの憲法理論

［増補新装版］

長谷部恭男

東京大学出版会

The Labyrinth of Incommensurable Values
Studies in Constitutional Law and Liberal Democracy
[Expanded New Edition]
Yasuo HASEBE
University of Tokyo Press, 2018
ISBN978-4-13-031191-5

増補新装版 はしがき

本書の初版は2000年1月に刊行された．扱われている論点は，権威の正当性，価値の比較不能性，多数決を支えるコンドルセの定理，法の理解と法の解釈の相違，法の支配の希薄な観念などである．東京大学出版会編集部の山田秀樹氏のお勧めを受けて，書き下ろしの補論2篇を加えた増補新装版をこの度，刊行することにした．

国家権力，そしてその典型的な現れである実定法は，自らは権威（authority）であると主張する．人々に対して，「どう行動すべきか，自分で判断するのはやめて，私の言う通りにしなさい．その方が，本来あなた方がすべきことを，より良くすることになりますから」と主張する．

道路の交通規則を例にとると，日本の道路交通法は，自動車を運行するとき，道路の左側を通るよう求めている（17条4項）．右を通るか左を通るか，人々が自ら判断するのはやめて，左側を通るよう要求している．なぜそうした要求をするかと言えば，みんなが法の求めるように左側を通るようにすれば，安全かつスムーズに自動車を運行することができるからである．事故を起こして人に迷惑をかける心配もなくなる．だから，法を権威として受け取り，その通りに行動するようにと主張している．それが実定法の権威を正当化する通常の論理である．こうした論理が妥当する典型的な事例は，人々の社会的相互作用を調整しなければならない状況であり，とりわけ調整問題（co-ordination problems）状況――個々人にとってとるべき行動が何かが，他の人々が実際にとる行動が何かに依存しており，他の大部分の人々がとる行動を自分もとろうと大部分の人々が考えている状況――である．

実定法が権威として人々に受け取られるためには，実定法の体系は，「法の支配」と総称されるいくつかの特質を備えている必要がある．実定法は公示され，規定の仕方が一般的かつ明確であり，相互に矛盾・衝突することがなく，朝令暮改でなく安定しており，遡及的に適用されないことが必要である．何よりも，実定法は，読めば理解できるように規定されていなければならない．そうでなければ，人々は，「法の求める通り」に行動することはできない．裏返して言えば，実定法は，何らの解釈を加えることなく，直ちに理解できるものでなければ，社会の期待に応えることができない．解釈が必要となるのが例外的な場合にとどまっていなければ，実定法の体系は崩壊する．逆に言えば，条文の解釈が要求される例外的な場合に，文面にこだわれと主張するのは，論理の錯誤である．

実定法が何を求めているかを理解し得ることは，実定法を権威として受け取るべき必要条件ではあるが，十分条件ではない．権威として受け取るべき理由があるか否かは，個別の実定法に即して，具体の場面ごとに判断すべき問題である．国家の権威要求を包括的に受け入れるべきか否かを問題とする主権概念の意義が限られている理由は，ここにもある．もちろん，破綻国家の権威要求は全面的に否定されるべきであろうが，国民主権を標榜しているからと言って，当該国家の権威要求を包括的に承認すべきことになるわけではない．

複数の価値は往々にして比較不能である．異なる価値観のいずれがすぐれているか，優劣を比較するための，両者に共通する基準がないことは，しばしばある．宗教改革によって教会が分裂した後の世界では，根底的に対立し相互に比較不能な価値観が複数存在することを正面から認めた上で，多様な価値観を抱く人々が，公平に共存し得る社会の枠組みをいかにして構築するかが課題となった．その解決を目指すプロジェクトが近代立憲主義である．近代立憲主義は，世界観を自ら選びとる自律的個人像を前提とする．自律的個人は自律的(主権的)国家像と相伴って，互いを照らし映し出す．いずれも，現実そのままと言うよりは理念である．

近代立憲主義が，それと対抗するプロジェクト――たとえば単一の価値観で社会を統一・純化することで価値観の相剋を解消しようとする極右ナショナリズム――と比べて，「客観的に」すぐれていると主張することはできない．比較不能だからである．近代立憲主義がすぐれているという結論は，個人の尊厳と平等，法の支配，民主主義など，近代立憲主義自体の諸前提に立脚しなければ導くことができない．

以上のような本書の指摘は，20 年近く経った現在でも，概ね適切であると筆者は考えている．進歩がないと言えばそれまでであるが，拙論を大きく修正すべき必要性は感じられない．

この増補新装版では，2 篇の補論が加えられている．

補論 I は，ティモシー・エンディコットの著作『法の不確定性』を素材として，実定法に不確定性がもたらされる諸局面を描き，実定法の理解と解釈をめぐるいくつかの論点を検討している．とりわけ，第 8 章でも検討対象としたミシェル・トロペールの解釈理論を改めて取り上げ，彼の描く実定法秩序——有権解釈を通じて実定法を自ら産出する最上級裁判所を頂点とする実定法秩序——がいかなる根拠に基づいて，どの範囲で存立し得るかについて再論した．

補論 II は，バーナード・ウィリアムズの「人間知としての哲学」を素材として，ローカルな知としての法学の任務を改めて検討している．ローカルな視点や研究者の個性から可能な限り距離をとった学問のみに価値があると考える人は，科学主義の誤謬に陥っている．法学は物理学や数学とは異なる．もちろん，法が一般的にどのような主張をするか，あるいは，法が法として機能するためには，どのような特質を備えている必要があるか等の問題について，一般的なレベルで議論をすることは可能である．しかし，人の行動を方向づけようとする法が，具体的にどのような方向づけを行うかは，時代により社会により異なる．補論 II のエピグラフに掲げた日本国憲法前文の言明は，アイロニカルなものとして受け取る必要がある．それを残念に思う必要はない．

増補新装版の刊行に合わせて，表記を改めた点がある．Andrei Marmor の姓を「マルモア」と表記することとした．これも調整問題の解決である．

2018 年 1 月

Y. H.

初版 はしがき

本書は，90 年代に発表された筆者の論稿のうち，国家権力の正当性とその限界，および国家意思の形成手続である民主政に関するさまざまな見方とその帰結に関して検討したものを集めている．

国家に関する憲法学の考察は，国家はそもそも必要かという問いからはじまる．いかに行動すべきかに関する判断は本来，個人がそれぞれなすべきものである．なぜ国家の権威に従う必要があるのかという問いかけは，人は生来自由であるという受け入れやすい前提から自然に生まれる．この問題に関する古典的な回答は，国家の存在しない自然状態がもたらす困難への対処として国家を正当化しようとするものであった．自然状態における困難をどのようなものと考えるかに応じて，正当化される国家の活動範囲も変化することになる．

第 1 章「国家はそもそも必要なのか?」は，デイヴィッド・ゴーティエの議論を参照しつつ，ホッブズの想定した自然状態の困難は，もしすべての当事者がそれを「囚人のディレンマ」として把握し，それに応じて行動すれば，国家を設営する必要もなく解決されるはずであることを指摘する．しかし，少なからざる当事者がそれを「チキン・ゲーム」としてとらえる危険があるために，なお国家の設営が要請される．こうした考察が国家間の平和の問題にどこまで応用可能かは，興味深い論点を提起する(この点については，拙稿「平和主義の原理的考察」憲法問題第 10 号(1999)を参照．なお第 1 章の英語版は，‘Why We Should Not Take Sovereignty Too Seriously’という題目で *National Constitutions in the Era of Integration*, ed. by Antero Jyränki (Kluwer, 1999) に収録されている)．

近代立憲主義は，たとえ国家の必要性が論証されるとしても，その正当な活動範囲は，本来限定されていると主張する．生の意味，世界の意味について，この世には多様で相互に比較不能 (incommensurable) な考え方が併存し，せめぎあっている．根底的に異なる諸価値が対峙する社会で，人々がなお平和な社会生活の便宜を公平に分かち合って生きることのできる条件は何か——近代憲法学はこの問いに答えようとする試みである．この条件に沿った形でのみ，正当な国家活動が想定できる．第2章「比べようのないもの」は比較不能性という観念が憲法学にとってもつ意味を分析する．多様な価値の対立がもたらす諸問題を解決しようとする企図は，近代ヨーロッパに生まれた立憲主義には限られていない．第3章「コモン・ローの二つの理解」，第4章「文化の多様性と立憲主義の未来」は，それぞれ，コモン・ローの伝統的理解，ジェームズ・タリーの提唱する「現代立憲主義」など，近代立憲主義と競合する他のプロジェクトの検討を行う．

第4章で紹介するジェームズ・タリーの法に対する見方は示唆するところが大きい．ウィトゲンシュタインの描く，迷路のような細い路地と突然現れる広場の雑然とした見通しの効かない集合体に似たものとして法を理解すべきだとすれば，裁判所の解釈活動や国家機関のピラミッドに対応した整合的な規範の体系として法を把握しようとする試みは現実と乖離することとなる．それぞれの狭い範囲の地理に詳しい土着の専門家のもつ必ずしも整然としない知恵を寄せ集め，可能な限りでの見通しを得ることが法律学のなしうる最大限である．矛盾と衝突に満ちた現実に満足できず，その背後に潜んでいるはずの一貫した普遍的原理の体系を観念的に紡ぎだそうとする試みは，結局，現実の法のありようとの関連を失った空中楼閣の建設に陥る危険がある．多様な価値が併存し衝突する社会では，規範と規範の衝突の中には論理的欠陥にもとづくものでも理論の未成熟によるものでもないものが含まれている．われわれはそこに現実の価値の衝突をありのままに見るべきである．

第4章でも示したように，こうした考察は近代立憲主義の廃棄を導くわけではない．規範の衝突のない整合的・統一的な価値体系を構成し，それにもとづいて紛争を解決しようとする試みが各人の自律的な生を抑圧する帝国主義的専制にいたる危険のあることを含意するにとどまる．立憲主義は，対立する価値の共存をはかり，社会全体の利益を実現するさまざまな制度上の工夫をこらしてきた．公共の福祉に関する理性的な審議と決定が必要な場合でも，われわれは論理的矛盾を除去するかのような態度で諸価値の調整を図ろうとすべきではない．しかし，複雑で多彩な社会を構成する複数の文化が共存の意思をもはやもたなくなったときは，近代立憲主義の下での共存よりも，むしろ国境を隔てた共存の方が平和な生を保障する蓋然性が高まる．本書の視点からすれば，必ずしもあらゆる社会がリベラル・デモクラシーにならなければならないわけではない．

価値の多様性と比較不能性を突き詰めたときに生まれる一つの対応はポストモダニズムである．第5章「理性の彼方の軽やかな希望」は，近代立憲主義に含まれるさまざまな観念，とくに「人権」がポストモダニズムの視点からいかに理解されるかを描く．同章〔補論〕で述べたように，筆者自身はポストモダニズムにもネオ・プラグマティズムにも加担するつもりはないが，彼らの提示するアイディアの中には考慮に値するものがあると考える．リチャード・ローティの掲げる「民主主義の哲学に対する先行性 priority」というスローガンもその一つである．科学哲学がまず正しい科学のあり方を示し，それにもとづいて科学者が研究をすすめるのではないのと同様，哲学がまず正しい民主主義のあり方を示し，それにもとづいて民主主義が活動をはじめるわけではない．もっとも，このスローガンを額面通りに受け取って，哲学が民主主義のあり方に影響を及ぼすことはないとか，民主主義の現状を根底的に検討し直すことは不可能であると思い込む理由はないであろう．

公共財の供給を典型とする正当な国家活動に関する意思決定の手続としては民主的手続，とくに多数決が立憲主義諸国で広く採用されている．なぜ多数決による決定が正当な決定方式といえるかについては，さまざまな説明の試みがある．功利主義にもとづく多数決の正当化とそこから導かれる内在的限界は，ロナルド・ドゥオーキンの「切り札としての権利」を中心とする周知の理論によって分析されている（拙著『権力への懐疑』（日本評論社，1991）第3～6章参照）．第6章「多数決の『正しさ』」は，「コンドルセの定理」を応用することで，共和主義の下での，一般意思の発見手段としての多数決の意義と限界を浮かび上がらせる．

第7章から第9章は，以上の分析を前提としながら，裁判所の役割に注目する．いわゆる「二重の基準」の理論は，日本における司法審査のあり方を説明し，枠付ける理論として学説・判例により広く受け入れられてきたが，近年ではその正当化根拠が改めて批判的検討の対象となっている．第7章「それでも基準は二重である!」は，「二重の基準」論が近年の批判にもかかわらずなお維持されうること，そして経済活動規制に関する判例理論も，民主的政治過程の働きに関する一定の見方の下では合理的な対処方法であることを示す．

ミシェル・トロペール教授の解釈理論は，その独特の帰結――真の立法者は「立法府」ではなく，有権解釈者たる最上級裁判所である――によって広く知られている．第8章「制定法の解釈と立法者意思」では，ウィトゲンシュタインの議論を参照しながら，条文と解釈の関係についてのトロペール理論の基本的前提を突き詰めると解きがたいパラドックスが生まれることが示される(この分析の英語版 'The Rule of Law and Its Predicament' は，Ratio Juris, vol. 17, no. 4 (2004) に掲載される予定である)．さらに，第1章で国家の権威に関する分析の出発点とされたジョセフ・ラズ教授の理論を利用しつつ立法者意思に付与すべき権威の範囲を画するアンドレイ・マルモア博士の議論が紹介され，民主的立法過程の功利主義的理解，共和主義的理解などと照らし合わせながら，その妥当性が検討される．

民主主義と司法審査の関係は世界で広く議論されている．第7章で扱った「二重の基準」論も民主制原理と司法審査とを整合的に説明する試みの一つである．二つの原理の関係を分析するためには，まずいかなる民主制が想定されているかが明らかにされなければならない．それが定まってはじめていかなる司法審査の活動がそれと両立しうるかが明らかとなる．第9章「司法審査と民主主義の正当性」では，日本において当面の議論の対象となりうるモデルとして政治的多元主義と共和主義とが取り上げられ，いずれもが価値の多様性と比較不能性から導かれる司法審査の活動を前提としてはじめて実効的に機能しうることが指摘される．

第10章および第11章は「法の支配」を取り扱う．「法の支配」はきわめて多義的に用いられ，ときには近代立憲主義そのものとほとんど同義の内容の濃密な概念として用いられることもある．ここでは，法が法として機能するための条件，つまり人々に予測可能性を与え，人々の行動を導くことができるために法が備えているための条件という，より希薄な意味で「法の支配」ということばを用いている．こうした意味での「法の支配」が成り立つためには，トロペール理論に反して裁判所の有権解釈以前に法が何を命じているかを人々が了解しうることが必要である．

第 10 章「法の支配が意味しないこと」ではこうした「法の支配」の内容とその正当化根拠，およびその限界が検討される．同章注 39 でも述べた通り，こうした希薄な「法の支配」も価値観の多様化した社会ではじめて必要となるものである．しかしながら，第 4 章で紹介したジェームズ・タリーの議論が示唆するように，現実の法のありようが，人々に予測可能性という「見通し perspicuity」を十分に与ええないものだとすれば，価値観の多様化した社会でこそ必要となる「法の支配」は，その多様性・比較不能性が切実に感じられるようになればなるほど，維持が難しくなるという苦境に陥ることになる．前掲の ‘The Rule of Law and Its Predicament’ はこの苦境についても論じている．第 11 章「厳格憲法解釈の本質と精神」では，一つの応用問題として内野正幸教授の提唱する「厳格憲法解釈論」と「法の支配」の考え方との異同が検討される．

本書がなるにあたっては多くの方々からご教示・ご協力をいただいている．第 1 章，第 8 章は，いずれもその英語版が国際憲法学会の研究集会に提出され，報告された．第 3 章は 1992 年 5 月に開催された日本法社会学会学術大会のシンポジウムで報告された．第 9 章は「憲法学の可能性を探る」というテーマで行われた法律時報の研究会に提出され，討議の材料とされた．第 11 章は，法律時報の「論争憲法学」研究会で報告された．それぞれの場でご教示をいただいた方々に謝意を表したい．

それ以外の原稿も，特定のテーマで雑誌や共同執筆の書物へ寄稿するよう依頼されて執筆したものがほとんどである．筆者は生来，精神的にも肉体的にも怠惰な人間で，特定のテーマと制限枚数で原稿を依頼されてはじめて仕事にとりかかることが通常である．仕事の依頼がなければどのような生活を送っていたかと考えると，何も思い浮かばないので，きっと怠惰にただ時を過ごしていたに違いない．仕事を依頼した方々は筆者をそうした境遇から救い出して下さったわけである．もっとも，彼(女)らは出来上がった作品を見て救済しなければよかったと後悔しているかもしれないが，品質の低い生産物のおかげで社会の効用が低下したとしても，その責任はすべて筆者にある．

毎度のことながら，長谷部由起子教授の誤植発見能力に助けられた．東京大学出版会編集部の羽鳥和芳氏は，こうした形での論文集の出版を記憶力の弱い筆者には思い出せないほどの以前にすすめて下さり，その後も同編集部の角田光隆氏とともに本書の構成，書名の考案，校正等にいたるまでお世話になった．厚く御礼申し上げる．

1999年11月

Y. H.

目　次

増補新装版 はしがき
初版 はしがき
第1章　国家はそもそも必要なのか? …… 1
1　政府機能の全面民営化論 …… 1
2　政府の権威は正当化可能か …… 3
(1)　正当な権威　3
(2)　調整問題状況　5
(3)　囚人のディレンマ状況　6
(4)　政府の通常の正当化——その限界　8
(5)　ホッブズと国家の正当化　9
(6)　ホッブズのディレンマ　10
(7)　ゴーティエの議論　13
(8)　チキンゲーム——それでも政府は必要である　15
3　国家のために死ぬことの意味と無意味 …… 19
第2章　比べようのないもの …… 25
1　マッキンタイアの疑問 …… 25
2　かけがえのなさ …… 29
3　憲法理論の比較不能性 …… 32
4　比較憲法学に何ができるか …… 34
第3章　コモン・ローの二つの理解 …… 39
1　合意の可能性と比較可能性 …… 39
2　実証主義モデル …… 41
3　伝統モデル …… 44

4 「法律学基礎論」の基礎 …… 45
5 伝統モデルの限界 …… 47

第4章 文化の多様性と立憲主義の未来 …… 49

1 問題の設定 …… 49
2 近代立憲主義の特質 …… 51
3 現代立憲主義とウィトゲンシュタイン …… 53
4 近代立憲主義の多面性 …… 57
5 ロールズの「政治的」リベラリズム …… 58
6 リベラリズムの中立性 …… 61
7 グロティウス，ホッブズ，ロック …… 62
8 実定法秩序の自律性と主権概念の意義 …… 64
9 文化の多様性に対する多様な回答 …… 66
10 リベラルであることの偶然性 …… 69

第5章 理性の彼方の軽やかな希望 …… 73
——「ポストモダン＝新しい封建制?」という
疑問にポストモダニズムは答えられるか——

1 はじめに …… 73
2 悪質な相対主義? …… 76
3 生活様式と言語ゲーム …… 77
4 理論の実用性 …… 80
5 むすび …… 83

第6章 多数決の「正しさ」 …… 89
——ルソーの一般意思論とコンドルセの定理——

1 コンドルセの定理 …… 89
2 ルソーの一般意思論 …… 91
3 グロフマンとフェルドの解釈 …… 92

4　解釈の射程 …… 93
5　違憲審査の正当性 …… 94
6　むすび …… 96

第7章　それでも基準は二重である！ …… 99
——国家による自由の設定と規制——

1　井上達夫教授の疑問 …… 99
2　筆者の反論と森村教授の再批判 …… 100
3　経済活動規制と民主的政治過程——違憲審査基準論の背景 …… 107
4　むすび …… 111

第8章　制定法の解釈と立法者意思 …… 113
——アンドレイ・マルモア博士の法解釈理論——

1　トロペール教授の「解釈」 …… 113
2　ウィトゲンシュタインのパラドックス …… 114
3　パラドックスの解決——解釈によらない理解 …… 116
4　解釈と意味論・語用論 …… 119
5　誰の意思が問題となるのか …… 123
6　なぜ立法者の意思を尊重すべきか …… 124
7　ウォルドロンの批判 …… 128
8　立法の民主的正当性と権威 …… 131

第9章　司法審査と民主主義の正当性 …… 135

1　リベラリズムと価値判断の多元性 …… 135
2　「伝統的裁判官」と「政治的裁判官」——樋口=小田中論争の一側面 …… 137
3　民主的政治過程の自己保存 …… 139
4　なぜ民主政は正当なのか? …… 141
5　裁判官の「正統性」と「正当性」 …… 144

第10章　法の支配が意味しないこと …… 149

1　はじめに …… 149
2　ダイシーの不思議な法の支配 …… 150
3　法に従う …… 152
4　憲法上の根拠 …… 154
5　功利主義的基礎づけ …… 156
6　個人の自律 …… 158
7　法の支配の限界 …… 160

第11章　厳格憲法解釈論の本質と精神 …… 163

1　厳格憲法解釈論の内容 …… 163
2　厳格憲法解釈論の本質――厳格な意味における「法の支配」 …… 165
3　憲法規範の存在形式 …… 167
4　厳格憲法解釈論の精神 …… 168

補論 I　法の不確定性と解釈について …… 171

1　内容の紹介 …… 172
(1)　解釈と根底的不確定性　172
(2)　不確定性の諸要因　173
(3)　不確定性と法理論　176
(4)　不確定性と解釈　178
(5)　解釈と理解　180
(6)　法の不確定性と法の支配　180
2　若干の考察 …… 181
3　ミシェル・トロペールの解釈理論・再訪 …… 183
4　トロペール的法秩序の存立可能性 …… 187
5　むすび …… 189

補論 II　普遍主義の罠，科学主義の誤謬 …………………… 191
——バーナード・ウィリアムズの「人間知
としての哲学」に寄せて——

1　はじめに …………………………………………………………………… 191
2　絶対的観念と科学主義的誤謬 ………………………………………… 192
3　歴史的探求の不可欠性 ………………………………………………… 194
4　アイロニーの不要性 …………………………………………………… 196
5　理解の限界 ……………………………………………………………… 197
6　むすび …………………………………………………………………… 200

初出一覧 ……………………………………………………………………… 203
索　引 ………………………………………………………………………… 204

比較不能な価値の迷路

——リベラル・デモクラシーの憲法理論——

[増補新装版]

テレザと共に生きる方が善いのか，それとも独りで生きるべきか．
いずれが善いかを知るすべはない．比べる基準が欠けているからだ．

——ミラン・クンデラ『存在の耐えられない軽さ』より——

第1章　国家はそもそも必要なのか?

1　政府機能の全面民営化論

国家あるいは政府が，そもそも正当でありうるのかという問題は，伝統的に国家が存在しない状態，つまり自然状態と対比しつつ語られてきた．ホッブズ，ロック，ルソーなどの社会契約論者は，自然状態を出発点とし，自然状態のさまざまな困難を解決するため，人々は自発的に社会契約を結び，国家を設立するはずであると主張した．

これに対して，最近，国家の存在する状態を出発点とし，それを国家なき市場へと解体することで政府の無用性を立証しようとするアプローチが現れている[1]．政府の果たすべき機能を市場が実効的に代替しうるかにも疑問があるが[2]，筆者は，国家の存在する現状を出発点としてその全面的な民営化への移行を正当化しようとするアプローチには，実際的な難点以前に，そもそも原理的な困難があると考える．

何らかの制度(ないしその不在)を正当化するには，大きく分けて二通りの方法がある．一つは，その発生(ないし消滅)の手続に着目する方法であり，いま一つはそれがもたらす帰結に着目する方法である[3]．国家を正当化する場合でいえば，国家が人々の自発的な意思の合致によって成立したから正当であるという議論は発生論的な正当化であり，国家は自然状態における困難を解決し，

1)　笠井潔『国家民営化論』(光文社，1995).

2)　森村進「国家は民営化できるか」あうろーら (1996年秋) 参照.

3)　D. Schmidtz, Justifying the State, in *For or Against the State*, eds. by J. T. Sanders & J. Narveson (Rowman, 1996) at 82–85.

人々の効用を増大させるから正当であるという議論は帰結主義的正当化である.

政府機能の全面的な民営化は発生論的に正当化されうるだろうか. 政府は現存する. したがって, その機能の民営化は, 現存する民主的な手続によって, つまり議会での立法や国民投票などの手続によって行われることとなろう. ところが, それは今のところ現実には発生していない. 発生論的な正当化に頼ろうとするのであれば, 現在の政治的多数派が民営化を望まない以上, それを批判する根拠はない. つまり, 全面的な民営化のためには, 帰結主義的正当化のみが残されている.

現実には民営化が行われていないとしても, 仮想の民営化論に頼ることは可能だという反論があるかもしれない. 社会契約論の一変種として, ロールズはこの種の仮想の社会契約を論じている[4]. しかし, 仮想の社会契約なるものに独自の正当化の力はない. せいぜいのところ, それは帰結主義的正当化の一種である. かくかくの社会契約を結べば, 当事者はしかじかの利益を得るのだから, 彼らはその契約を締結するはずだというのが, 仮想の社会契約論の内容である. この種の議論の正当化の力は, 当事者に契約の帰結としてどのような利益がもたらされるかの一点にある. 仮想の民営化論においても同様である[5].

つまるところ, 政府の全面的民営化が実現されていない現状でそれを正当化しようとする人々は, 帰結主義的正当化に頼らざるをえない. ところで, 政府機能の全面的民営化は, どのように人々の厚生を改善するであろうか. それが, 現状と比べてパレート優位の形で, つまり誰の効用を低下させることもなく, 少なくとも一人の効用を向上させるという形で社会の厚生の改善をもたら

4) J. Rawls, *A Theory of Justice* (Harvard University Press, 1971). なお, 後述注 16 に対応する本文を参照.

5) また, 仮想の社会契約論においては, 帰結主義的正当化が全員一致の契約締結という発生の手続と整合しているが, 仮想の民営化論においては, 帰結主義的正当化と民主的な決定という発生の手続とは必ずしも整合しない. 単純化のために, 直接民主制を前提として話をすすめると, 民主的決議では一人一票の原則が支配し, いずれの一票も同じ重みしかもたず, 各個人の選好の強さを示すことはない. これに対し, 帰結主義的な正当化として典型的にもち出される社会全体の厚生の向上が生ずるか否かは, 各個人の選好の強さを勘定に入れない限り, 結論を出すことができない. このため, たとえ政府の全面的民営化が, その結果から見て正当化しうるものであったとしても, 民主的手続を経てそれが実現される保障はないし, 他方, 民主的に民営化が決定されたとしても, それが実際に社会全体の厚生を向上させるとは限らない.

すことは考えにくい．もし，このような改善がもたらされるのであれば，すべての民主的政府は，誰の積極的反対もなく，ことごとく全員一致で消滅しているはずである．

第二に，誰かの効用を低下させはするが，他の人々の効用の向上が上回るため，後者から前者への効用の移転によって損失を補償しても，社会全体としては厚生が改善されるという意味で――つまりカルドア＝ヒックス基準によって――社会の厚生が改善される可能性が考えられる．しかし，政府がすでに存在しなくなった状況で，効用の低下した人々への損失補償を行う機構が働くとは考えにくい．損失が補償されない状況でもなお，差引計算すれば社会全体として厚生が向上しているというだけでは，全面民営化論の説得力は薄弱であろう．カルドア＝ヒックス基準によってさえ正当化しえないような現状の変革が，帰結主義的に正当化されうる可能性があるかといえば，悲観的にならざるをえない．

結局のところ，政府の存在する現状を出発点とし，それをベースラインとして政府機能の全面的民営化を正当化することは，きわめて困難だということになる．

無政府状態を正当化しようとするのであれば，政府の存在しない自然状態を出発点とし，それをベースラインとすべきである．この場合は，立証責任が転換され，なぜ政府の設立が正当かを積極的に立証する責務を，政府擁護派が負うことになる．本章では，以下，この問題を取り扱う．

2　政府の権威は正当化可能か

(1)　正当な権威

政府は，人々に対して，各自の独立の判断ではなく，政府の判断に従って行動するよう要求する．つまり，政府は権威（authority）であると主張する．もし，政府の存在が正当化できるのであれば，それは権威が一般的に正当化される仕方で，政府の権威も正当化できるからに違いない．権威は通常，どのように正当化されるであろうか．オクスフォード大学のジョゼフ・ラズ教授は，この問題について次のようなテーゼを提唱する．

まず，権威が命ずるよう行動しなければならないのは，権威に命じられたか否かにかかわりなく，そうすべき独立の理由が名宛人にあるからである．権威にかくかくせよと命じられたという事実は，それ自体，そのように行動すべき理由となるが，名宛人には，権威の命じた行動であるからという理由以前に，そのような行動をとるべき別の理由があてはまっている．ラズは，権威がこのような性格を備えているという主張を，「依存テーゼ dependence thesis」と呼ぶ．権威が人々の行動を拘束しうる力は，命令の存在とは独立に名宛人に妥当する理由の存在に「依存」しているからである[6]．

第二に，そのような独立の理由が存在するにもかかわらず，なお権威の存在に意義があるのは，各人がそれぞれ独自に彼(女)に妥当する理由に合致した行動をとろうとするよりも，むしろ権威の命令に従った方が，その独立の理由に，よりよく合致した行動をとることのできる蓋然性が高いからである．ラズは，これが権威の通常の正当化根拠であることから，この主張を「通常正当化テーゼ normal justification thesis」と呼ぶ[7]．二つのテーゼの間には，通常正当化テーゼが，依存テーゼの成立を前提としており，また依存テーゼも通常正当化テーゼが成立してはじめて説得力のあるものとなるという形で，相互に支え合う関係がある．

一般に，権威と呼ばれる存在がこのような性格を備えていること，そして，このような性格を備えているからこそ，権威に従うべきであることは，さしたる異論なく承認されうるであろう．英会話の教師の指示通りに表現し，発音すべきなのは，教師の指示に従うことで，生徒が独自に調査し練習するよりも効率的に正しい英会話を習得することができるからであり，しかも生徒には，教師の指示だから従うという理由以前に，正しい英会話を習得すべき独立の理由があるから(たとえばイギリスに留学しなければならない等)である．

同様に，テレビで気象予報士が「本日午後は雨が降りますから，傘を持ってお出かけ下さい」といったとき，筆者がそれを「権威」による指示として受け

6) J. Raz, *The Morality of Freedom* (Clarendon Press, 1986) at 47. 以下，1 項から 4 項で説明する国家権力の正当化根拠とその限界については，長谷部恭男「国家権力の限界と人権」樋口陽一編『講座憲法学 3 権利の保障(1)』(日本評論社，1994) 参照.

7) Raz, *supra* note 6, at 53.

取るとすれば，それは筆者が独自に天気を予想するよりも，気象予報士の予報の方が正確である蓋然性が高いと筆者が考えるからであり，しかも，筆者には気象予報士の指示だから従うという理由以前に，傘を持参すべき独立の理由，つまり雨に濡れるのは困るという事情があるからである．

政府が典型的な権威の一種である以上，もし政府に従うべき正当な理由があるとすれば，やはり政府の指示に従うことによって人々が本来とるべき行動をよりよくとることができるという事情があるはずである．そのような事情として，しばしば指摘されるのが，調整問題状況と囚人のディレンマ状況である[8)]．

(2)　調整問題状況

調整問題状況とは，大多数の人がとるような行動にあわせて自分も行動しようと大多数の人が考える状況のことである．世の中には，どれになってもさして変わりはないが，とにかくどれかに決まっていてくれなければ困る事柄がたくさんある．道路の交通規則（車は右か左か），国際会議での公式言語（報告は英語でするのか日本語でするのか），服装のエチケット（皆が礼服ならば，自分も礼服で行こう），燃えるゴミを出す日は月・水・金か火・木・土か，これらは，人によって多少の便・不便はあっても，いずれが正しいかをことごとしく議論するより，いずれかに決まっていること自体が，そして決まったことに大多数の人々が従うことが肝要な事柄である．

このように調整問題状況では，各当事者は複数の選択肢に直面する．各当事者の利得は，他の当事者がどれを選択するかにも依存しており，当事者は互いに他の当事者の選択をコントロールできない．当事者が満足するのは，すべての当事者が一致してある選択を行った場合であるが，そのような選択は一通りに限られていないため，各当事者は，いずれも他の当事者の出方を予想しながら，各自の行動を調整しようとする．

図1は，典型的な調整問題状況のマトリックスである．二人の当事者がそれぞれ二つの選択肢に直面しており，図の各ボックスが二人の選択の組合せを示す．各ボックスの左側の数字が横行の選択者（A）の利得を，右側の数字が縦行

8)　J. ラズ（森際康友編訳）『自由と権利』（勁草書房，1996）171頁．

A \ B	左	右
左	1, 1	0, 0
右	0, 0	1, 1

図 1

の選択者 (B) の利得を示す.

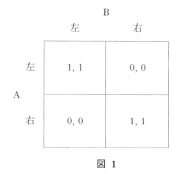

反対方向から車を運転してきたAとBが，それぞれ相手の右側にハンドルを切るか，左側にハンドルを切るかの選択に直面しているとしよう．双方が自分から見て左側に，あるいは双方が右側にハンドルを切れば衝突を免れることができる．しかし，一方が左，他方が右にハンドルを切れば衝突する．二人にとっては，右でも左でもよいのだが，相手側がどちらを選ぶかが予測できないために，問題が生ずる.

道路の交通規則のようなある種の調整問題は，反復・継続して発生する．このような状況は，社会の自生的な慣習 (convention) によっても，また国家の権威に従うことによっても解決できる．この種の問題状況に直面した人々は，いずれかの選択肢を指定する慣習や法令に一致して従うことに，全員が利益を見出すであろう.

(3) 囚人のディレンマ状況

調整問題状況においては，いったん慣習や法令によって一定の選択肢が指示されれば，それに一致して従うことがすべての人の利益になるはずである．各自の利益の最大化を目指す行動が同時に社会全体の利益に適う行動でもある．これに対して，囚人のディレンマ状況においては，各当事者がそれぞれ独立に，各自にとって最善の利益を目指して行動すると，かえって全体として最善の結果に到達することができない．図2は，囚人のディレンマ状況を示すマトリックスである．ここでは，二つのトーチカをそれぞれ守備する二人の兵士が直面する選択肢を例にとる[9]．Cは協力してトーチカを守備し，敵襲に反撃す

9) これは，E. Ullmann-Margalit の挙げる例である．彼女の *The Emergence of Norms* (Clarendon Press, 1977) at 30–37 参照.

「囚人のディレンマ」という名前は，次のような多少風変わりな設定に由来する．二人の囚人が別々に捜査当局の尋問を受ける．もし二人が口裏を合わせて罪状を否認すれば，二人は軽い刑でのみ処断される．両者がともに自白すると，両者とも重い刑で処断される．他方，一方のみが自白して他方の囚人の有罪を立証する証人となれば，自白した囚人は釈放され，自白しなかった囚人は極刑で処断される．この設定の下でも，「合理的」に計算する囚人は他方の囚人が自白す

る選択，D は仲間を裏切ってトーチカを捨て逃走する選択である．二人が協力して反撃すると，軽傷は負うかもしれないが，敵襲を撃退することができる．二人がともに逃走すると，二人とも敵の捕虜となる．他方，一人が反撃しているうちに他の一人が逃走すると，逃走者は無傷で生きのび，人のよい兵士は戦死する．

	C	D
C	2, 2	0, 3
D	3, 0	1, 1

図 2

全体としては，二人ともに協力するという選択の組合せが最善のはずである．しかし，相手が反撃を続けるとすれば，自分個人としては逃げることで最善の利得(3)を得ることができるし，相手が逃走するのであれば，やはり自分としても逃走しなければ割があわない．したがって，相手がいずれを選択したとしても，相手を裏切ることが合理的な選択だということになる．ところが，その結果，全体として最悪の結果，つまり双方が逃走して敵の捕虜になるという結果が導かれる．

典型的な囚人のディレンマをもたらす問題として，公共財の供給がしばしば指摘される[10]．警察，消防，防衛などの公共財は，通常の私的な財と異なり，消費について排除性・競合性が働かないため，市場においてこれらのサービスを対価と引換えに供給しようとしても，そのサービスの利益は対価を支払わない人々にも一般的に及ぶ．そのため，自己の効用の最大化を目指す「合理的」な個人はいずれも，他人の費用負担にただ乗り (free-ride) しようとするはずである．しかし，すべての人がこのような行動をとれば，公共財を対価に応じて提供する事業は立ち行かなくなり，結局市場を通じて公共財が供給されることはなくなる．その結果，誰もその公共財を適切に入手することができなくなり，すべての人が不利益を被る．

このような場合，多数人の私的なイニシァティヴにつきまとう社会的協調の困難を解決するためには，国家を通じて公共財を供給することが適切だとされる．供給の費用は，すべての人から公平かつ強制的に徴収され，供給の範囲や

るか否かにかかわらず自白を選択することになり，結局両者ともに重い刑で処断されることになる．

10) *Id*. at 49–53.

量は，民主的な手続を経て決定される．

(4) 政府の通常の正当化——その限界

以上が，政府の権威に関する通常の正当化の議論である．それが本当に政府の権威の正当化に成功しているか否かについては，次項以下で検討する．ここでは，この通常の正当化が仮に妥当であると前提した上で，その射程に関して留意すべき点をいくつか指摘する．

第一に，調整問題状況や囚人のディレンマ状況を政府が適切に解決しうるのは，政府がこれらの問題について，一般市民よりもよりすぐれた知識をもっているからではない．国家は国家として存在し，事実上大部分の人々に服従されているということ自体によって，一般の個人や団体よりも目立つ (salient) 存在であり，しかも，国家が調整問題状況や囚人のディレンマ状況を解決することは広く知られているため，これらの問題を解決する上で，国家はより有効・適切な立場にある．国家がいったん，これらの問題の解決として一定の指示を下せば，その指示に従うことで人々は社会全体にとって最善の解決を得ることを予想できる．そうであれば，人々は国家の指示に従うであろうし，そのことがさらに最善の解決の実現を容易にする．もちろん，政府の構成員が，個別の調整問題状況や囚人のディレンマ状況について，一般人よりすぐれた知識を有していることはありうるが，政府としては，そのことを主張しなくても，なおこれらの問題を解決する点で，自己の権威の正当性を主張しうる．

第二に，政府が権威を正当に主張しうるのは，調整問題状況や囚人のディレンマ状況を適切に解決するからであるから，もし別の権威がより適切にこれらの問題を解決しているのであれば，人々としては政府よりもその別の権威に従うべきである．たとえば，人々の間に自生的に成立した慣習が政府の法令とは異なる行動を指示し，しかも，人々が長年にわたってその慣習に従って社会的相互関係を処理し続けてきたのであれば，人々は法令ではなく，その慣習に従い続けるべき理由がある．

第三に，調整問題状況や囚人のディレンマ状況を適切に解決するのは，一国の中央政府であるとは限らない．たとえば，何らかの国際組織が，当該地域の調整問題(使用されるべき通貨)や公共財の供給問題(維持されるべき環境基準)

を各国政府よりも適切に解決するのであれば，その地域の人々は自国の政府ではなく，国際組織の指示に従うべきである．国内の地方政府がよりよくこれらの機能を果たす場合も同様である．したがって，政府の権威は必ずしも不可分ではなく，最高でもない．

第四に，調整問題状況や囚人のディレンマ状況を適切に解決するために，政府が民主的な正統性(legitimacy)を備えている必要も，必ずしもない．絶対主義君主やカリスマ的宗教指導者も，また，有権者に政治責任を負うことのない裁判官や官僚制も，民主的に選挙された政府と同様に，あるいはそれ以上に，有効に調整問題を解決し，公共財を供給する可能性がある．

(5) ホッブズと国家の正当化

第4項までで示した政府の権威の通常の正当化は，はたして，そしてどこまで成功しているであろうか．国家が果たすとされる二つの役割のうち，よりクルーシャルとなるのは囚人のディレンマ状況の解決である．調整問題状況の解決は，強制力をもつ権威の存在を必要としない．それは社会の自生的慣習によっても解決しうる．強制力をもつ政府の権威を基礎づけうるのは，囚人のディレンマ状況の解決という機能の方である．

ホッブズの社会契約論は，自然状態を囚人のディレンマ状況と見立てた上で，強制力をもつ国家の設立を正当化した議論として広く受け入れられている[11]．国家がはたして正当化しうるかを調べる上で，ホッブズの議論は今なお意義を失っていない．彼の議論は，以下のように図式化して示すことができる．

自然状態では人々は自己保存を目指して可能なあらゆる行動をとる自然権をもつ．本当は，お互いにこの自然権の行使を制限しあって，平和に暮らすこと

11) *Id*. at 62–73. もっとも，このようにある政治思想について，それが発生した歴史的文脈と切り離して現代的な分析手法を適用することに，一種の時代錯誤が含まれることに留意する必要がある．R. タックが指摘するように，ホッブズは自然状態のモデルによって人間行動一般を対象とする科学を構想してはいなかったと考えるべき理由がある(R. タック（田中浩・重森臣広訳）『トマス・ホッブズ』(未来社，1995) 200–04 頁)．さらに，ホッブズにとって人間は自己保存を目指して最善の道をとろうとする合理的存在ではなく，非合理的な名誉感や情熱によって動かされる非合理的存在であったと指摘する S. Holmes, *Passions and Constraint* (University of Chicago Press, 1995) ch. 3 を参照．

がすべての人の利益に適うはずであるが，自分だけが自然権の行使を制限し，他の人が裏切ることを警戒して，誰もすすんでこのような協力をしようとはしない．剣を伴わぬ契約は単なることばにすぎないからである．このため，万人の万人に対する争いが続くことになる．そこでは，生活の不確実性のゆえに，勤労も耕作も，学芸も文化もなく，人生は，孤独で貧しく，残忍で短い．ホッブズによれば，自然状態に生きるアメリカ大陸の先住民は，このような暮らしを送っている[12]．

図2でいえば，協力しあって平和な社会を作る選択の組合せが〔C, C〕であり，万人の万人に対する戦争状態が〔D, D〕である．一部の人間だけが協力を選ぶと，裏切った人間の支配下に屈従して，戦争状態よりもさらに悲惨な生活(あるいは死)を迎えることになる．囚人のディレンマ状況であるため，各人が合理的であれば，戦争状態が安定した状態となる．

ホッブズによれば，このみじめな状況からの脱出は，自然状態に暮らす人々が死への恐怖から，平和を求めて「すべての者が自己の意思をある者の意思に従わせ，その判断を彼の判断に従わせる」ことによって得られる．こうして国家（common-wealth）が成立し，その権威に人々は服従する[13]．主権者は必ずしも個人である必要はなく，単一の意思を表明しうる限り，合議体でもありうる．主権者の強制力と威嚇とによってはじめて人々は平和を享受し，生産力は増大し，文明は発展する．

(6) ホッブズのディレンマ

ホッブズは，国内の平和という公共財を供給するために，強制力をもつ国家の権威が必要であると主張する．ホッブズの議論が基本的に妥当であるとすると，自然状態で人々が直面する問題をより拡大(縮小)することで，それを解決するために必要な種々の正当な国家権力の範囲を導くことができる．自然状態の問題が，人々が真の宗教の確立を求めて血みどろの闘争を続ける点にあると考えるならば，政府の役割は国内の平和を確立するとともに，社会全体の利益を理性的に討議・決定する公共空間を設定し，理性的な討議になじまない宗教

12) T. Hobbes, *Leviathan* (1650) ch. 13.
13) *Id*. ch. 17.

を私的空間に封じ込めることに求められるであろう．また，自然状態の問題点を，各人の固有の所有権の安全に求めるロックの考え方からすれば，政府の権威と役割も，その範囲内にとどめられることになる．

問題は，ホッブズの議論がはたして基本的に妥当といえるか否かである．ここでは，二つの種類の批判を取り上げる．一つは，ホッブズの議論に根本的な矛盾があるという批判である．それは次のような形をとる．

もしホッブズが説くように，自然状態で暮らす人々が戦争を回避するために，国家を創設する契約を自発的に結ぶほど理性的に行動しうるのであれば，強制力をもつ国家をわざわざ設立しなくとも，さまざまな公共財は，人々の理性的かつ自発的イニシァティヴによって供給され，維持されるはずではないか．逆に，強制なくしては公共財を供給しえないほど自然状態の人々が近視眼的であり，自己中心的なのであれば，人々が国家を創設する契約を自発的に結ぶはずはなく，したがって自然状態は永続する．

要するに，社会契約は，それが可能であるとすれば不必要であり，必要だとすれば不可能だということになる[14]．

しかし，このディレンマは，デイヴィッド・シュミッツが指摘するように[15]，社会契約論に含まれる二つの異なる正当化のアプローチを区別することで解消する．ホッブズの社会契約論は，政府の下での生活は自然状態での生活にまさるとする帰結主義的な正当化と，政府は自然状態に暮らす人々の自発的な合意によって，したがって誰の権利を侵害することもなく成立するという点に着目する発生論的正当化の二つの要素に分析することができる．

政府が発生する経緯の正当性に着目する後者の観点からすれば，政府の下での生活がたとえ自然状態での生活よりもさらに悲惨なものであったとしても，人々の合意が詐欺や強迫によって調達されたものでなければ，なお政府の設立は正当化できる．他方，政府設立の帰結に着目する前者の視点からすれば，政府の下での生活が自然状態での生活より改善されたものである限り，たとえ，人々が政府の設立に自発的な同意を与えなかったとしても，なおいったん成立した政府に人々が服従することは正当である．

14） Cf. L. Green, *The Authority of the State* (Clarendon Press, 1988) at 147–49.

15） Schmidtz, *supra* note 3, at 86 ff.

つまり，前述の矛盾は実は矛盾ではない．社会契約論者としては，たとえば，社会契約が実際に結ばれたから政府の設立は発生論的に正当化できるという議論を放棄しつつ，政府の下での生活は自然状態での生活よりましである(から，合理的な人間であれば，政府の設立契約に同意するはずである)，と主張するだけで十分である．仮想の社会契約について前述したように，括弧内の主張は，政府の下での生活は自然状態での生活よりましだという主張を繰り返しているだけで，それに何も付け加えていない[16]．これに対して，政府が自然状態に暮らす人々の実際の(全員一致の)合意によって成立したことを歴史的に実証することは困難であろうから，発生論的な正当化の試みは放棄した方が賢明であろう．

社会契約論と異なる議論として，自然状態に暮らす人々の自己の利益を求める活動の意図せざる結果として，いわば「見えざる手」に導かれて，国家が——それも最小国家が——出現するという議論がある[17]．この議論を提唱したノージックは，前述の分類でいえば，発生論的な国家の正当化を目指していたが，発生論的な正当化でありうるためには，社会契約論の場合と同様，「見えざる手 invisible-hand」による国家の成立は，現実の歴史的経過として実証される必要がある．

他方，「見えざる手」による国家の発生が仮想の議論であるとした場合，この議論は，仮想の社会契約論と異なって，国家の発生の帰結主義的な正当化にもさして役立たない．国家発生の過程における個々の行動を，各個人が自発的に行った(であろう)というだけでは，最終的な結果についても各個人が自発的に同意した(であろう)という結論は導かれないからである．温室効果は，誰の権利をも侵害しない，個々の自発的な行為の意図せざる結果として起こるものであるが，それが，そのもたらす帰結にもかかわらずなお正当化できる(あるいは，人々の合意を調達しうるであろう)とはいいがたい．つまり，仮想の「見えざる手」の議論によって，人々が，国家発生にいたる個々の行動を自発的に行うであろうというだけでは，国家の下での生活が自然状態での生活より

16) Cf. R. Dworkin, The Original Position, in *Reading Rawls*, ed. by N. Daniels (Stanford University Press, 1989 (1975)) at 17–19.

17) R. Nozick, *Anarchy, State, and Utopia* (Basic Books, 1974).

改善されている保証はなく，したがって，国家の帰結主義的な正当化にも成功していないことになる[18].

(7) ゴーティエの議論

ホッブズ流の社会契約論に対する第二の批判としてここで検討するのは，ゴーティエの議論である．彼によれば，われわれは囚人のディレンマ状況を，強制的なメカニズムによらなくとも解決することができる．なぜなら，十分慎重に検討すれば，ホッブズの描く自然状態の人々のように単純に (straightforwardly) 自己の効用の最大化を求めようとするよりも，お互いに協力しあうよう努めることが，すべての人の利益に適うことが判明するからである．

ゴーティエは，囚人のディレンマ状況に直面する人々がとるであろう二通りの対応の仕方 (disposition) を区別する[19]．「単純な最大化追求者 straightforward maximizer」は，相手方の戦略から直ちに導かれる自己の最大の効用を単純に追求しようとする．これに対して，「制約された最大化追求者 constrained maximizer」は，他者も協力するのであれば，彼(女)自身にとって利益になり，かつ公正でもあると考えられる帰結を生み出すよう協力することを惜しまない．囚人のディレンマ状況では，単純な最大化追求者は，他者が協力するか裏切るかにかかわらず裏切るが，制約された最大化追求者は，他者が協力する限りでは協力する．

さて，囚人のディレンマ状況に直面した場合，私は合理的主体として，いずれの対応の仕方をとるべきであろうか．一見したところ，ホッブズが想定した通り，単純な最大化を追求すべきように思われる[20]．しかし，私が単純な最大

18) Schmidtz, *supra* note 3, at 91–92.

19) D. Gauthier, *Morality by Agreement* (Clarendon Press, 1986) at 167.

20) 私を含めてすべての当事者が，単純な最大化追求者として行動した場合における私の期待利得を u^1，すべての当事者が協力を選択した場合の私の期待利得を u^2，私だけが単純な最大化追求者であり，他の当事者が協力した場合の私の期待利得を u^3 とする．しかも，u^3 は u^2 よりも大きく，u^2 は u^1 よりも大きいとする．すなわち，私だけが裏切った場合に，私は最大の利得を挙げることができるが，私を含めてすべての当事者が協力した方が，すべての当事者が裏切るよりはましな利得を得ることができるとする (*id*. at 171).

さて，私が単純な最大化の戦略を採用したとしよう．この場合，もし他の当事者が協力的な戦略をとるとすれば，私は裏切りを選択することで最大の u^3 の利得を得ることができる．もし，

化を追求して常に裏切り続けるならば，他者もそうするであろうから，私は常に双方が裏切る場合〔D, D〕のみじめな利得しか得られない．これに対して，私が制約された最大化を追求し，他者が協力する限りで協力するならば，他者が制約された最大化を追求する蓋然性に応じて，双方が協力する場合〔C, C〕の利得を獲得することができる．したがって，期待利得の最大化を目指そうとするならば，私は制約された最大化を追求すべきことになる[21]．

かくして，ゴーティエの議論によれば，あらゆる囚人のディレンマ状況は不思議にも，各人が，他者が協力する限りで協力し，他者が裏切る限りで裏切るべきだという，単純な調整問題状況に変換される．調整問題状況である以上は，その解決に強制力は不必要である．しかも，この調整問題状況においては，全員が協力するという選択の組合せが，全員が裏切るという選択の組合せに比べてパレート優位にあるため(つまり，すべての人が協力することで，すべての人が裏切るよりも各人の利得は改善される)，全員が協力するという組合せが自然に得られ，しかもそれは安定している．つまり，囚人のディレンマ状況を解決するために，強制力を備えた政府を設立する必要はそもそもなかったのであり，そうである以上，政府の権威に従うべき理由もない．強制力をもつ政府がなくとも，自然状態は，自然と地上の平和へといたる．同じことは他の公共財についてもあてはまるはずである．

他の当事者が単純な最大化の戦略を採用したとすれば，私の期待利得は u^1 である．したがって，他の当事者が協力的戦略をとる確率を p とすると，私の全体としての期待利得は，$pu^3+(1-p)u^1$ となる．

これに対して，私が制約された最大化戦略をとるとすると，他の当事者が協力的戦略をとった場合には，私も同様の戦略をとるため，私の期待利得は u^2 である．他者が単純な最大化の戦略をとった場合も，私は同様の戦略をとるため，私の期待利得は，u^1 となる．したがって，私の全体としての期待利得は，$pu^2+(1-p)u^1$ となる．u^3 は u^2 より大きいはずであるから，$pu^3+(1-p)u^1$ は，$pu^2+(1-p)u^1$ より大きいはずである．もっとも，$p=0$ の場合は，両者は同値となる (*id*. at 171–72).

21) 本文でも指摘した通り，もし私が単純な最大化戦略をとり，首尾一貫して裏切るならば，他の当事者がいずれの戦略をとったとしても，他の当事者も同様に裏切るはずであるから，私の期待利得は最小の u^1 である．これに対して，私が制約された最大化を追求すると，他の当事者が協力的戦略をとった場合には，私の期待利得は u^2 であり，他の当事者が単純な最大化を目指した場合には，私も同様の戦略をとるために，私の期待利得は u^1 となる．したがって，他の当事者が協力的な戦略をとる確率を p とすると，私の全体としての期待利得は，$pu^2+(1-p)u^1$ となる．前提によって u^2 は u^1 よりも大きいはずであるから，$pu^2+(1-p)u^1$ は $p=0$ でない限り，u^1 よりも大きい (*id*. at 172).

正当な政府が存在せず，政府の指示に従うべき理由もないのであれば，国家間の平和をいかに実現するかという問題も蒸発する．そして，憲法学や国際法学，さらにはほとんどの実定法学の存在意義も雲散霧消するであろう．

(8) チキン・ゲーム——それでも政府は必要である

ゴーティエの議論は，政府の権威の正当性を決定的に掘りくずすであろうか．必ずしもそうではない．第一に，囚人のディレンマ状況に置かれた当事者が，はたして他者が協力しようとするか否かを的確に知ることができるかが問題となる．他者が，羊の皮をかぶった狼であれば，相手の協力的な姿勢にだまされて，裏切りにあう危険がある[22]．

もう一つの問題は，より原理的である．少なからざる人々は，自然状態を囚人のディレンマ状況ではなく，チキン・ゲーム（chicken game）と見立てる可能性がある．

日本の憲法学界の支配的見解によれば，日本国憲法は，政府がいかなる軍隊をも保持することを禁じている．ここでいう「軍隊」とは，外敵の攻撃に対して実力をもってこれに対抗し，国土を防衛することを目的とする人的・物的組織体を意味する．この見解の単純明快で最も強力な根拠は，「陸海空軍その他の戦力は，これを保持しない」とする憲法9条の文面にある．そうである以上，その射程はこのテクストをもつ日本一国に限られることになる．

ただ，日本の憲法学者は，法律学者が通常そうであるように，必ずしも，常に剛直な法実証主義者として法文を解釈するわけではない．国は，「いかなる宗教的活動もしてはならない」とする憲法20条にもかかわらず，宗教とかかわる一切の国家活動が禁じられるわけではなく，「一切の表現の自由」を保障する憲法21条の文言にもかかわらず，わいせつ表現や名誉毀損はこれを処罰しても憲法に違反しないとするのが判例・通説の立場である．9条に関する支配的見解の態度の背景には，それに対応する実質的な根拠があると思われる．

筆者は，支配的見解の背景となる実質的考慮として，外敵からの攻撃に対し

22）ゴーティエは，各当事者の採用する戦略が他者から明白に識別できる（transparent）状況でなくとも，ある程度的確にそれが認識できる（translucent）状況であれば，彼の立論がなお妥当することを指摘している（*id*. at 172–77）．

て人的・物的組織体で対抗することは，攻撃に実力で抵抗することなく屈伏するより悪い結果を招くとの想定があるのではないかと考える．このような考慮があるとすると，支配的見解の射程は，日本のみにはとどまらない．

外敵の攻撃に降伏することで，以前よりもむしろ社会全体の厚生が(長期的には)向上したかに見える歴史的実例もある．第2次大戦の敗北による日本社会の大規模な改革を，その一例と考える人は少なくないであろう．

歴史を遡ると，名誉革命における英国のオランダへの降伏を同様の例として挙げることができる．「名誉革命」といわれる事件が，英国議会のイニシァティヴによる国王交代劇ではなく，オランダの総督であったオレンジ公ウィリアムが，フランスの脅威の下にあったオランダの国運を打開するために，オランダ軍の精鋭を率いて英国を急襲し，征服した事件に他ならないとの見方は，今日の歴史学界において広く受け入れられている[23]．この侵攻作戦で，ウィリアムは，侵攻の目的は憲法を無視した統治を行うジェームズ2世の支配に代えて，古来の憲法にもとづく権利保障をイギリス臣民に回復することにあるとの宣伝を大量のパンフレットの印刷・配布を通じて実施し，首尾よく英国を実効的に支配した後，ほぼ同じ内容の権利保障を交換条件に，議会に自己の正統な支配権を認めさせ，英国をルイ14世のフランスに対抗する勢力に組み込むことに成功した．英国議会は，ウィリアムの戴冠を認める代わりに，英国臣民の「古来の権利と自由」を承認させ，結果としては，当時絶対主義へと転換しつつあった他の君主制国家と異なり，制限王政と宗教的多元性を特徴とする国制を確立した．

もっとも，議会が，ジェームズ2世の退位とウィリアムおよびメアリの戴冠を積極的にすすめたとの解釈は，具体的な歴史的文脈とかけ離れている．当時のロンドンがオランダ軍の占領下にあったことを忘れるべきではない．ウィリアムを「日本国国民の間に於ける民主主義的傾向の復活強化に対する一切の障礙を除去」するために日本を占領したマッカーサーと，権利章典を日本国憲法

---

23) J. Israel ed., *The Anglo-Dutch Moment* (Cambridge University Press, 1991) esp. general introduction and ch. 3, both by J. Israel.

と置き換えるならば，一定の歴史の符合を見出すことができる[24]．

外敵への屈従によってたとえ厚生が向上しないまでも，実力で抵抗するよりはまだましだという判断もありうる．国家間の関係をチキン・ゲームと見る人々は，この種の想定を行っている．チキン・ゲームとは，もともとは，二人の命知らずの若者が，それぞれ自動車を全速力で，そのままでは正面衝突するよう，対抗方向から走らせるゲームである．命が惜しくて一方がコースから外れると，弱虫(chicken)とあざけられ，相手方は勇者と讃えられる．しかし，両方がそのまま突っ込めば二人とも命を落とすことになる．対立する核保有国が，それぞれ自己のイデオロギー的正当性を主張しあって，相互を核攻撃すれば最悪の結果を招くというシナリオと同じタイプのものである．

図3は，チキン・ゲームのマトリックスを示している．もし，敵の攻撃にこちらも反撃すれば，双方が死滅する．もし，敵の攻撃に対して屈伏すれば，双方が攻撃を控える場合に比べて利得は減少するが，それでも，少なくとも生き残ることはできる[25]．

24）ウィリアム3世の統治下で強大なフランスとの抗争に巻き込まれ，以前より重い税を負担することとなったこと，また，スペインをはじめとするウィリアムのカトリック系同盟国の信頼をつなぎとめるために，国民の多くが必ずしも望んではいなかったカトリックへの寛容を強制されたことからすれば，短期的には必ずしも英国民が「名誉革命」によって幸福になったとはいえないとの見方も成り立つ．

ただ，「革命」を実現した駐留軍および傭兵の多くが本国へ帰還し，ウィリアムが海外で長期にわたって転戦したために生じた政治権力の空白は，結局，議会の権力を強め，国王およびそのオランダ出身の側近の権限を実効的に抑制しうるまでになった．「名誉革命」は，ウィリアムおよびオランダ連邦共和国指導者のイニシァティヴによるものではあったが，その意図せざる結果として，英国に近代立憲主義に適合する政治体制をもたらしたということができる(*id.* at 161–62)．

25）憲法9条が，外敵の攻撃に対抗しうる実力組織の保持を全面的に禁止しているとする説の中には，外敵の侵攻に対しては，警察力の行使や群民蜂起の手法で対抗することのみが残されているとの説もあるが，この種のきわめて悲惨な結果を招くであろう抵抗を，そしてそれのみを国民に対して唱導する体制が，個人の自由と権利の保持(その根底には，後述するように，個人の生命の保持がある)を根底に置く近代立憲主義とにわかに整合するとは考えにくい．このような体制は，徴兵制を正当化する議論と少なくとも同じ程度に，「善き日本」の実現のために「善き日本人」として命を捧げることを要求する，強烈な共和主義とのみ整合するように思われる．個人の自由と権利の保持とこのような体制とを整合させるためには，少なくとも国外へ「逃亡する自由」を認める必要があろう．つまり，憲法22条2項はこのような体制の正当性にとって最低限必要な安全弁だということになる．もっとも，「善き日本人」として生きることができないのであれば日本から出ていけという立場が，個人主義的な立憲主義と整合しうるかははなはだ疑問である．

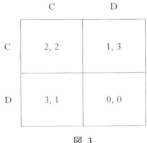

	C	D
C	2, 2	1, 3
D	3, 1	0, 0

図 3

かくして，国家間の関係をチキン・ゲームと見立てる国家からすれば，さしたる軍事力も保持せず，外敵からの攻撃があればすすんで降伏する選択は，なお合理的選択ということができる．しかしながら，「チキン」となる国家が存在すると，この種の国家の存在自体が，侵略者の存在を合理的にする危険がある．図3からわかるように，もし，相手国が「チキン」であることを的確に認識することができるならば，その周辺国家は，容易に自己の利得を2から3に向上させることができる．徹底した平和主義は，その意図せざる効果として，国家間の関係を不安定にする．そして，国家間の関係は，自然状態の一類型であり，以上の議論は，自然状態一般に拡張できる．

自然状態一般においても，もし国家の強制装置が存在しなければ，裏切り行為を行う人々を黙って見過ごし，屈従する人々は少なからず存在するであろう．そして，その種の人々の存在自体が，裏切り行為を合理的にする．ルソーのいう「より強い者の権利 le droit du plus fort」がまかり通ることとなる．われわれが政府を必要とするのは，自然状態が囚人のディレンマ状況だからではなく，実際にはそれが囚人のディレンマ状況であるにもかかわらず，それをチキン・ゲームと見なす人々がいるからである．政府は，裏切り行為を黙って見過ごす「チキン」になりがちな人々を強制して，協働して裏切り行為に対処させるためにこそ，必要だということになる[26]．これは，ややもすれば，ストライキから離脱して自分だけが経営者側と協調しがちな個々の労働者を強制して，協働してストライキをさせ，全体として有利な労働条件を経営者側から勝ちとるためにこそ，労働組合法制が必要だという議論とパラレルである．

26）P. Danielson, The Rights of Chickens: Rational Foundations for Libertarianism?, in *For and Against the State*, eds. by J. T. Sanders & J. Nerveson (Rowman, 1996) at 174–81. See also N. Measor, Games Theory and the Nuclear Arms Race, reprinted in *Applied Ethics*, ed. by P. Singer (Oxford University Press, 1986).

3　国家のために死ぬことの意味と無意味

弱腰のチキン国家が存在するため，ゴーティエの議論に沿って国家間の平和を確保することは困難となる．ゴーティエの議論が成り立つためには，相手が裏切ったならば，自分も同様に裏切る(つまり，侵略されれば自衛のために反撃する)という選択を，すべての国家が行うことが要求されるからである．チキン国家の存在にもかかわらず，国家間の平和を確保するためには，どのような方策が考えられるであろうか．

一つの方策は，チキン国家については，国際平和を誠実に希求する他の強力な国家が，その平和を保障するというものである．チキン国家が攻撃を受けた場合には，この強力な「正義の味方」が，チキン国家に代わって反撃を加えることを保証するならば，ゴーティエの議論に沿った国際平和の実現はなお可能である．ただ，平和の保障者となった国家の国民にとって，このような方策は受け入れがたいかもしれない．彼らからすれば，チキン国家の国民は，単にただ乗りをしているように見えるであろう[27]．他国の国民の生命・財産を救うためだけに自国の兵士をすすんで犠牲に供する国は例外的である．第2次大戦後，主に採用されてきた方策は，弱腰の国家を相互安全保障の枠組みに組み入れることで，彼らも他国の侵略に反撃するよう強制することである[28]．

この方策は，一見したところ自然な結論のように見える．これは，国内の平和をいかに実現するかについての制度装置(政府の設立によって弱腰の人々を，無法者に対して協働して反撃するよう強制する方策)を，国家間の関係にその

27)　このような考え方は，自然な反応のように思えるが，必ずしも唯一正当なものではない．多様な国家が，いかなる国家間の枠組みが採用されるべきかを構想する始源状態 (original position) を想定した場合，すべての国家が，他国による侵略からの自由という消極的権利を普遍的原理として受け入れることも考えられるが，他国による侵略からの保護という積極的権利を共通の出発点とすることも十分に考えられる．この点については，Danielson, *supra* note 26, at 186-87 参照.

28)　この種の安全保障の加盟国相互の関係は，なおチキン・ゲームのマトリックスによって説明する余地がある．名誉革命直後のイングランド軍は，旧王ジェームズを支持する反乱軍およびそれを援助するフランス軍と積極的に闘う意欲に欠けていたが，ウィリアムの率いるオランダ軍やデンマーク軍に対して自ら戦いを挑もうとはせず，行動を共にした (cf. Israel, *supra* note 23, ch. 3).

まま外挿して国際平和を実現する手段のように見えるからである．しかしながら，この方策については，二つの困難を指摘することができる．一つは実際的なものであり，いま一つは原理的なものである．

実際的な困難はよく知られている[29]．民主的政治過程が，防衛問題について合理的な審議と決定をなしうるか否かにかかわっている．公共財の供給に関する民主的な決定が，社会全体の利益に適うものであるためには，第一に，有権者やその代表が，各自の私的利益ではなく，社会全体の利益を念頭において審議・決定に参加する必要がある．第二に，有権者やその代表は，必要な情報をすべて正確に知り，冷静かつ合理的に社会全体の利益を計算した上で，採決に加わるべきである．第三に，採決の結果は，政府諸機関により，忠実にスムーズに執行されねばならない．

これらの条件が，防衛サービスの提供に関して，十分に満足されているとはいいにくい．第一に，有権者は，そしてその代表でさえも，防衛に関する情報を多くは知らされないことが通常である．防衛に関する情報をすべて公開すれば，国の安全を損なうのは確かであるが，情報が限定されるならば，有権者および議会が的確な判断を下す能力も限定される．

第二に，防衛サービスに携わる政府諸機関が，はたして社会全体の利益を念頭において政策の立案や執行にあたるかという疑いがある．防衛組織は，いったん成立すると，自己の組織の人員・予算の最大化や受注先ないし天下り先の利潤最大化を目指して，公開する情報の範囲や有権者に提示する選択肢の幅を操作する危険がある．また，実際に防衛サービスが切実に必要となった危機的場面において，サービスを供給するはずの人々が本当に防衛サービスを真摯に提供する保証はやはりない．危機的場面になれば，誰しも自分の命が惜しくて，それに応じた行動をとるのが自然であろう．

第三に，国の安全に関する決定は，誤りを犯した場合，人命・財産等に関して莫大な犠牲を国民全体に課する．正確な情報や冷静な計算能力を欠いた有権者やその代表が，一時の民族感情や根拠のない幻想につき動かされて決定を行う場合にその危険が大きい．民主政は政府の政策決定の正統性を高めるため，

29）簡単な議論として，長谷部恭男『憲法』第2版（新世社，2001）3.4参照．

より多数の人員・物量が処分可能となる．特に徴兵制がとられている場合には，コストの低廉な人員を政府は大量に「消費」することができる．独裁政国家より民主政国家の方が戦争を行うことは困難となるはずだという考え方は希望的観測にすぎない．

最後に，以上のような問題が解決され，国内の民主的政治過程が理想的に機能したとしてもなお問題は残る．中央集権的な権威が存在しない自然状態特有の囚人のディレンマ状況は，国際平和を実現する途上にも立ちはだかるからである．国際社会全体としては，軍備を削減し戦争の危険を少なくすることが，すべての国家の利益に適うはずであるが，各国政府は，他国が軍備を拡張し自国のみが弱い立場に置かれることを警戒して，軍拡競争に走る危険がある．

以上のような，国内の政治過程が非合理な決定を行う危険，そして個々の国家にとって合理的な行動が国際社会全体としては非合理な軍拡競争をもたらす危険に対処するためには，各国が，憲法によりその時々の政治的多数派によっては容易に動かしえない政策決定の枠を設定し，そのことを対外的にも表明することが，合理的な対処の方法といえる．憲法9条による軍備の制限も，このような合理的な自己拘束の一種と見ることが可能である[30]．

第二の困難は，はたしてわれわれは国内の平和を実現するための方策を，そのまま国際社会の平和を実現するための方策へと，正当に，応用することが可能かという原理的な問題にかかわる．結論からいえば，このような外挿は困難である．

国家は個人ではない．国家は仮想の人格である．生身の個人とは異なり，仮想の人格は自己保存への権利をもたない．「国家の自己保存」は，「株式会社の自己保存」や「同窓会の自己保存」と同様，せいぜい比喩的ないい回しにとどまる．国家は，個人の自己保存への権利をよりよく実現するために設立されたものにすぎない[31]．少なくとも，それがホッブズの結論であった．

30）合理的な自己拘束（rational self-binding）の観念については，J. Elster, *Ulysses and the Sirens* (Cambridge University Press, revised ed., 1984) ch. II 参照．

31）経営の行き詰まった株式会社を税金を投入して救済すべきではなく，そのような会社は倒産して淘汰されるべきだ（その方が社会一般の利益につながる）との議論と同様に，たとえば経済政策に失敗し，財政の破綻した政府も国際社会によって援助され，救済されるべきではなく，廃業し淘汰されるべきだ（その方が世界人民一般の利益につながる）との立場もありえよう．もっとも，一国の経済の破綻が他国へ及ぼす影響も考慮しなければならないし，破綻した政府が整然と

したがって，前述の権威に関する通常の正当化テーゼを前提とするならば，われわれはそうすることがわれわれ自身の自己保存に役立つような場合に限って，国家の権威に従うべきである．しかしながら，戦争や武力行使に従事するようその国民を強制する国家は，少なくとも強制される個人の側から見るならば，自己保存をむしろ困難にする．自己保存が個人の究極の目的であり，自己保存の権利が最も根底的な権利であれば[32]，前線に赴くよう国家に指示されたとき，その指示を受け入れるべき理由は薄弱となる．

もちろん，問題となっている国家がシヴィック・ヒューマニズムの理念にもとづく国家で，各市民に生の包括的な意味と目的を付与するようなものであれば，話は別である．古代のアテネやローマの市民は，兵役に服し外敵と戦うことをも含めた共和政への積極的参加こそが「善き徳に適う生」を生きる唯一の道と考えていたかもしれない．その場合，前線に赴いて戦死することは，善き市民としての徳を示す行為であり，彼の生が充実した意味のある生であったことを示すできごとである．

しかしながら，ホッブズからロールズにいたるまで，個人主義にもとづく立憲主義が前提とする国家は，市民の生に包括的な意味と目的を付与する国家ではない．それは，多様で相互に両立不能な世界観や生の目的を抱きながらも共同生活の便宜を公平に分かち合おうとする人々が集い，全市民に共通する公益について理性的に討議し決定するという，意義の限定された空間にとどまる[33]．自由立憲主義にもとづく国家は，市民に生きる意味を付与しない．それ

廃業するか否かは予測不能であり，整理・廃業を国際社会が監視するコストも無視できないかもしれない．

32）リチャード・タックによれば，グロティウス，ホッブズ，ロックなどの自然権論者は，当時の懐疑主義思想へ応答するため，いずれもこの自己保存の権利を原点として議論を組み立てている (R. Tuck, *Philosophy and Government 1572–1651* (Cambridge University Press, 1993))．ホッブズ自身，力によって襲いかかる敵に対して，抵抗する権利を放棄することは不可能であるとし，そもそも主権者への各人の権利の譲渡が自己保存を目的とするものであった以上，この目的の放棄を意図して権利の譲渡が行われたと解することはできないとする (Hobbes, *supra* note 12, ch. 14)．

もっとも他方で，ホッブズは，国家の存立自体が危機に瀕したときには，武装可能なすべての人が国家の存立のために闘う義務を持つとするが (*id*. ch. 21)，この議論が，国家の設立目的が個人の自己保存にあるとする彼の議論の前提といかにして整合しうるかは明らかでない．

33）J. Rawls, *Political Liberalism* (Columbia University Press, 1993) at 205–06．ロールズは，社会の基本的構成に関する理性的な考え方を展開する正義の「政治的 political」な観念と，何

は,「善き徳に適う生」がいかなるものかを教えない. われわれ一人一人が,自分の生の意味を自ら見出すものと想定されている. そうである以上, この種の国家が外敵と戦って死ぬよう, 市民を強制することは困難であろう[34). 社会的相互作用に伴う調整問題や囚人のディレンマ状況の解決を, 国家以外の機関——たとえば地方政府や国際機関がより多く担うようになりつつある現状では, 国家に対する市民の愛着の度合いはますます低下するであろうことが予想される.

マキアヴェリは, 傭兵によって国を守ろうとするフィレンツェ共和国市民に対し, 国を守るために命を捨てる美徳を説き, 市民軍によって国を防衛すべきであると主張した. しかしながら, 以上の議論が正しいとすれば, 個人主義に立脚する立憲主義国家にとって最大限可能なのは, せいぜい傭兵と志願兵に頼ることとなる. 日本政府は, 徴兵制は意に反する苦役を課することになり, 憲法の認めるところではないとの立場をとるが[35), ここで述べた議論からすれば, このような立場は日本固有の特殊なものではなく, 日本が戦後受け入れた個人の尊重を立脚点とする立憲主義に, 普遍的に妥当するはずの考え方だということになる.

が人生において意義があり, 何が善き人格であり, 何が善き人間関係といえるかなど, われわれの生き方について, そして究極的には人生のすべてについての理念を語る「包括的 comprehensive」な道徳観念とを区別している (*id*. at 13). この区分については本書第4章第5節参照.

34) 以上の論点について, 本章は C. Ryan, The State and War Making, in *For and Against the State*, eds. by J. T. Sanders & J. Nerveson (Rowman, 1996) に多くを負っている.

35) 山内一夫 = 浅野一郎編『国会の憲法論議 I』(ぎょうせい, 1984) 1156頁.

1977年のウィーン第1議定書47条は, そこで定める厳密な意味における傭兵に対し, 戦闘員または捕虜となる権利を認めていない. もしこれが, 傭兵による戦闘は志願兵や徴集兵による戦闘よりも非人道的であるという考え方を前提としているのだとすれば疑問がある.「私的利益を得たいという願望」からではなく, 自国や同盟国を守るための「正義の戦い」に参加したいという道徳感情は, むしろ敵対行為の手段を無制限にする力として働く可能性があるからである.

この論点に関する歴史的な経験は必ずしも一義的な回答を導かない. 山内進『略奪の法観念史』(東京大学出版会, 1993) 13頁は, 三十年戦争での「戦争の惨禍」の原因の一つとして「貧乏で, 社会のあぶれ者の集団, よそ者から成る無法者たちの集まり」としての側面をもつ傭兵が「武器をもったとき, 掠奪や殺戮にふけるのは理の当然である, と人々は考えたし, 事実そのような行為がひんぱんに起きた」と述べる. 他方, マイケル・ウォルツァーは, 戦争・防衛を専ら傭兵に頼っていたルネサンス期イタリアの事情として, 傭兵の調達・維持・用兵が傭兵隊長にとっても都市国家にとっても莫大な投資を要する事業としての側面をもったことから, 実際に物理的な戦闘が行われることは稀であり, 死傷した兵士の数もわずかであったことを指摘する (M. Walzer, *Just and Unjust Wars* (Basic Books, 1977) at 26–27).

第2章　比べようのないもの

日本の少なからぬ大学には，比較憲法という授業科目が置かれている．名前からすると，さまざまな憲法の比較が，その内容のように見えるが，いかなる目的から，どのような憲法を，いかに比較すべきかは自明ではない．本章は，比較憲法学が突きあたる，相互に関連する二つの困難を検討し，そこから導かれる比較憲法学にとっての可能性について論ずる．検討される第一の困難は，憲法学がさまざまな社会の政治制度や政治行動の比較を通じて，経験的な法則を確立しようとする際に突きあたる困難であり，第二の困難は，憲法秩序を包括的に正当化する諸理論を相互に比較検討し，評価しようとする際に突きあたるものである．

1　マッキンタイアの疑問

比較憲法学はいわゆる憲法解釈学とは異なり，憲法の科学に属すると考えられている．筆者は別稿において，憲法の科学といわれる研究活動は，ある憲法制度について，それに参加する者の視点を前提とした記述を行うことをも含んでおり，経験的な仮説の定立とその験証という活動には限られていないと主張した[1]．本章では逆に，比較憲法学は，憲法制度について経験的に考察することがどこまで可能かという問題を検討する．

アラステア・マッキンタイアは，Is a Science of Comparative Politics Possible? という論稿の中で，比較政治学が制度や行動の比較を通じて，国や文化を超える普遍的な政治学上の法則を見出しうるという考え方に対し疑義を述べ

1）　長谷部恭男『権力への懐疑』(日本評論社，1991) 第7章．

ている[2]．比較政治学は，比較憲法学とその研究対象と方法の点で多くの共通点をもつ．比較政治学の限界に関するマッキンタイアの議論の射程は，比較憲法学にも及ぶと思われる．

マッキンタイアによれば，比較政治学において今まで発見されてきたのは，観察された限りでの事例に妥当する見かけの上の (de facto) 法則にすぎず，想定しうるあらゆる事例に妥当することを予定された，したがって反証可能性を有する真正の (genuine) 普遍法則ではない．政治学の対象となる制度や行動は，別の文化に移植されるや否や急激にかつ度々，変貌する．たとえば，同じ政党 (party) という名称で呼ばれている組織でも，アフリカの組織と西欧諸国の組織とでは，全く異なる性格をもつ．異なる土地でのウィルスの研究とはきわめて異なる事態が生ずる．このため，政治上の制度や行動はそもそも普遍的な法則の妥当すべき対象となりにくい[3]．

比較政治学では，いわゆる機能分析によってこの困難を乗り越えようとする試みがなされてきた．しかし，マッキンタイアは，政治学における機能分析は，政治主体の意図や政治制度の効果の単なるいいかえにとどまらず，それらと独立に同定しうるような「機能」の標識を提供しえていないことを指摘する．このような標識を提供するためには，「フィードバック」や「均衡」という概念が定量的に適用可能であるようなシステムの同定が必要であるが，政治学の現状はこのような段階には程遠い[4]．政治生活は，マキアヴェリのいう不可測の運命 (fortuna) という移り気な女神が支配しており，このため政治学が厳密な科学となる望みは薄い[5]．

マッキンタイアが指摘する以上のような困難は，マックス・ヴェーバーの提唱した理念型を利用することによってある程度対処しうるようにも見える．しかしながら，少なくともヴェーバーが Die »Objektivität« sozialwissenschaftlicher und sozialpolitischer Erkenntnis (1904) で論じたような，歴史上の制度

2) A. MacIntyre, Is a Science of Comparative Politics Possible? in his *Against the Self-Images of the Age* (Duckworth, 1971).

3) *Id*. at 265–66.

4) *Id*. at 67. このような見解は，長谷部恭男「現代議会政における解散権の役割」国家学会雑誌 97 巻 3–4 号 (1984) 注 102 で指摘したように，多くの論者によって共有されている．

5) MacIntyre, *supra* note 2, at 270.

の特徴を包括的に，その純粋な形で把握しようとするモデルは，問題の解決にさほど寄与しないであろう．このモデルは，複雑な歴史現象から顕著な特質を抽出し，それを全体として整合的に構成することによって得られ，具体的な歴史事象と対比し，差異が認められた場合にその原因を探求するために用いられる[6]．しかし，このような発見的な目的で利用されるためには，理念型と独立に，実際の歴史事象を認識しうることが前提となるはずである．そして，理念型と独立に実際の歴史事象を認識することができるのであれば，理念型にこだわる意義はさほど残されていない[7]．つまり，たとえ発見的には役立つとしても，この意味での理念型には，具体的な事象を説明する力が乏しい．

むしろ，政治学の経験分析において重要な役割を果たすのは，ヴェーバーが晩年の著作 Soziologische Grundbegriffe (1921) で提示した，純粋目的合理性のモデルによる個人の行為の理解であろう．そこで問題とされるモデルは，行為主体の性向と目的および状況に関する主体の知識をもとに，合理的主体がいかなる行動をとるかを推論するものである[8]．このような方法論上の個体主義にもとづく説明ないし理解の方法は，ヴェーバー固有のものではなく，他にもたとえばカール・ポパーやカール・ヘンペルによって敷衍され，明確化されている[9]．具体的には，比較憲法学における，ミシェル・トロペールによる憲法慣習成立の分析が，この方法の応用にもとづく成果と考えることができる．トロペールは，イギリスにおける内閣の政治責任制度の成立やフランス第三共和政における解散権の不行使の理由を，所与の状況において，主体にとって何が合理的選択であったかを問うことによって説明できるとする[10]．

6) M. Weber, *Gesammelte Aufsätze zur Wissenschaftslehre* (J.C.B. Mohr, 1973) 4. Aufl. S. 190–94.

7) J.W.N. Watkins, Ideal Types and Historical Explanation (1952), reprinted in *The Philosophy of Social Explanation*, ed. by A. Ryan (Oxford University Press, 1973) at 85.

8) Weber, *supra* note 6, XI. §I. 本文で述べた，ヴェーバーの二種類の思考モデルについては，最近では，新正幸『純粋法学と憲法理論』(1992) 347–55 頁で紹介と検討がなされている．

9) K. Popper, *The Open Society and Its Enemies*, vol. 2 (Routlege, 1966) at 97; C. Hempel, *Aspects of Scientific Explanation* (Free Press, 1965) ch. 12, s. 10.

10) M. Troper, Nécessité fait loi, dans *Mélanges R. -E. Charlier* (Edition de l'université et de l'enseignement moderne, 1981). トロペールによれば，イギリスにおける内閣の政治責任の形成は，議会による刑事弾劾を回避するための手段として選択されたものである．弾劾の危険が迫った場合には，内閣は退陣すべしとの規範が存在していたわけではない．むしろ，議会は常に大臣を弾劾する権限を有していたという法律上の条件，および議会内部にこの権限を行使しよう

マッキンタイアも，このような合理性のモデルによる比較政治研究，特にゲーム理論にもとづく研究の可能性を認めている．ただ彼は，ここで問題とされるモデルは人間の合理性一般にかかわっており，政治学固有のものとはいえないことを指摘する[11]．また，この方法によって，政治主体の行動に関する一義的な因果的説明を与えることは困難である．歴史研究において明らかなように，政治学における因果的説明の原因とされる事情は，結果をもたらす必要条件ではあっても，けっして十分条件とはならない[12]．その一つの理由は，法則によって説明されるべき政治状況が，政治主体の抱く信念や認識と切り離しては語りえない点にある．人々の抱く信念や認識は主体の置かれた状況の主要な要因であり，その中には，他の人々が抱いているであろう信念や認識についての主体の判断も含まれる．複数の主体の状況判断は，したがって，相互に依存しあう複雑なネットワークを構成する．しかも，これらの信念や認識は各人が当該状況を検討し考慮する中で時々刻々変化する．このため，政治学は普遍法則を定立するための初期条件を確定することさえできない[13]．

このような事情に加えて，合理性モデルにもとづく因果的説明の突きあたる困難として，以下の事情が挙げられる．第一に，マッキンタイアの指摘する点と重なりあうが，所与の状況の下で合理的といいうる行動の選択肢が一つに限られることは稀である．トロペールが提示する憲法慣習生成の説明にしても，所与の状況の下で，生成した慣習が唯一合理的な選択であったといえるかどう

とする多数派が存在していたという事実上の条件が揃っている際には，内閣にとって弾劾を回避するために退陣することは合理的であったという点に着目すべきである．

また，1877 年以降のフランス第三共和政における解散権の不行使についていえば，この慣習が形成された原因は，解散権のイニシァティヴを握る大統領あるいは首相が，解散によって利益を得られるような状況が存在しなかったことによる．彼らが解散を決意するのは，彼らが与党あるいは与党連合のリーダーであり，しかも解散後の総選挙において彼らが議会多数派になる公算が大きい場合に限られるであろう．しかし，当時の大統領は政党のリーダーではなく，小党が分立する議会において，首相は多くの場合，少数党のリーダーであり，あるいは不安定な政党連合に依拠していた．いずれにしても，大統領あるいは首相が解散に打って出て，選挙で「勝利」する可能性は薄かったわけである．そうである以上，いたずらに解散権を行使して他の諸政党や議員の反感を買うよりは，自重して保身を図り，あるいは後の内閣での返り咲きを目指す方が合理的な選択といいうる．

11) MacIntyre, *supra* note 2, at 267.

12) *Id*. at 273.

13) *Id*. at 274.

か疑問である．したがって，行為の合理性モデルの説明力は，概して豊かとはいいにくい．

第二に，政治学が提示するさまざまな理論や分析そのものが，政治主体の信念や認識に影響を与え，政治状況を変化させるという事情がある．特に，憲法上の機関でもある政治主体については，その主体が，当該憲法制度の運用についていかなる規範的信念をもち，いかなる憲法観を抱いているかが，行動の幅を方向づける．そのような信念や憲法観の多くは，法学や政治学によってはじめて明確に表現されるものである．これに対して，原子や分子がわれわれの自然科学理論を理解あるいは推測し，それに対応して振る舞いを変えることは想定しがたい．

以上のような憲法制度の比較研究に伴う困難は，比較憲法学において経験的な認識が全く不可能であることを意味するわけではない．普遍的な仮説の定立が，対象となる行動や制度の変化によって困難となるというマッキンタイアの議論自体，個別の対象の経験的な認識は可能であることを前提としているはずである．また，ゲーム理論のように，人間の合理性一般にもとづく分析の一定の有効性は，前述のように，マッキンタイア自身認めている．しかし，社会科学において問題となる認識には，誰の目から見ても同一となる認識だけではなく，主体のとる視点によって異なる像が描き出されるような，そうした認識も含まれる．行動主体の前提を構成する認識の中には，後者のような認識が含まれている．

2　かけがえのなさ

前節で述べたように，政治主体の規範的信念は，政治主体の状況認識を構成し，その行動を枠づける．以下では，比較不能性（incomparability, incommensurability）の概念がそのような規範的信念の要素として果たす顕著な役割について論ずる．

ここで問題とされる比較不能性と密接に関連する概念として，「かけがえのなさ」がある．「かけがえのなさ」は，文字通りに解釈すれば，他のものによっては代替不可能であることを指す．しかし，この概念は，後に述べるような意味での構成的な比較不能性までをも含意していると考えられる．法哲学者の森村進氏は，「かけがえのなさ」について，「かけがえのないものと同様に，いや時にはそれ以上に，かけがえのあるものにも価値がある」と主張する．そして，その具体例として，「手作りの不揃いの製品よりも機械で生産された画一的製品の方が上等なことはいくらでもあるし，私は読みづらい手書きの原稿よりもワードプロセッサーで書かれた原稿を好む」と述べる[14]．

かけがえのあるものにも価値があるという彼の主張は，その限りでは確かに正しい．ただ，彼の議論は，「かけがえのない」ものについて，なぜ他のものの方が「価値がある」という比較評価が可能なのかという疑問を引き起こす．おそらく，森村氏がここで問題にしているのは，「ユニークな個体性」という意味に解釈された「かけがえのなさ」にすぎない．手書きの原稿よりもワードプロセッサーの原稿の方が好ましいというときには，手書きの原稿の「かけがえのない」側面ではなく，ワードプロセッサーによって産出された原稿によって容易に代替されうる，つまり「かけがえのある」側面が問題にされている．そして，手書きの原稿の例に示されるように，「かけがえのなさ」はものごとの客観的な性質，つまりあらゆる人にとって同様に認識されうるような性質ではない．あるものは，それを「かけがえのない」ものとする主体のコミットメントによってはじめて「かけがえのないもの」になる．かけがえのないものは，そのとき，他のものと比較不能になる．自分の敬愛する作家の手書き原稿や，手書きの手紙を，典型的な例として思い浮かべることが許されよう．

ここで問題となる比較不能性については，ジョゼフ・ラズの定義が分析の出発点となるであろう．彼によれば，AとBとは，いずれかが他方よりもよいというわけではなく，かつ両方の価値が等しいわけでもない場合に，比較不能である[15]．このように，比較不能であることは，等価値であることとは異なる．

どのようなことがらが比較不能といえるだろうか．ラズは，次のような例を

14） 森村進「『人格』崇拝からの解放」創文304号(1989) 3頁．もっとも，森村氏は，他の箇所では，「異なった首尾一貫した価値観が，根本的な点にせよ比較的細かい点にせよ対立するとき，その優劣を定める客観的基準はない」とする(森村進「リベラリズムと共同体主義」矢崎光圀＝長尾龍一監修『法哲学的思考』(1989) 17頁．

15） J. Raz, *The Morality of Freedom* (Clarendon Press, 1986) at 322.

挙げる[16]．いまAとBとどちらがよりよいともいえない場合がある．たとえば，ある人が，A: スコッチを傾けながら読書する，とB: 公園へ散歩にでかける，についてどちらがよりましだともいえないと考えている．ところで彼にとっては，A: スコッチを傾けながら読書をするよりも，C: ポートワインを傾けながら読書をする，方がよい選択肢である．ところが，AよりもましなCとBとを比べても，どちらがよりよい選択肢であるとはいえないことは十分にありうる．このように，推移律が成り立たない場合が，AとBが比較不能といえる典型的な例である(もちろんCとBも比較不能である)[17]．

比較不能の関係にあるものには，読書と散歩のようなトリヴィアルなものもあれば，より重要な意義をもつものもある．この世には，相互に還元不可能なさまざまな価値が存在する．そのような価値を別の価値基準にもとづいて正当化することは不可能である．たとえば，人生の目標や，夫婦，友人のような親密な人間関係について，比較不能性が言及される場合がそうである．ラズは，これらが，構成的な比較不能性(constitutive incommensurability)の例であるとする[18]．構成的であるとは，主体がある目標や人間関係を比較不能であるとみなすことが，まさに比較不能な目標や人間関係を獲得する条件となることを意味している．この構成的比較不能性は，前に触れた「かけがえのなさ」つまり代替不能性を含意する．

つまり，かけがえのない，他の何ものとも比べられない友情を手に入れるためには，ある友情関係を，そのようなものとみなすことが必要条件となる．百万円では友人を裏切れないが，一億円なら裏切るという人は，その友情をかけがえのないものとは考えていない．百万円では安すぎるというだけである．また，なぜ友情がかけがえがないのか，なぜ他のもの，たとえば金と比較してそれほど重要なのか，と問う人は，そもそもかけがえのない友情を手に入れることのできない人である．友情を比較不能だとみなす人にとって，友情と他のも

16）*Id*. at 328.

17）ラズは蓋然性に関する判断についても，比較不能性が成立すると述べる (*id*. at 327)．確率の計算規則に従う蓋然性判断が意図的に行われるきわめて特殊な状況を除くと，AとBのどちらがよりありそう (probable) かについての日常的な判断についても，本文で述べた推移律は成り立たないであろう．

18）*Id*. at 345–46.

のとを比較衡量する客観的な物差しは存在しない．そのような物差しの存在を否定することが，かけがえのない友情をとり結ぶ能力を構成する．

3　憲法理論の比較不能性

憲法理論の中でも，ある憲法体系の包括的・整合的な正当化を試みる理論は，先に述べた意味で構成的に比較不能である．論理的整合性と一般的な合理性のみでは答えが一つに決まらない法律問題は限りなくある．これらのハード・ケースにおいて解決を示そうとすれば，実定法秩序の背後にあって，それを正当化する包括的な理論のいくつかの候補のうち，いずれかを選択し，コミットすることが必要となる．このとき，解釈者は，自らの選択した理論について，H・L・A・ハートのいう意味での内的視点 (internal point of view) をとることになる[19]．そして，いずれかの視点をいったん選択し，コミットすれば，そこから他の理論を批判すること，また論理的整合性や事実との対応性，理論としての美しさ等の点で，複数の議論を評価することは可能である．しかし，包括的な憲法理論自体について，いいかえれば，さまざまな究極的な視点自体について，それらを同一の平面に並べて優劣を判断することは意味をなさない．各視点，各理論へのコミットメントは，そのような比較の意味の否定を含んでいるからである．そして，いずれの視点をとるかによって，法的世界の相貌自体が根本的に変貌する．トマス・クーンが科学革命に関連して述べているように，あるパラダイムの下ではアヒルであったものが，別のパラダイムの下ではウサギに見える[20]．憲法学においてもたとえば，八月革命説とノモス主

19) H.L.A. Hart, *The Concept of Law* (Clarendon Press, 2nd ed., 1994) at 88–90.

20) T. Kuhn, *The Structure of Scientific Revolution* (University of Chicago Press, 2nd ed., 1970) at 111. 民主政と裁判所の役割分担に関する，多元主義 (pluralism)，自由主義 (liberalism)，共和主義 (republicanism) などの正当性要求についても同様であり，いずれの理論からも独立の客観的な判断基準があるわけではない．もちろん，それぞれの理論が，たとえば社会全体の利益を最大化しうる蓋然性や，差別を受ける少数派に与える保護の範囲や程度，あるいは国民としての一体感を育てる能力などの点で，他の議論と比べてすぐれているか否かを検討することは可能である．しかしながら，これらの比較の基準は，それ自体，特定の価値判断に立脚している．社会全体の利益を最大化することが議論の比較の基準となるか否かも，論者の立場によって異なるからである．したがって，これらの基準を使った結果として導かれる優劣の順位も，ある価値判断にコミットした，特定の観点からのものにすぎない．多元主義，自由主義，共和主義の

権論のいずれがすぐれているかを，事実との対応関係にもとづいて決定することはできない．両者は，同一の歴史的事実に関する二つの描き方だからである[21]．また両者の前提している価値判断自体の優劣を，いずれの説からも独立した立場から計測する「客観的な」物差しも存在しない．

個人の自律を保障するために，切り札としての人権を保障するという立場も，その種のコミットメントの一つである．友情をかけがえのないものと考えること自体が，かけがえのない友情をとり結ぶ能力を意味するように，人権を切り札と考えること自体が，個人を平等に配慮し尊重する能力を構成する．人生を自ら構想し，それを自ら生きることが，各人の人生に意味を与えるというロバート・ノージックの主張も[22]，その議論によって個人の自律を正当化しようとしているわけではなく，このような立場へのコミットメントが世界のある意味づけを可能にすることを示そうとしている．

ラズが指摘するように，比較不能性を構成するようなコミットメントをしない人は，道徳的に間違いをおかしているわけではない．単に，ある種の能力の欠如を示しているだけである[23]．なぜ個人の人生はかけがえがないのかと問う人，他のものと比較してそれほど重要なのかと問う人は，単にかけがえのない人生を送ることができず，他の人をかけがえのない人生を送る主体と考えることができないというだけであり，「客観的に見て」間違っているわけではない．

あらゆるもの，あらゆることがらは比較可能，代替可能であり，そのような代替可能な価値の最大化こそが究極の善であるという考え方はもちろん可能である．ただし，そのような考え方をとることが，すでに特定の道徳理論へのコミットメントを構成する．したがって，この立場を基礎として個人の自律は実際に重要なのかと問うことは，客観的・中立的な立場から問題を提出していることにはならない[24]．

憲法理論については，P. P. Craig, *Public Law and Democracy in the United Kingdom and the United States of America* (Clarendon Press, 1990) による的確な整理と紹介がある．邦語文献としては，松井茂記『司法審査と民主主義』(有斐閣，1991) を見よ．

21）長谷部・前掲注1, 178頁．

22）R. Nozick, *Anarchy, State, and Utopia* (Basic Books, 1974) at 49–50.

23）Raz, *supra* note 15, at 352.

24）個人の自律のさらなる基礎づけを要求する人としては，もう一つのタイプが考えられる．ただ，この人は，人生が代替可能だとの立場にコミットするわけではなく，単に個人の自律にコ

4　比較憲法学に何ができるか

以上のような考察は，なぜ法律学や政治学を研究する上で，さまざまな社会の理論を，しかも歴史を遡って検討する必要があるかを明らかにする．

物理学について適切な知識を得ようとする人は，最新の物理学の教科書を勉強することで用が足りる．インカ帝国の科学理論を検討したり，ニュートンのプリンキピアやガリレオ・ガリレイの天文学説にまで遡る必要はない．自然科学は，観測される具体的事実との対応性および理論的整合性の点で，さまざまな理論は比較可能であるという判断を前提にして成り立っている．したがって，現在まで生き残っている理論を研究すれば十分である．このことは，自然科学について，比較不能という概念を容れる余地がないということを意味しない．ただ，実際に自然科学の研究に携わる人は，複数の理論を相互に比較し，よりすぐれたものを選択しようとしているはずだというだけである．このような比較可能性が研究者によって前提されていない限り，トマス・クーンのいうパラダイム転換という事象そのものが説明しにくくなるであろう．

これに対して，最新の教科書や注釈書は勉強するが，ルソーもマキアヴェリもホッブズも全く読んだことがないという憲法研究者や政治学徒がいたとすると，彼らには何かが欠けているといわざるをえない．法学や政治学の古典，内外の理論は，人間や社会のあり方に関するそれぞれ独自の視点を提供する．個々の視点から生まれる多様な理論は，究極的には比較不能であり，競合する世界解釈の枠組みとしていまだに生き続けている．

もし，政治学および憲法学の根本的な問題，すなわち，なぜ人が他の人に服従し拘束されねばならないのかという問題，あるいは主権や法の権威，個人の自由と平等という規範的な概念に関する議論の妥当性について，広範な意見の一致が成立したならば，そのとき，政治学や憲法学は，その意見の一致を得た

ミットしない言い訳として，それについて何の基礎づけもないと指摘するにとどまる．つまり，彼(女)は，いかなる立場にも真剣にコミットしないという立場にコミットした人間である(長谷部・前掲注1，第8章参照)．しかし，彼(女)も，個人の自律について別の価値にもとづく正当化が与えられない理由を理解しない点，そしてその無理解によって図らずも特定の立場へのコミットを表明する点においては，先に述べた全面的な代替性可能論者と変わるところはない．

価値をいかに実現するかという技術的な学問となり，したがって，真正の普遍法則を定立しうる科学的探求となりうるかもしれない．しかし，現状はそうではない．世界は相互に比較不能なさまざまな視点によって分断されている．そして，アイザィア・バーリンが指摘するように，このように諸目的が互いに衝突しあうような世界においてのみ，政治哲学は原理的に可能となる[25)]．経験科学や形式論理学と異なり，そこでは験証と論理的整合性によって問題が決定的に解決され，「正しい理論」のみが生き残ることはない．歴史上の著名な政治哲学者の諸理論は，いずれも完全に「乗り越えられる」ことはなく，今もなおわれわれが社会的現実を構成する際の枠組みとなり，文化の一部として生きながらえ，相争っている．同様のことは，憲法学についてもあてはまるはずである．つまり，価値が多元的であり，衝突しあう世界においてはじめて可能となり，必要となるような，そうした憲法学のあり方がある．

対立し競合するさまざまな憲法理論を検討する上で重要なのは，いかなる視点からも独立した公正中立な物差しにもとづいて，種々の理論の優劣を比較することではない．それは前節で述べた理由から不可能である．また，特定の視点にコミットした上で，その他の理論を外的観点から批判することにも限られない．それは，認識よりはむしろ評価の領域に属する．憲法学には，比較不能な理論のそれぞれを理解可能にする内在的な視点を追求し，その理解を「超然とした」立場から記述するというアプローチが必要である．それは，ヴェーバーがいうように，自分自身はそのような価値を信じていないにもかかわらず，「究極的価値を所与として受け入れた上で……その地点に立って，究極的価値を目指す過程を理解する」作業である[26)]．ヴェーバーは，このようなアプローチが適用されるべき対象の例として，「人権思想のような極端な合理主義にもとづいた狂信」を挙げている[27)]．このようにして理解された各理論は，現

25)　I. Berlin, La théorie politique existe-t-elle? in *Revue française de science politique*, vol. 11 (1961) at 315–16.

26)　Weber, *supra* note 6, s. 544.

27)　ebenda. ここで問題となる作業は，ラズのいう「超然とした視点 detached point of view」からの認識であり (cf. J. Raz, *The Authority of Law* (Clarendon Press, 1979) chs. 7 & 8), ニール・マコーミックのいい方を使えば「認識上の内的視点 cognitively internal point of view」から行為や社会現象を理解する作業である (cf. N. MacCormick, *Legal Reasoning and Legal Theory* (Clarendon Press, 1978) at 275–92).

代においても，さまざまな政治主体の信念として政治状況を構成しており，また個々の市民が政治状況を理解し，それへ参加する際に，コミットすべき選択肢を提供する．さらに，さまざまな理論の理解は，この世界が多元的に構成されていること，したがって，多元的な世界観が共存しうるような社会体制が望ましい体制であることを少なくとも部分的に基礎づける[28]．

ラズおよびマコーミックは，H.L.A. ハートのいう「内的視点 internal point of view」が，主体がその視点にコミットしているか否かによって区別されるべき二つの側面を含有している点を指摘しようとしており，ハート自身も，後にこの区別の妥当性を受け入れている (cf. H.L.A. Hart, *Essays in Jurispredence and Philosophy* (Clarendon Press, 1983) at 14–15)．個人の信条としてはアナーキズムを信奉する人間も，もし彼(女)が法学教師であったならば，講義において，「日本の現行法制によれば，窃盗は刑罰によって罰せられなければならない」と述べることができる．そのとき彼(女)は，単に法的効果を予言しているにとどまるわけではなく，また日本という国家の法制の正当性にコミットしているわけでもない．それは「仮に日本の現行法制が正当であるとすれば」という超然とした視点からなされる法の認識である．本文で述べた通り，この区別は，つとにヴェーバーによってなされているし，また，ラズが指摘するように，ケルゼンによってもなされていた (Raz, *supra* note 27, at 153–57; vgl. H. Kelsen, *Reine Rechtslehre* (Franz Deuticke, 1960) 2. Aufl. S. 224 Fn.)．いわゆる「憲法の科学」といわれる作業が，制度参加者の視点を前提としつつ，それへコミットしない超然とした視点からの認識を含む点については，長谷部・前掲注 1，第 7 章を参照．

28) J. Rawls, The Idea of an Overlapping Consensus, *Oxford J.L.S.*, vol. 7 (1987). 近代立憲体制とは，相互に両立しえず，比較不能でさえある世界観が併存する社会において，人々がその相違にもかかわらず，おたがいに協働し，社会生活の便益を分かち合うことのできる体制であるということが許されよう．この点については，本書第 9 章参照．

このような体制の望ましさの基礎づけが部分的でしかないと本文で述べた一つの理由は，多元的な世界観が存在しているという事実だけからは，多元的な世界観の共存が望ましいという評価は引き出せないからである．この規範的結論を導くための前提としては，たとえば，個人の根源的な平等性が有力な候補として考えられる．

平等という概念はもとより多義的である．多元的世界観の共存を正当化する前提となるのは，各個人は，それぞれ自分の人生の意義を自ら決定し，それを自ら生きていく権利を持つという意味で平等であるという考え方である．個人の根源的な平等性というこの観念自体は，当面，証明の対象ではなく，構成的コミットメントの対象である．平等概念のさまざまな解釈については，さしあたり，T. Nagel, *Motal Questions* (Cambridge University Press, 1979) ch. 8 を参照．トマス・ネーゲルは，人が，コミットメントの対象となる特定の前提にもとづいて自らの人生を生きる存在であると同時に，そのような前提が，自足的には正当化されえないことを認識しうる観点を自らのうちにあわせもつことが，人生の不条理性 (absurdity) を構成すると指摘する (*id.* at 13–17)．

もちろん他にも，たとえば，完全なる信仰と正義の実現を目指して互いに殺戮しあうよりは，お互いの相違を超えて共存する方が，双方の効用を増すという功利主義的な理由づけも考えられる．

他方，第 4 章第 10 節で論ずるように，比較不能な価値の多元性という現実は，必ずしもリベラルな立憲主義国家のみが望ましい体制ではないという結論をも導き出す．リベラルな立憲主義の普遍的妥当性を信ずる人にとって，この結論は受け入れがたいものであろう．

多元的な世界に生きるわれわれにとって，このような意味における「科学」としての比較憲法学は存立可能であり必要である．

〔補論〕

本章で述べたような，構成的なコミットメントを前提とすることによってはじめて認識される社会事象を超然とした観点から認識することを憲法学の任務とする考え方は，遠藤比呂通氏から，合理的議論を不可能にするものであるとの批判を受けている(遠藤比呂通「憲法学のメタ理論とは何か」法律時報64巻2号(1992) 191頁参照).

たしかに，構成的コミットメントの性格自体からして，憲法学においては，自然科学や形式科学のような形では決着のつかない問題がある．その意味では，理性には限界がある．それが，われわれが生きる価値の世界のあり方である．理性によって解決のできない問題の生ずることを認めることになるから，比較不能な価値の多元性を認めるべきでないという主張は，スーパーマンのように高いビルをひとっとびできないことを認めることになるから，人間の跳躍能力の限界は認めるべきでないという主張とよく似ている．われわれは現実の世界における価値の比較不能性をあたかも個々の人間の側の論理的な計算間違いであるかのように処理すべきではない．法理論がいかに成熟し，発展しようとも，現実の価値の多元性を一元化しうるわけではないし，論理的矛盾を排除するかのように価値の対立を解消できるわけでもない(cf. B. Williams, Conflicts of Values, in his *Moral Luck* (Cambridge University Press, 1981)).

また，理性の限界を指摘することは，非合理主義に加担することとは異なる．たとえ理性の解決しうる領域に限界があるとしても，可能な限りにおいて解決への努力を惜しむべきではない．現実の世界で生起する問題の多くは，たとえ数学の問題を解くようには「合理的」に解決できないとしても，衝突する利益と主張との対話を通じて理性的に解決できるものである．誤解を避けるために述べておくと，価値が多元的であり，かつ複数の価値が相互に比較不能でありうることを指摘することは，価値相対主義をとることとは異なる．また，この考え方と，多元的で相互に比較不能な諸価値の共存を目指すことが客観的に正しい道徳であると主張することに矛盾はない．さらに，多元的で衝突しあう諸価値にそれぞれ客観的な意義があると主張することにも矛盾はないであろう．

H.L.A. ハートが，何が法かという問題と道徳的問題とを切り離すことによって，道徳的不確定性の侵入を防いだと遠藤氏は主張するが(同上)，このハートの試みが十分に成功しているか否かは疑わしい．ハートは，たしかに「承認のルール」という，一国の法体系への所属資格を認定する基準が，道徳とは独立に法としての地位を定めるとしたが，承認のルールに適合する妥当な法が，社会的事実に還元しきれない規範性を有することをハートは論証しておらず，それは単に前提されているにとどまる．これに対し，後期のハートの著作において，承認のルールは背景に退き，かわりに遮断的・内容中立的理由 (peremptory and content-independent reason) という概念が法の特性として前面に打ち出されている．しかし，法が遮断的・内容中立的理由という特殊な規範的性格を有する根拠を，法の社会的機能やそれを裏づける道徳的議論と切り離された形で認めることは困難であろう．以上の点については，長谷部・前掲注 1，第 2 章，特に 48–53 頁参照.

第3章　コモン・ローの二つの理解

1　合意の可能性と比較可能性

本章は，平井宜雄教授の法律学基礎論をさらに支える考え方は何かを検討する．

平井教授の議論の中で最も興味をひかれるのは，議論によるコミュニケーションが，最終的に，対立する当事者間の合意にいたるという「楽観的」ともいいうる態度である[1]．もちろん，バミューダ生まれのハリーが英国臣民であるかというイージー・ケースについては，少数の実定法規を引き合いに出すことで合意を容易に調達することができるであろうが，より深刻な対立を含むハード・ケースについては，お互いに証拠や理由，メタ・レベルの正当化の論拠などを提示しあい，反論可能性の高い主張をぶつけあっても，それが合意へと収斂していく保証は，一見したところは存在せず，したがって，何が議論に生き残った命題であるかを知りうるか否かも明らかではない．核心部分での対立は残っても，その他の部分で合意が形成され共通の世界が広がれば，それだ

1）　平井宜雄『続・法律学基礎論覚書』(有斐閣，1991) 26 頁．この論点については，星野英一「『議論』と法学教育」ジュリスト編集部編『法解釈論と法学教育』(有斐閣，1990) 90–91 頁での分析をも見よ．なお，シンポジウムの席上で平井教授自身が指摘した通り，平井教授もほとんどの法律問題について議論が実際に合意へいたると考えるほど楽観的であるはずはない．しかし，後出 4 でも述べる通り，十分に多くの場合に議論が合意へといたることは，平井理論が成り立つ前提を構成すると思われる．議論によっては答えが決定不能の問題領域があると認めることは，後で述べる実証主義モデルの妥当すべき問題領域があると認めることとほとんど同じである．法が市民社会のルールとして機能するためには，際限なく議論を続けるわけにはいかず，何はともあれ，それに従って紛争を解決し，行動を律する基準となるルールが確定している必要がある．

けで議論をする意味があるといえるかもしれないが[2]，「議論をすすめるため」のとりあえずの合意がどれほど積み重なっても，それ自体としてさほどの意義があるとは考えにくい．両当事者が力を注ぎ，真剣に主張・立証を繰り返す論争の核心に関する合意にこそ，価値が見出されるのではなかろうか．そして，対立が最後まで解けない紛争についても，裁判所は決着をつける必要がある以上，合意へいたる保証がないところで，いかにして非合理的な決断主義から逃れることができるかという課題はなお残ることになる．

平井教授は，自然科学においても，法律学と同様の議論の構造を見出すことができるとし，カール・ポパーの描く科学像を援用する[3]．たしかに，ポパーの描く科学的仮説の提示と厳密なテストによるその反証の過程においては，議論の結果として，いずれの仮説が生き残るかについて合意が成立するかに見えるが，これはポパーの描く科学のゲームに参加する人々の間に，競合する仮説は基礎言明との整合性の点で相互に比較可能（commensurable）であるとの暗黙の前提があり，かつ何が説明されるべき具体的な基礎言明であるかについても合意があるからである．もし，トマス・クーンが描くように，異なるパラダイムが相互に比較可能ではなく，パラダイムが異なれば，今までウサギであったものが今度はアヒルになるのであれば[4]，競合する仮説のうちいずれがよりよい仮説であるかについても，容易に合意は形成されないであろう．

法律学上のハード・ケースに関する議論には，ポパー的なゲームの条件は備わっていないと思われる．紛争を解決すべき規範について対立がある場合，何が説明され，正当化されるべき具体的結論であるかについての合意がそもそもなく，また対立する主張が相互に比較可能であるとの合意さえ必ずしも存在しない．自然科学における基礎言明の場合と異なり，法解釈における具体的結論について意見の一致が見られなくとも，われわれの言語が破産したとはいいにくいし，価値判断は究極的には比較不能である[5]．憲法学から例をとれば，民主政の性格に関する，多元主義（pluralism），自由主義（liberalism），共和主義

2） 平井・前掲注 1，26 頁．

3） 平井宜雄『法律学基礎論覚書』（有斐閣，1989）26–29 頁．

4） Cf. T. Kuhn, *The Structure of Scientific Revolutions* (University of Chicago Press, 2nd ed., 1970) at 111.

5） J. Raz, *The Morality of Freedom* (Clarendon Press, 1986) ch. 13.

(republicanism) などの道徳的正当性について，いずれの理論からも独立の「客観的な」判断基準があるわけではなく，各論者はその支持する理論の内側から，各理論を判断し，批判しているにとどまる．法律の世界では，議論と対話の結果がさまざまな主観的意見のいい放しに終わる可能性も，間主観的一致が生まれる可能性と少なくとも同程度にある．さらに，経験科学の場合と異なり，法解釈について，人々の意見の一致という事実から特定の規範的結論を正当化することは，事実と規範の峻別を無視することにならないであろうか[6]．

法律上の議論における合意への到達は，「論理的には」保証されていない．このとき，何が合意への到達を保証しうるであろうか．この問題は，コモン・ローにおける次のような古典的な問題，すなわち，コモン・ローにおいて従わねばならぬ判例とは何か，そして，その点に関する合意はいかにして調達されるかという問題とパラレルな側面をもつ．過去の判例や立法の蓄積にもかかわらず，何が妥当すべき法かが明白ではないハード・ケースはコモン・ローの体系においても発生しうる．その場合，裁判所はいかなる根拠にもとづいて自らの判断を正しい法として提示することができるか．また，そもそもなぜ，過去の判例への服従を正当化することができるのか．超越的・普遍的道徳についてすべての人の一致が望めない以上，それによって判例への服従を説くことは難しい．17世紀から18世紀へかけてのイングランドにおいては，この問題について，実証主義モデルと伝統モデルの二つの解決策が提示された．以下で述べる通り，平井教授の理論は，このうち，伝統モデルに沿うものとして解釈しうる．その解釈に従えば，法的議論が合意へと収斂する理由についても，ある程度まで説明することができる．

2　実証主義モデル

コモン・ローの実証主義的理解は，ホッブズ (T. Hobbes) に遡ることがで

6)　ハード・ケースについても解釈を通じて唯一の正解を見出しうると主張してきたロナルド・ドゥオーキンも，最近ではその主張を後退させ，特定の内的視点をいったんとれば，そこからは「客観的な正解」を導き出すことができると述べるにとどまっている (R. Dworkin, *Law's Empire* (Harvard University Press, 1986) at 81 & 267).

きる[7]．ホッブズは，コモン・ローを理性 (reason) と同一視するクック (Sir Edward Coke) の考え方が，一見したところ解決不能な困難に突きあたることを指摘する．なぜなら，普遍的に受け入れられている理性の基準が存在しない以上，この考え方によれば，誰もが自らの主観的な判断で法への抵抗を正当化できることになり，万人の万人に対する争いをもたらすからである[8]．ホッブズは，法律専門家固有の勉学と経験によって得られる理性が，この問題を解決するというクックの回答をしりぞける．理性はただ一つ，人間一般の理性があるのみで，法律家固有の理性など存在しない．有能な人間であれば誰でも，1～2ヵ月で法律学をマスターし裁判官になることができるとホッブズはいう[9]．

この問題に対するホッブズ自身の回答は，主権者の命令をそのまま実践上の判断基準として受け入れよ，というものである．法とは，裁判官の専門的技術的理性ではなく，主権者の理性に他ならない[10]．法の中身の善し悪しを論ずることなく，それをすべての市民が実践的理由として受け入れて，はじめて争いがやみ，社会生活が可能となる．

このホッブズの解決の一つの帰結は，判例もまた主権者により，明示・黙示に承認されている限りにおいて，法となりうるということである．この考え方からすれば，ハード・ケースにおいて，裁判所は可能な選択肢のうち一つを裁量にもとづいて選ぶが，人々は，いったん確定した判例がその後の社会生活の指針となることを理由に，内容の当否とは関係なく，それに従う．あらゆる法律問題に唯一の正解があるというテーゼは，この見方からすれば事後的にのみ正しく，アプリオリに見れば，裁判所の隠された裁量を正当化するための単なるフィクションである[11]．

---

7) Cf. G. Postema, Some Roots of our Notion of Precedent, in *Precedent in Law*, ed. by L. Goldstein (Clarendon Press, 1987); see also J.G.A. Pocock, *Politics, Language, and Time* (University of Chicago Press, 1971) at 215–16.

8) T. Hobbes, *A Dialogue between a Philosopher and a Student of the Common Laws of England*, ed. by J. Cropsey (University of Chicago Press, 1971) at 54–55; cf. G. Postema, *supra* note 7, at 11.

9) T. Hobbes, *supra* note 8, at 56; cf. G. Postema, *supra* note 7, at 12.

10) T. Hobbes, *supra* note 8, at 62; cf. G. Postema, *supra* note 7, at 12.

11) ベンサムは，社会生活を調整する行動の指針を提供する点に判例に従うべき理由を求めたが，これもホッブズの実証主義を受け継ぐものと考えられる (Postema, *supra* note 7, at 13–14)．法によって行動の予測可能性を与えられた市民は，各自，自己の効用を最大化する計算が可能とな

以上のような実証主義モデルの要点は，判例はその内容の合理性の故ではなく，それが先例として確立しており，したがって，人々の社会生活の基準を提供し，予測可能性を与えるからこそ，従うべき法となるという点である．人々は，判例の内容の合理性について議論をすることなく，それを議論の余地のない「権威」として受け取るべきであり，そうすることではじめて判例は法として機能しうることになる．

判例の「先例」としての意義に着目し，将来の裁判を予測することに主眼を置く，わが国の従来の判例研究の方法には，ここで紹介した実証主義的な判例観と共通する点がある．川島理論が判例研究の任務として，資本主義社会において行動する市民に対し，その権利義務の予見可能性を与えることを掲げたことは，平井教授も指摘している[12]．他方，判例を判決中の法律論であるとし，その善し悪しの吟味をすべきだとする平井教授の考え方が，実証主義の判例観と両立しないことは，明らかであろう[13]．

り，それは社会全体の厚生の最大化にも通ずる．ポステマが指摘するように（cf. G. Postema, *Bentham and the Common Law Tradition* (Clarendon Press, 1986) Pt. 3)，ベンサムの枠組みでは，裁判における結論も，社会の幸福の最大化に資するか否かという効用原理にもとづいてその当否が判定されるため，政策論と区別される法律論は原理的には存在しない．

12）平井・前掲注 1，49–50 頁．

13）平井教授が判例を権威ないし先例として受けとらず，判例研究の対象となるのはあくまで判決中の法律論であり，かつそれについては問題を適切に解決するよい法律論であるかを吟味することが常に可能であると主張する背景には（平井・前掲注 1，66–68 頁），教授が法の役割をもっぱら紛争状況の解決に求めているという事情があると考えられる（平井・前掲注 1，36 頁）．実証主義モデルのように，法の役割を調整問題状況の解決に求め，内容の正しさはともかく，何らかのルールが定まっていること，そしてそれにすべての当事者が従うことにより，解決できる事態が存在するという考え方は，平井理論の射程の外にあると思われる．調整問題状況については，とりあえず長谷部恭男『権力への懐疑』（日本評論社，1991）第 2 章参照．

なお，シンポジウムの席上，六本佳平教授から制定法源に関する限り平井理論はむしろ実証主義モデルに近いと見る余地がある旨の示唆があった．平井教授が制定法源を権威あるルールのシステムと見ることを前提に議論をすすめている点からすれば，たしかにその限りで平井教授は実証主義的である（宮澤節生「法社会学的法律学の可能性」ジュリスト 1010 号（1992）15 頁におけるこの問題に関するコメントを参照）．しかし，平井教授が主として問題とするのは制定法の文言が一義的な回答を与えず，背景にある正当化理由にさかのぼった法の解釈が要求される場面であると思われ，したがって，制定法源の権威を認めることは議論の出発点にとどまると考えられる．

3　伝統モデル

ポステマ (G. Postema) の整理によれば，実証主義と対立する判例観として，17 世紀から 18 世紀にかけて，クック，ヘイル (Sir Matthew Hale)，ブラクストン (W. Blackstone) など著名な法学者によって支持され，受け継がれたイングランドの伝統的な判例の理解がある[14]．伝統的理解によれば，判例はあくまでその内容の合理性によって法として認められる．ただし，古典的な自然法理論とは異なり，ここでいう内容の合理性とは，何らかの超越的な理性ないし正義の基準に合致していることを指すのではない．むしろ，当該判例が，その社会の伝統に合致しているか否か，そして判例が法律家集団によって実際に共有され，伝承されてきた特定の推論の方法によって導かれているか否かによって判断される[15]．

判例の適切さは，それが人々のアイデンティティーを担保する社会生活の歴史を通じて，人々に受け入れられてきた伝統ある法体系に連なっていることによって示される．また，法的推論の方法とは，あらゆる社会に妥当する抽象的・一般的な原則を発見し，適用することではなく，当該社会において承認されてきた個別具体の慣行や制度を包括的に把握し，それと整合する説得力ある具体的結論を導くという，法律家独特の知識と経験によって培われる特殊な技能である[16]．

ブライアン・シンプソン (A.W.B. Simpson) もコモン・ローに関して，同様の理解を提示する．彼によれば，判例法とは，法律家集団により遵守されてきた慣行と，合理的と思われる紛争解決を導くための基準として彼らに受け入れられてきた考え方とからなる慣習法の体系である[17]．そして，何がそのような慣行であり，考え方であるかについて，法律家集団に高度のコンセンサスがある場合には，法律問題に関する議論はほとんど常に合意へ到達する．そうであ

---

14) G. Postema, *supra* note 7; cf. J.G.A. Pocock, *supra* note 7, ch. 6, esp. at 212–22.

15) G. Postema, *supra* note 7, at 17

16) *Id*. at 21.

17) A.W.B. Simpson, The Common Law and Legal Theory, in *Oxford Essays in Jurisprudence*, 2nd series (Clarendon Press, 1973) ed. by A.W.B. Simpson, at 94.

る以上，この合意自体がいかに基礎づけられるかを問題にし，分析することに意味はない[18].

つまり，ここで問題となる合意は，何らかの超越的・普遍的な正義に関する合意ではなく，当該共同体における間主観的な合意である．この場合，法律家集団に共有された慣行や考え方は，彼らのコミュニケーションの手段そのものであり，共通の「言語」の役割を果たす．ヘイルやシンプソンもコモン・ローと言語との類似性を示唆している[19]．人間関係の「言語」を構成する共通の知識と経験を考慮せず，思弁の領域にとどまっている限り，対立と不確定性は永続することになる[20].

4　「法律学基礎論」の基礎

伝統的なコモン・ロー理解によれば，判例の合理性の根拠は，あらゆる社会に普遍的に妥当する客観的な道徳理論との適合性にあるのではなく，特定の社会において，伝統を通じて共有され，承認されてきた観念や慣行との連続性にある．平井教授の法律学基礎論についても，同様の前提があると考えれば，本論の冒頭に掲げた問題は，ある程度まで解くことができる．

法律学における超越的・普遍的価値への執着は，結局は不可知論と独断主義を導き，法律学固有の議論による問題解決の放棄をもたらす．これに対し平井教授は，法解釈においてアプリオリに認められる価値は無く，議論，反論に耐えた限りでの間主観的な正当化のみを認めることができるとして，法律学固有の議論の伝統を復権させようとする．しかし，そこで提唱されている議論によ

18)　*Id.* at 98.

19)　Sir Matthew Hale, Reflections by the Lrd. Chiefe Justice Hale on Mr. Hobbes His Dialogue of the Lawe, in Sir William Holdsworth, *A History of English Law*, V (Methuen, 3rd ed., 1945) at 503–05; A.W.B. Simpson, *supra* note 17, at 94; cf. G. Postema, *supra* note 7, at 20–21.

なお，法（lex）を，市民が自らを，そしてお互いの関係を理解するための日常言語（vernacular language）として捉え，そのような法の体系を構成員たる市民が行為の条件として承認しあうことにより，市民の結合体（civil association）が成立すると説くオークショットの議論を参照せよ（A. Oakeshott, *On Human Conduct* (Clarendon Press, 1975) at 122–24, 138–41）.

20)　Hale, *supra* note 19, at 503; cf. G. Postema, *Bentham and the Common Law Tradition*, *supra* note 11, at 62.

る正当化と進化論的法価値論が適切に機能するためには，議論が合意へ収斂するという保証が必要であろう．もし，平井理論が，所与の社会における法的議論のミクロ正当化の前提は何か，そして適切なマクロ正当化が何かについて，ほとんどの場合，共通の了解が存在するという前提に立っているとすれば，なぜ，法的議論が合意に到達するかを説明することができる．

法的議論の素材となる先例や慣行，そして議論の方法や格律は，当該社会のメンバーにとって，あるいは少なくとも法律家集団のメンバーにとって，社会生活を構成する枠組みであり，自らのアイデンティティーを確認する連結点である．その限りで共通の「言語」に相当する役割を果たす．この「言語」を用いている限り，対立する当事者が，議論を通じて最終的に合意にいたるのも不思議ではない．逆にいえば，ある問題について，対立が永続するということは，その社会の法的議論の伝統が，もはやその問題については，共通のコミュニケーションを保証する手段ではありえなくなったことを意味している．もちろん論理的には，当該社会の共通了解となっている枠組み自体について，さらにその正当化根拠を問うことも可能であるが，日常の法的実践の場において，それを問うことに意味はない．あらゆる議論はどこかから出発しなければならないのであり，当事者がすでに合意している事項については，暫定的にそれを出発点とし，そこから何が正当化されるかを検討することこそが求められる．

伝統的に承認された，法律専門家固有の議論の方法ないし格律と，判例や慣行など過去から引き継がれた素材によって支えられた法は，すでにそこにある．正当化の文脈において，われわれはこれら，歴史的に与えられた方法や素材を所与として前提し，それらを内的な視点から見ざるをえない[21]．法学者の任務は，この伝統を継承し，それを専門家としての議論を通じてさらに発展させることにある．裁判所の任務も本質的には同一である．判例の任務は，社会において継承され，共有されている法を法律家固有の議論を経て導き出すことにあり，それを創設することにはない．したがって，実証主義モデルの見方とは異なり，裁判所はときにはこの任務の実現に失敗し，「誤り」を犯すことも

21） 解釈学の用語を借用すれば，これらの共通了解は，解釈の「前理解」を構成することになろう．解釈学，特に憲法学におけるその展開については，渡辺康行「『憲法』と『憲法理論』の対話(1)(2)」国家学会雑誌 103 巻 1–2 号(1990)，105 巻 1–2 号(1992) 参照．

ありうる．利益衡量論やそれに先立つ解釈方法論が前提とする，価値判断についての相対主義や不可知論，そして議論による問題解決を放棄しようとする非合理主義は，このわれわれが継承し，発展させるべき法伝統を破壊する．

以上のような理解は，平井教授による，法律家共同体に特有の用語法の尊重や法律家に特有の思考様式の遵守の主張と整合し，また平井教授の判例観をも説明すると思われる[22]．そして，これが，平井理論における法のとらえ方だとすれば，それはたしかに，言説化された限りにおける従来の日本の法解釈方法論の大勢とは異なるものと思われる．

5　伝統モデルの限界

最後に，伝統モデルに沿って理解された平井理論の限界ないし境界を2点指摘しておきたい[23]．第一に，われわれが継承し，発展させるべき法伝統は，実際にそこにあるのかという問題がある．現代社会の突きつけるさまざまな法的問題について，われわれが容易に合意に到達しえないのは，そのような社会に共通に受け入れられた法伝統が欠けているからではなかろうか．英国においてコモン・ローに関する伝統的モデルが凋落し，実証主義モデルに沿った厳格な先例拘束および先例の射程に関する法理が判例法に関する議論の中核を占めるにいたった一因も，裁判機構の拡大に伴って法律家に共通の法伝統が分断され，希薄化し，その存在が疑われるにいたったことにある[24]．少なくとも，現

---

22)　平井・前掲注3，14頁，66頁，平井・前掲注1，66–68頁．シンポジウムでは，平井教授も，平井理論と伝統モデルとの一定の親近性を承認されたかに見えた．

憲法学界では，オーウェン・フィスの議論を援用しつつ「裁判官をはじめとする法曹一般の“解釈共同体”を基盤に，国民のコンセンサスをも配慮しつつ，憲法を頂点とする実定法秩序に内在し調和する『法原理』を見出し，それによって紛争を解決すること」を司法権に期待する佐藤幸治教授の議論に(同『現代国家と司法権』(有斐閣，1988) 63頁，103頁)，伝統モデルに沿って解釈される平井理論との共通点を見ることが可能であろう．フィスの解釈方法論については，野坂泰司「テクスト・解釈・客観性」芦部信喜先生還暦記念『憲法訴訟と人権の理論』(有斐閣，1985) を参照．同様の解釈観としては，先例と類比 (analogy) にもとづく法律家特有の方法が「それ自体から多かれ少なかれ特定の答えを導く」とするチャールズ・フリードの議論もある (Ch.Fried, *Order and Law* (Simon & Schuster, 1991) at 66–68 & 216).

23)　外側から見て限界に見えるものは，内側から見れば有意味な世界の境界である．

24)　A.W.B. Simpson, *supra* note 17, at 98–99. 日本の憲法学界では，コモン・ローの下では判例に厳格な先例拘束性が認められるのに対し，日本のような制定法国では事実上の拘束力のみが

在の日本社会に，ほとんどのハード・ケースについて当事者間の合意を調達しうるような濃厚な法伝統が存在する可能性は薄いと思われる．

もっとも，伝統モデルの支持者からすれば，議論をはじめる前から共通の法伝統の存否を抽象的に問題にすることはナンセンスであり，そのような問題を弄ぶ前に，まず議論を開始し，法伝統の再構築に努めるべきだということになろう．お互いの立場が比較不能であるか否かも，議論をしてみてはじめてわかることである．

第二に，たとえ合意を調達しうるような法伝統が存在したとしても，はたしてそれに従うことが正しいかどうかは，やはり議論すべき余地がある．特に，憲法学においては，むしろ，立法や判例に現れた日本人の伝統的な社会秩序観に対峙し，それを新たな社会秩序観へと組み換えていくことが課題とされることがある．そこでは，歴史や社会を超える，超越的な正義あるいは人権の観念に訴えることがなお必要となる．この批判についても，伝統モデルの立場からは，新たな秩序観として何が正しいかも議論を通じてしか発見できず，超越的な価値の押しつけは所詮社会に根づくことはないとの再批判が予想される．

*本章は，1992 年 5 月 9 日に行われた日本法社会学会学術大会分科会での報告をもとにしている．当日のシンポジウムにおいて御意見をいただいた方々に謝意を表したい．

認められるといわれることが多い．しかし，伝統的なコモン・ローの観念は，先例にルールに似た厳格な拘束力を認めていない．厳格な先例拘束性を定める諸ルールは，予測可能性と法的安定性を確保するために，制定法のシステムにならって導入されたものと考えられる．この点については，F. Schauer, *Playing by Rules* (Clarendon Press, 1991) at 174–81 参照．

現在の日本で判例のもつ事実上の拘束力が強化されているとすれば，その一つの原因は，平井教授のいう法律家として議論する能力の低下に求められるかもしれない．議会内の各議員に独自の政策と理性的な審議・討論能力があれば，政党の投票規律の必要性が低下するのと同様のメカニズムが働いている可能性がある(本書第 8 章第 8 節参照)．

第4章　文化の多様性と立憲主義の未来

1　問題の設定

憲法学では，「国家」「主権」「人権」「法の支配」などといったさまざまな一般概念を用いて議論がすすめられる．これら一般的な概念を理論的に分析することが，憲法学の課題の一つであり，そのためにしばしば法哲学の種々の分析手段が利用される．これらの概念やそれを含む言明のもつ意味を解明し，それを支える正当化根拠を探ることで，一見茫漠とした憲法学上のさまざまな言明の，実際の射程を見極めうるはずだからである．

筆者は，国家の主要な役割として，社会的相互作用の調整，公共財の供給，人権の保障の三つを想定している[1)]．「主権」の存在を正当化する根拠となるのは，社会的相互作用の調整である．大部分の人々が他の大部分の人と同様に行動しようとする調整問題状況は，権威的・統一的なルール設定によって首尾よく解決することができる．ある社会において誰がその権威あるルール設定者かという問題自体も調整問題であり，大部分の人々は，とにかくそれが誰かに決まってほしいと考える．

もっとも，最高の立法権者としての主権者が誰かということが調整問題であるとしても，その主権者がいかなる手続により，いかなる内容の法を設定しうるかは，必ずしもそうではない．公共財の供給にかかわる問題については，社会全体の利益に関する人々の考え(一般意思)を理性的な討議を通じて引き出し，それを収斂する民主的手続が要求されるし，また，人権の平等な保障は，

1)　長谷部恭男『憲法』第2版(新世社，2001) 1.1.4, 5.2 および同「国家権力の限界と人権」樋口陽一編『講座憲法学3 権利の保障(1)』(日本評論社，1994) 参照．

民主政自体の前提条件であって民主的手続によっても動かしえない事項と考えられる．さらに，調整問題の解決や公共財の供給が，国際機関や国内の自治体によってより適切に果たされるのであれば，関連する権限はそのような諸機関に移譲されるべきである．人が権威に従うのは，その権威の判断が，自分の判断より適切である蓋然性が高いと考えるからであり，法的権威の場合も変わりはない[2)]．

こうして，人はすべて一定の基本的権利を平等に保障され，人生を意味づける善の観念を自ら構想し，時に応じて改訂し，実践する可能性が保障される．人々が直接に，あるいは代表を通じて，多様で豊かな情報をもとに国政のあり方を理性的に討議し，決定するプロセスが構築される．社会生活の領域では，すべての人に平等に適用される，一般的抽象的で明確な法にもとづいて，社会的相互作用は調整され，社会の福祉の最大化が図られる．

以上は，現時点で筆者が構想しうる限りでの，国家および法の役割に関する一般的・整合的な理論的枠組みを意図している．この枠組みでは十分に説明しえない問題もあろうし，また曖昧さや矛盾を残す部分もあるはずである．その種の問題点の指摘に対しては，代替するよりよい一般理論の枠組みを構想することで回答を試みるべきであろう．

ただ，他方では，この種の一般的な理論枠組みを構築すること自体の適切さを疑う立場がありうる．文化の多様性・自律性を強調し，近代立憲主義がもつ画一的・拡張主義的普遍性要求および歴史主義的な傲慢さを批判するジェームズ・タリーの議論はその典型例である．「主権」「人権」「公共の福祉」といった憲法学上の諸概念を，主としてリベラリズムの観点から統一的に説明しようとする筆者の試みも，この視点からすれば，そもそもの意図の画一的・帝国主義的性格を批判されるべきこととなる．

以下では，近代立憲主義に代えて，多様な文化の相互承認と対話を基調とする現代立憲主義 (contemporary constitutionalism) を唱導するタリーの議論を紹介し，それが現代におけるリベラリズムの代表的論客であるロールズや先行する近代自然権論に対する根底的批判としての意義をどこまでもちうるかを検

2) J. ラズ (森際康友編訳)『自由と権利』(勁草書房, 1996) 参照.

討する．結論を先に述べると，タリーの提唱する現代立憲主義は，ロールズのいう「政治的」リベラリズムや近代自然権論，さらには法実証主義と同様，多元的な価値観が競合する世界で社会的協働の枠組みをいかに構築しうるかという問いに対する回答の一つとして解釈されるべきであり，近代立憲主義の企図を根底的に覆し，それに置き代わるものとは考えにくい．ただ，この検討の結果，近代立憲主義のある種の偶然性が浮き彫りになる．

2　近代立憲主義の特質

「近代憲法は，文化的多様性 (cultural diversity) を承認し，それを受け入れることができるか」．これは，タリーがその著書『見知らぬ多様性 *Strange Multiplicity*』の冒頭で提起する問いである[3]．彼によれば，これは，21 世紀に向けてわれわれの直面する最も困難かつ緊要の問題である．来るべき時代は文化的多様性の時代であり，しかもその兆候はさまざまな形で——たとえば，民族自決を求める運動，多様な文化を教育や放送の内容に反映させる要求，女性の文化的独自性を憲法制度に反映させようとするフェミニズム運動，さらに先住民の憲法上・国際法上の地位の承認要求として——すでに現れている[4]．タリーは，この問題に対処するには「現代の憲法 contemporary constitution」は，さまざまな文化を担う主権的市民が相互の承認と同意にもとづいて対話する実践の形式としてとらえられなければならないとする[5]．

出発点として，彼は，多様な文化の承認がなぜ従来の近代立憲主義の下で困

3)　J. Tully, *Strange Multiplicity: Constitutionalism in an Age of Diversity* (Cambridge University Press, 1995) at 1.

4)　*Id.* at 1-4.

5)　*Id.* at 30.

タリーによれば，文化 (culture) は，ビリヤード・ボールのように地域や民族でまとまった，明確に独立した単位として認識しうるものではない．複数の文化は地域的に重なりあっていると同時に，それぞれの発展や自己認識の点でも相互に依存している．あらゆる社会は多文化的 (multicultural) であるというより，むしろ文際的 (intercultural) である．また，各文化の内部が均質・一様であるわけでもない．文化は，視点により，またアプローチの仕方により，さまざまにとらえることができる．したがって，現代社会が，偶然性と折衷主義の支配する，整合的な文化的脈絡の欠如した状況という意味で均質・一様であるとするある種のポストモダニズムのとらえ方 (e. g., J. -F. Lyotard, *The Postmodern Condition* (Manchester University Press, 1984) at 76) にもタリーは異議を唱える (Tully, *supra* note 3, at 45-46 & 199ff.).

難であったかを検討する．分析の手法として，ウィトゲンシュタインの哲学的問題へのアプローチが応用される．つまり，問題を惹起した言語ゲームを規律する暗黙の約束事（conventions）を明るみに出すことが必要である[6)]．「人民主権」「自己統治」「法の支配」「権利」「平等」そして「憲法」といった種々の概念によって構成される複雑な言語ゲームとしての近代立憲主義を支える，意識されずにきた約束事が多様な文化の承認を妨げてきた．とりわけ，近代立憲主義の主要な3つの解釈理論であるリベラリズム，ナショナリズムおよび共同体論は，各文化に憲法上の地位を承認することは，憲法上の概念の通常の用法と相容れないと主張してきた[7)]．

タリーは，多様な文化の承認を妨げてきた近代立憲主義の特質として，7つのものを挙げる．第一は，文化的多様性を排除する「人民主権」の観念である．人民主権については，人民を，自然状態あるいは始源状態における平等な個人の集合とする見方，近代的な歴史的発展段階に属する平等な個人の集合とするとらえ方，さらに，共通の善の観念とヨーロッパ的な制度と伝統を共有する人々の共同体とする三つのとらえ方があるが[8)]，いずれも文化的多様性を排除する点で共通する．

第二に，近代憲法は，前近代の憲法との対比で規定される．ここでいう「前近代」とは，ヨーロッパの前近代であると同時に，歴史的発展段階としてヨーロッパ近代に達していない他の地域の文化をも指す．前近代の憲法は，各社会の伝統的慣習と強固に結びついている．他方，近代憲法は，伝統的慣習を意識的・批判的に検討することで形成され，より発展した歴史的段階に対応する[9)]．

第三に，前近代の憲法が，地域ごとの多様な慣習の寄せ集めであったために不正規（irregular）であるのに対し，近代憲法は統一的・画一的（uniform）である．近代国家は，同一の権利を享有する均質な国民によって構成され，すべての国民を等しく取り扱う統一的制度を設営する[10)]．

第四に，慣習も歴史的発展段階の中に位置づけられる．社会的・経済的発展

6） *Id*. at 35.

7） *Id*. at 36–37.

8） *Id*. at 62.

9） *Id*. at 64.

10） *Id*. at 66.

は，地域と階級を区分してきた慣習を徐々に掘りくずし，最終的に平等で法的に差別されない単一の階級を創出したとされる[11]．

第五に，近代憲法は，「代表民主政」「権力分立」「法の支配」「個人の自由」「常備軍」「公共空間」といった特殊ヨーロッパ的な制度群と同視される[12]．一定の歴史的発展段階に達した国は，一様にこれらの制度を備えるものと想定される．

第六に，各立憲国家は，すべての国籍保持者が平等に市民としての尊厳を享受しつつ帰属する「国民 nation」という観念上の共同体と同一視される[13]．この観念の生み出す帰属意識が，憲法共同体としての一体性を保持するために必須であると想定される．

第七に，憲法は，ある歴史的時点において全人民の合意の下に設定されたもので，それは民主政の前提であり，かつそれを超越すると想定される．実は人々が日常生活で遵守する慣習の変化に応じ，柔軟に変転した前近代の憲法の方が，むしろ民主的であった．しかし，近代立憲主義からすれば，前近代の憲法はそもそも「憲法」ではない[14]．

3　現代立憲主義とウィトゲンシュタイン

以上の7つの特質を備えた近代立憲主義の言語が，さまざまな文化，とりわけ非ヨーロッパ圏の文化に憲法上の地位を承認しえないことは当然である．近代立憲主義は，ヨーロッパ諸国による旧植民地での先住民に対する支配，そして現代社会における多様な市民に対する文化帝国主義を正統化してきた[15]．しかし，文化の多様性を否定し，均質で平等な市民へと人々を磨り潰そうとする近代立憲主義の試みにもかかわらず，文化の多様性はなお社会の生きた現実であり[16]，現代の立憲主義は，この多様な文化を承認し，受け入れていかざるを

11）*Id*. at 67.
12）*Ibid*.
13）*Id*. at 68.
14）*Id*. at 69–70.
15）*Id*. at 96.
16）*Id*. at 98.

えない．それを可能にするアプローチとしてタリーが提示するのは，再び後期ウィトゲンシュタインの言語分析の手法である[17]．

ウィトゲンシュタインは，言語を古い街並みにたとえる．「狭小な路地と広場，古い家や新築の家，次々に建て増しされた家々からなる迷路．その周囲を，直線の道路と一様な家並みの新市街が取り囲んでいる」[18]．言語は，長い年月にわたる実践を通じて，さまざまな様式に沿って成長する．それは単一の立法者によって画一的に設定された，いつでも同じように通用する均一の構造をもたない．あらゆる使用場面に妥当する単一の理論や包括的な規則によって描写されるには，あまりにも複雑多岐である．「われわれが理解しそこなうのは，言語の使用について透徹した展望を持たないためである A main source of our failure to understand is that we do not command a clear view of the use of our words」．「われわれの文法には，そのような見通しが欠けている Our grammar is lacking in this sort of perspicuity」[19]．古い街並みと同様，言語は視点によってさまざまに見える．「言語は迷路のようだ．ある方向からどう行けばよいかはわかるが，別の方向から同じ所へ近づくともう道がわからなくなる」[20]．

タリーによれば，同じことが憲法学という言語ゲームにもあてはまる[21]．憲法の言語も長い慣用を通じて漸次発展したもので，一様で見通しのきく近代立憲主義の言語は，古い街並みを取り囲む新市街にすぎない．リベラリズム，ナショナリズム，共同体論の間で理解の仕方に違いはあるものの，近代立憲主義は，前述の七つの特質を備えたものとして，複雑な構造を持つ憲法一般を統一的に理解しようとしてきた．

ウィトゲンシュタインは，このような一般的・統一的理解を目指す態度を「一般性への渇望 craving for generality」と呼び，自然科学の方法論に影響されたこの態度が，特殊具体の事例に対する軽視を導くことを指摘する[22]．この

17) *Id*. at 103ff.; cf. Tully, Wittgenstein and Political Philosophy, *Political Theory*, vol. 17 (1989) no. 2.
18) L. Wittgenstein, *Philosophical Investigations* (Blackwell, 3rd ed., 1976) at s. 18.
19) *Id*. at s. 122.
20) *Id*. at s. 203.
21) Tully, *supra* note 3, at 104.
22) L. Wittgenstein, *The Blue and Brown Books* (Blackwell, 2nd ed., 1969) at 17–18.

態度からすれば，一般的概念 (general term) を理解するには，その適用場面のすべてに共通する要素を見出す必要がある．しかし，このアプローチから見るべき結果は何ら生まれない．ウィトゲンシュタインによれば，一般概念を理解するとは，一般的な理論や規則を構成してそれを具体の事例にあてはめる理論的活動ではなく，その一般概念をさまざまな具体的場面で使用する実践 (practice) そのものである．ことばを理解するとは，言語ゲームの個別の場面で，ことばを適切に使う複雑な技能を会得することである[23]．問題となる具体的な場面に応じて，なぜそのような使い方をすることが適切かを類似した事例の引照や類比により，よく知られた事例との関連性を示すことで説明することができれば，そのことばを理解したということができる．特に重要なのは，よく知られた事例と，問題となっている事例との関連を示す中間的な事例を見出し，あるいは想起することである[24]．哲学者は，そのためにさまざまな記憶を寄せ集めなければならない[25]．

個別の場面でのことばの使い方を会得することは，それらに通ずる暗黙の一般原則を把握することではない．ことばの具体的用法はあまりに多様でもつれあい，変転するため，一般的ルールによる規律を許さないからである[26]．ウィトゲンシュタインは，「ゲーム」という一般概念を例にとって，このことを示す[27]．球技，トランプ，双六など「ゲーム」と呼ばれる種々の具体的活動は，勝ち負けの有無，技能が必要か否か，娯楽といえるか否か等の点でさまざまである．これらの間にあるのは，せいぜい家族の構成員間に見られるようなさまざまな類似性の網の目のようなつながり (family resemblance) にすぎない．ある者とある者は体格が，別のある者とある者は目鼻立ちが，別のある者とある

23)　Wittgenstein, *supra* note 18, at s. 198–202.

24)　*Id.* at s. 122–24.

25)　*Id.* at s. 127.

26)　Tully, *supra* note 3, at 107–09.

これに対して，やはり後期ウィトゲンシュタインに強い影響を受けているアンドレイ・マルモーは，ことばを理解するとはその意味および用法を規律するルールを理解することであると主張する．ルールによってその意味が十分に確定しえない (underdetermined) 表現についてはじめて解釈 (interpretation) が要請される (A. Marmor, *Interpretation and Legal Theory* (Clarendon Press 1992) at 21)．マルモーの議論については，本書第8章参照．

27)　Wittgenstein, *supra* note 18, at s. 65–67.

者は気性が似通っている．複雑な類似性のネットワークを見てとることができるが，すべての者に共通する特徴はない．同じことがことばの使い方についてもいえる．すべての使用場面に共通するルールはない．たとえ，何らかのルールがあるとしても，われわれはゲームの進行につれて次々にルールを作り直しながらゲームを続ける．

タリーは，ウィトゲンシュタインの哲学が，近代立憲主義の背後にあるものとは異なるもう一つの世界観を提示するという[28]．「憲法」「国民」「社会」「市民」「権利」「主権」といった一般概念について，ウィトゲンシュタインの哲学は，それらを「ゲーム」と同じように見ることを要求する．これらの概念について，どのような適用場面でも妥当する普遍的な理論や原則があるわけではない．われわれはあくまで具体的事例を一つ一つ検討していくしかない．そして，われわれと異なるとらえ方を示す他者が現れたならば，どのような視点がそのようなとらえ方を可能にしているかを理解し対話すること，異なる視点からの異なるとらえ方と，われわれのとらえ方との関連性を示す中間的な事例を見出すことが求められる．あらゆる適用場面を包括的・統一的に説明する理論は存在しない．憲法が，視点によって異なる相貌が現れる複雑多岐な構造物である以上，さまざまな視点を提示する人々との対話が全体像の漸次的理解に不可欠である．種々の視点との対話の中で，多様な文化を含む複雑な現代憲法の言語ゲームは進展する．

タリーは，さらに，このような個別具体の事例の関連性を追究するアプローチが，マシュー・ヘイルの描くコモン・ローの伝統的理解と共通することを指摘する[29]．ヘイルも，法律学，さらには国制の学とは，主要な定義から一般原

28） Tully, *supra* note 3, at 111.

29） *Ib.* at 113ff.

ヘイルのコモン・ロー理解については，さしあたり本書第 3 章第 3 節参照．ただ，そこでは，コモン・ローが合理的な論拠にもとづく議論を突きあわせることによっては収拾しえない問題をも解決しうるほど，濃厚で一様な文化として法律家集団に共有されているものとして描かれているが，タリーの描くコモン・ロー像では，対立する多様な文化の対話を可能にするメタ・レベルの枠組みとしての側面が強調されている．なお，やはり法的議論および倫理的議論の多面的で相互補完的な性格を指摘するものとして，A. Jonsen & S. Toulmin, *The Abuse of Casuistry; A History of Moral Reasoning* (University California Press, 1988) 特にその ch. 15 参照．

則を引き出し，それを個別の事例に適用する理論的作業ではないと主張する．それはむしろ，読書，観察，そして対話を通じて，法的思考（reasoning）の技能に習熟することでしか得られない一種の実践的技術である．個々の法律問題は多種多様であり，適切な救済も事件ごとに異なるため，抽象的なルールは解決の助けになるどころか妨げとなる[30]．

タリーによれば，近代立憲主義の悲劇は，このコモン・ローの対話の伝統から外れて，抽象的な理論や原則の「独白」に頼ろうとしたホッブズの主張に従ったことにある．しかも，それは非ヨーロッパ系諸民族と遭遇し，これら異なる文化，異なる視点との対話が必要となったまさにその時であった[31]．

4　近代立憲主義の多面性

ウィトゲンシュタインの言語分析の手法によりつつ，近代ヨーロッパ圏外の社会体制の豊かな多面性と近代立憲主義の画一的・統一的な狭隘さを指摘するタリーの分析はたしかに魅力的である．ただ，タリーの議論について直ちに思い浮かぶ疑問は，多面的なのはなぜ近代ヨーロッパ圏外の文化のみなのか，逆にいうと，タリーがその画一性と帝国主義的・歴史主義的性格を指摘する近代立憲主義とその主要な解釈理論，とりわけ近代立憲主義と結び付けて語られることの多いリベラリズムには，はたして視点によって変化する多面的性格は存しないのか，というものである．そもそも，近代立憲主義やリベラリズムの多面的性格を否定することは，タリー自身にとってはたして整合的であろうか．あらゆる言語ゲームに視点によって変化する多面的性格があり，あらゆる一般概念にはその適切な用法を一義的に決定する一般原則が欠けているという主張と，近代立憲主義の言語にその適切な用法を一般的に定める七つの特質があるという主張とは，どのように折り合うであろうか．

リベラリズムおよびそれによって支えられた近代立憲主義が，相互を比較しうるいかなる理性的尺度も存在しないという意味で比較不能（incommensurable）で多様な文化をブルドーザーのように押しつぶし，のっぺりした均質的社

30） Tully, *supra* note 3, at 114.

31） *Id*. at 116.

会を作り出すというイメージは，以下で述べるように，リベラリズムの理解として過度に一面的であり，リベラリズムの主な潮流の実際の姿に合致しているか否か疑わしい[32].

周知の通り，リベラリズムが人間および社会の現実にそぐわない一般理論を構築しながら，その普遍的妥当性を標榜しているとの非難は，タリーが立憲民主主義の主要な解釈理論の一つとして批判の対象とする共同体論の陣営からもなされている．共同体論からの批判にリベラリズムがいかに応答しうるかを見る作業を通じて，タリーのいう現代立憲主義の射程を測定することもできる．

以下，リベラリズムを代表する理論として，ロールズのそれをまず検討の対象とする．ロールズを現代のリベラリズムを代表する論客とみなすことに異議はないと思われるし，共同体論者やタリーがリベラリズムを批判する際にも，ロールズは主要な目標の一つとして想定されている．

5 ロールズの「政治的」リベラリズム

ロールズの唱導するリベラリズムに対する共同体論からの批判を吟味する際に，まず留意すべきことは，彼の正義論の構想があくまで「政治的 political」な領域に妥当するとされることである．その前提には，現代社会が多様で相互に不両立な包括的価値体系によって分断されているという彼の認識がある．無知のヴェイルによって自分の性別や人種，能力や資質，社会的地位や人生の目的などから切断された人々が，社会の基本的なあり方を構想する始源状態 (original position) という思考モデルも，多様な善の観念を抱く人々が，それにもかかわらず，いかにして公平な社会的協働の枠組みを構築しうるかという彼の問題設定に見合っている．

共同体論者のマイケル・サンデルは，この始源状態のモデルが示しているのは，自分の人生の意義や目的から完全に切断され，しかもそれを自由に選択できる，浮遊する (unencumbered)，幻の如き (shadowy) 存在としてロールズが

32） 通約不能あるいは比較不能という考え方については，本書第2章第2節参照．

人間をとらえていることだと主張し，この特殊な形而上学的観念は，人間の本来の姿に合致しないし，そもそもそれは筋の通った考え方ともいえないとする[33]．しかし，このサンデルの批判は正鵠を射たものとはいいがたい．始源状態という思考モデルは，必ずしも現実の人間のありのままの姿を示すことを意図してはいないからである[34]．

この点については，道徳ないし正義に関する「政治的」観念と「包括的 comprehensive」観念とを区別することが必要となる．ロールズのことばの用法によると，道徳的観念は，それが人生の意義や，個人の性格，友情，家族，結社のあり方など，人の生き方や人生全体に関する考え方を含む時は包括的である．多くの宗教や哲学はこのような意味で包括的であろうとする．これに対して，政治的観念は，立憲民主制社会の政治的・社会的・経済的な基本構造がいかにあるべきかという論点にのみかかわる．このため，それは，何ら特定の包括的な宗教上，哲学上あるいは道徳上の理論を前提とせず，これら個別の包括的理論に縛られない (freestanding) ものでなければならない．ロールズによれば，現代の立憲民主制社会に広く行き渡り，それを支える暗黙の共通了解となっているのは，このような「政治的」観念である[35]．

立憲民主制社会で暮らす人も，それぞれ何らかの包括的な宗教や哲学を奉じ，それによって意味づけられた人生や世界を生きる．しかし，包括的価値観は多様で，相互に両立せず，時には比較不能である．ロールズは，この価値の多元性 (plurality) という状況を事実として受け入れた上で，しかもすべての人が自由かつ平等な市民として公正に協働しうる社会をいかに構築し，維持するかという課題に答えようとする[36]．したがって，そこで必要となる人間像も包括的なそれではなく，あくまで政治的な――自由かつ平等な市民として協働し，社会の基本的問題を討議する公共空間における――人間像である．公共空

33）M. Sandel, *Liberalism and the Limits of Justice* (Cambridge University Press, 1982) esp. at 54–59.

34）J. Rawls, *Political Liberalism* (Columbia University Press, 1993) at 27.

35）*Id*. at 11–15; cf. S. Mulhall & A. Swift, *Liberals and Communitarians* (Blackwell, 1992) at 171.

36）Rawls, *supra* note 34, at xxiii–xxv; Rawls, The Idea of an Overlapping Consensus, *Oxford Journal of Legal Studies*, vol. 7 (1987) at 4; cf. Mulhall & Swift, *supra* note 35, at 182.

間以外の私的空間では，人は包括的な宗教・哲学・道徳にコミットしうるし，包括的な善の観念を共有する共同体(結社や家族など)の一員として生きることができる．そこでは，人はリベラルである必要はないし，そのような共同体の一員としては，自分の善の観念を自己の人格の不可欠の構成要素であると感じ，それを一歩離れた視点から反省したり改訂したりする余地はないと実感するかもしれない．しかし，公共空間を生きる市民としては，人々は自分の善の観念を反省し，改訂しうる存在として自分を見る必要がある．このような，いわば分裂症的能力なくしては，価値観が多元的に競合するこの世界で，自由かつ平等な市民による公平な社会的協働の枠組みを構想することは不可能である．始源状態への参加者のモデルも，このような公共空間を生きる市民としての能力と構想力に対応している[37]．

相互に両立しえないさまざまな包括的価値観が社会の中で競合する以上，それにもかかわらず人々に共有されうる社会の意味とは，自由で平等な市民による公平な協働の枠組みとしての意味でしかありえない．ロールズのいう社会の構成員に公正に配分されるべき「基本財 primary goods」のリストが，個々の包括的道徳の立場から見れば不完全であるという共同体論からの批判も[38]，したがって，やはり的が外れている．ロールズのいう基本財は，公的な政治の領域に生きる自由で平等な市民として必要性を認める財であって，それが個別の包括的道徳の「必要 needs」に十分応えていないことは，当然である．

このように，ロールズの描くリベラリズムは，公共空間に限定される政治的文化にとどまる．タリーは，あたかもロールズが公共空間のみならず私的空間をも覆う近代ヨーロッパの制度や文化を唱導しようとしているかのように描き，その帝国主義と画一主義を非難しているが[39]，このような受けとめ方は，ロールズの構想を正しくとらえたものとはいいがたい．

---

37) もっとも，W. Kymlicka, *Liberalism, Community, and Culture* (Clarendon Press 1989) ch. 4 は，ロールズの自我観は，それを包括的なものとして理解したとしても，なおサンデル等コミュニタリアンの批判に耐えうるとし，「コミュニタリアンの批判の脆弱さからすれば，最近のロールズの立場の変更は驚くべきことだ」と評する (*Id.* at 58; cf. Rawls, *supra* note 34, at 27, n. 29).

38) Cf. M. Walzer, *Spheres of Justice* (Blackwell, 1983) ch. 3.

39) Tully, *supra* note 3, at 82, 107, 189.

ロールズのねらいが，多様な包括的価値観の間に公平な社会的協働の枠組みを構築することにある以上，彼の答えがたまたまヨーロッパ的伝統を起源とする立憲民主制社会の共通了解と一致することをもって，その画一的性格を非難することは，タリー自身の観点からしても，整合的にはなしえないであろう．タリーの企図自体も，多様な包括的価値観の間に共存の枠組みを構築することにあったはずであり，それに対する普遍的に妥当な回答として相互承認と対話の倫理を提唱する彼自身の構想も，画一主義の非難を免れることは難しいはずである．ヨーロッパに起源を持つ立憲民主制に共通する文化に属するか否かと，画一的・帝国主義的であるか否かとは異なるレベルの問題である．

6　リベラリズムの中立性

リベラルな理念に支えられた立憲民主制に対しては，それがその表向きの看板にもかかわらず，さまざまな包括的価値観に対して公正中立ではないし，そもそもそうではありえないという批判が，しばしば加えられている．たとえば，チャールズ・テイラーは，政治と宗教との分離はヨーロッパ＝キリスト教文化固有の伝統で，イスラム原理主義者には到底受け入れられないし，またリベラリズムが中立性を徹底しようとするならば，その社会はリベラルな体制自体を支えうるほどに愛国的（patriotic）ではありえないと主張する[40]．

しかし，これはリベラリズムに対する正当な批判とはいいにくい．中立性は，それ自体が究極的な目標ではない．さまざまな善の観念に対する国家の中立性が要請されるのは，個人がそれぞれの抱く善の観念に誠実に生きることを可能にし，それを促す環境として，多様な善の観念に対して政府が中立的に振る舞う社会が望ましいからである．したがって，イスラム原理主義者であっても，相互に比較不能な多様な文化が競合する社会に生きる以上は，多様な宗教および文化に対する国家の中立性，ひいては政治と宗教の分離を受け入れざるをえないはずである．

これに反して，さまざまな文化，さまざまな善の観念が共存し，競合する社

40）*Id*. at 197ff., 249.

会のあり方自体を否定しようとする思想に対してリベラリズムが中立的でありえないのは当然のことである[41]. 多様な善の観念の間になお社会的協働の余地を確保しようとする限り, ロールズのいう「政治的」領域を保障する必要性は, 社会の中に生きるいかなる個別の思想に対しても優越する[42]. リベラルな民主社会を破壊しようとする思想に対してリベラリズムが差別的な態度をとるのは, この政治的領域を確保する公共的必要に由来するのであって, 何らかの特定の善の観念を執行するためではない. リベラリズムは, そのような思想の唱導に対しても, それが明白で差し迫った危険をもたらさない限りは寛容であろうとするであろうが, ある思想に対する寛容とその積極的是認との間には, 明白な違いがある.

7 グロティウス, ホッブズ, ロック

ロールズの企図は, けっして突出したものではない. 政治思想史家のリチャード・タックによれば, 価値の多元性を否応なく受け入れざるをえない事実としてとらえ, その状況下で人々の共存を可能にする条件を探るというアプローチは, 初期の自然権論者にも共通していた. 倫理の空間が個人の権利によって隈なく埋めつくされる可能性を示唆するロバート・ノージックのような極端な権利論者と異なり, 初期の自然権論者は, 個人の生来の権利を包括的道徳の基礎とした上で, あらゆる道徳的結論をそこから引き出そうとしたわけではない. 彼らにとっての課題は, 根底的に異なる文化に属する人々が, 交渉し共存していくために, 最低限の出発点を見出すことであった.

「とりわけ, グロティウス, ホッブズ, プーフェンドルフ, ロックという名前と結び付けられる自然権を中心とする道徳的・政治的理論の17世紀における炸裂は, 第一義的には, ヨーロッパの理論家による(宗教戦争後の)ヨーロッパ内部の, そしてヨーロッパとそれ以外の世界(特に農耕文化前の諸民族)との深刻な文化的相違から生ずる問題を解決する試みであった」[43].

41) Rawls, *supra* note 34, at 195–200

42) Mulhall & Swift, *supra* note 35, at 178.

43) R. Tuck, Rights and Pluralism, in *Philosophy in an Age of Pluralism: The Philosophy of Charles Taylor in Question*, ed. by J. Tully (Cambridge University Press, 1994) at 163.

たとえばグロティウスは，人々は他に何を信じていようと，まず，あらゆる人は自己保存への権利を持つこと，ついで，理由もなく恣意的に他人を傷つけその財物を奪ってはならないこと，という2つの規範を受け入れざるをえないと主張したが，その根拠は，それがあらゆる人間にとって不可欠な必要に応じているというものであった[44]．グロティウスは，この中世的伝統から見れば内容のきわめて縮減された自然法が，たとえ神が存在せず，また神が人事に一切関心がないとしてもなお妥当すると述べる[45]．彼がこの原則から引き出した実践的帰結は，海洋航行は自由であるべきこと(なぜなら誰も海を自己保存のために効率的に専有・利用しえないから)，そしてヨーロッパ人は新大陸を，より多くの人間の自己保存のために専有しうるというものであった[46]．

労働による所有権の獲得にロックが付した周知の制約条件[47]にも，グロティウスの議論と同じ趣旨を見出すことができる．自己保存が誰もが受け入れざるをえない要請であるとすれば，自己保存のために必要となる食料をより多く生産しうる土地の有効利用，つまり狩猟ではなく農耕によってのみ排他的・独占的所有権を正当化することができる．アメリカ先住民は，肥沃な土地を労働によって改良することを怠ったがために，「イギリスの日雇い労働者よりも衣食住において劣っている」[48]．たしかに，これはアメリカの先住民の土地所有権を否定し，新来のヨーロッパ人による専有を正当化しようとする理論である[49]．しかし，より多くの人々の自己保存のために，より有効な土地利用が要請されるという論理自体を否定することは，困難であろう[50]．

タックの理解に従うならば，17世紀の自然権論者の問題意識とロールズの

44) *Id.* at 164; also R. Tuck, *Philosophy and Government 1572–1651* (Cambridge University Press, 1993) at 173–76.

45) H. Grotius, *Le droit de la guerre et de la paix*, traduction de J. Barbeyrac (Université de Caen, 1984) prolégomènes, s. XI; also Tuck, *supra* note 44 (1993) at 197–98; K. Haakonssen, *Natural Law and Moral Philosophy* (Cambridge University Press, 1996) at 29.

46) Tuck, *supra* note 43, at 167; also Tuck, *supra* note 44 (1993) at 178–79.

47) 「他者との共有のものとして，同じように良いものが充分に残されていること」(J. Locke, *Two Treatises of Government*, ed. by P. Laslett (Cambridge University Press, 1988) II, ch. 5, s. 27).

48) *Id.* ch. 5, s. 41.

49) Tully, *supra* note 3, at 70–78.

50) Tuck, *supra* note 44 (1993) at 167; also D. Lyons, The New Indian Claims and Original Rights to Land, *Social Theory and Practice* vol. 4 (1977) no. 3.

それとは，驚くほど共通していたことになる[51]．そして，多様な文化の相互承認を憲法上位置づけようとするタリーのそもそもの問題意識とも，大きく重なりあっているはずである．

8　実定法秩序の自律性と主権概念の意義

もっとも，すべての人が享有する権利についての最低限の合意が整っただけでは，社会生活ははじまらない．お互いに強烈に異なる世界観・価値観をもつ人々が協働して社会生活を送るためには，個々の道徳秩序から独立した実定法秩序を設立して，人々の日常の実践的判断をコントロールする必要が生ずる．実定法秩序の自律性を標榜する多くの法実証主義者の背景には，この問題意識がある[52]．実定法秩序の自律性を標榜する理論は，ある限定された領域，つまり互いに見知らぬ人々の社会的相互作用の場を規律するルールについては，個々人の実践的価値判断を遮断する力を実定法に認め，しかも，何がそのような実定法に該当するかの認定基準を，実質的な道徳上の判断とは独立に設定する[53]．事実上，社会の大多数の服従を調達している最高の立法権者による明示または黙示の命令や，当該社会の裁判所秩序が事実上受け入れている実務慣行にその系譜をたどることができるかという，いずれにしても社会学的事実にもとづく実定法の認定基準がそのよく知られる例である[54]．

実質的な道徳上の判断と独立に身分の認定される実定法に，個々人の実践的判断を遮断する効力が認められる理由は，このような力を実定法秩序に認める

51）このような理解からすると，人権論の起源がキリスト教文化と結びついていることを過度に強調すべきではないこととなる．

52）実定法秩序の自律性を標榜するのは法実証主義者だけではない．ポステマによれば，トマス・アクィナスやフィニスのような典型的な自然法論者もこの企図に加わっている．ポステマは，多かれ少なかれこの伝統に属する理論家として，他にベンサム，ホッブズ，プーフェンドルフ，ロック，ヒューム，ハート，ラズ，マコーミックを挙げる（G. Postema, Law's Autonomy and Public Practical Reason, in *The Autonomy of Law: Essays on Legal Positivism*, ed. by R. George (Clarendon Press, 1996) at 80）．

53）*Id.* at 82-88.

54）もっとも，これらの事実上の基準が実定法外の道徳への考慮を明示的に指示することもありうる（H.L.A. Hart, *The Concept of Law* (Oxford University Press, 2nd ed., 1994) at 247; J. Coleman, Authority and Reason, in *supra* note 52, at 287-88）．

ことで，相互に覇権を競う実質的道徳の世界から切断された形で，社会生活のルールを設定することがはじめて可能となる点にある[55]．相争う道徳秩序のいずれか一つが，必ずしもその道徳を受け入れていない人々からなる社会生活を規律するルールとされるならば，道徳秩序間の比較不能の対立は，収拾不能の紛争状態を招くか，あるいは特定の道徳秩序が社会の全構成員に押しつけられる不公正な結果を導くことになる．

人々が社会生活を営む上で，社会的相互作用を調整し，公共財を供給する制度的枠組みが不可欠である以上，その枠組みがある程度安定し，しかも全構成員にとって公正な形で設営されるためには，相争う道徳秩序から実定法秩序を切断し，その自律性を確保することが必要となる．個別の実質的価値判断を遮断し，明確なルールと技術的論理によって社会公共の問題を審議・決定する共通の場を切り拓くからこそ，実定法は権威を要求しうる．もちろん，その反面で，実定法秩序のかかわらない私的な領域については，各人のコミットする道徳秩序に従う判断と行動とが許されなければならない．

実定法秩序が，個別の道徳秩序や教会から独立し，それらによって浸透・汚染されない世俗の主権者，あるいは最高規範を戴かなければならないのは，社会の内部で，相互に比較不能な複数の道徳秩序が終わることのない闘争を続けているからである．このことは，近代ヨーロッパにおいて，主権概念が各国の政治的権威の国内における最高性と国外からの独立性を標榜した背景として，つとに指摘されている．宗教的な多元性こそが，ルターやカルヴァンの意図にもかかわらず，信仰の自由をはじめて可能にした[56]．また，ワイマール共和国において法実証主義者たちが立法権の全能性を主張した背景にも，同様の事情がある[57]．社会的にもイデオロギー的にも同質性の欠けた社会において，何らかの実質的正義に訴えることは，特定の利益団体に不公正に特権を与えることになる．主権者が主権的とみなされるべき根拠と射程は，現在でも本質的には変わらない．

道徳秩序間の対立が激しく，それらと切断された実定法秩序が社会的協働の

55）　Postema, *supra* note 52, at 88–91.

56）　Rawls, *supra* note 34, at xxiv.

57）　E. -W. Böckenförde, *Staat*, *Gesellschaft*, *Freiheit* (Suhrkamp, 1976) at 75–76.

枠組みとして必要となる程度が強ければ強いほど,「主権者」は真剣に「主権的」存在として受けとめられる必要がある. 逆に, ある社会の構成員のほとんどが, 同一の道徳秩序や教会の権威を受け入れるとき, あるいはある地域における道徳秩序間の対立があまりにも激しく, 共通の社会的協働自体が絶望的となったときは,「高次の法」である各道徳秩序の「主権」が回復される. そのとき人々は, もはや, その包括的価値秩序とあわせて, 公共空間独自の「政治的」市民像を分裂症的に抱く必要はなくなる.

9 文化の多様性に対する多様な回答

「政治的」リベラリズムを唱導するロールズ, 自律的な実定法秩序の権威を強調する法実証主義, そして各文化の自律性を強調し文化相互の承認と対話を提唱するタリー, これらの立場は, 一見したところ隔絶しているように見えながら, 基本的には同一の課題, すなわち価値観が多元的に競合する世界において, いかにして社会的協働の枠組みを構築し維持するかという課題に関するさまざまな回答として, 同一の平面上に並べることができる. 彼らの回答を分けているのは, 多様な価値観の相剋を社会的事実として受け入れた上で, なお単一の社会を構成することがそもそも可能か, そしてその枠組みは, どこまで濃厚な実質的道徳によって満たされうるか, についての立場の違いである.

異なる自律的文化圏の存在を前提とし, それらの間の相互承認と対話こそが「憲法」的枠組みとなるとするタリーは, そもそも多様な価値の混在する社会における全成員に共通する公共的な枠組みの存在を推定していない. ロールズの正義論を, 公的領域と私的領域とを通じた包括的価値体系を全成員に押しつける一種の共同体論として彼が理解するのも, 彼自身が, 個別の包括的価値体系と切断された政治的領域の成立可能性を認めていないことによる. 抑圧され無視されてきた文化に属する人々は, あるべき憲法を構想する始源状態に, すでに自分達の文化によって形成された人間として, しかも抑圧され簒奪された憲法共同体の一員として参加することを要求するものと想定される[58]. あらゆ

---

58) Tully, *supra* note 3, at 55.

る政治的・人為的努力を取り去った後に残る彼にとっての default position は，各文化が自律的かつ自足的に併存する状態である．タリーによれば，各文化が相互に承認しあい，対話し，同意を調達しえた限りにおいてはじめて共通の政治的権威が成立しうる．しかし，比較不能の文化が相剋しあうアリーナにおいて，あらゆる人々が各自の包括的価値の全面的貫徹を主張すれば，このような同意は到底調達しえないはずである．

一方，実定法秩序の自律性を標榜する法実証主義者の多くは，ロールズと同様に多様な価値観がせめぎあう世界に公共空間を切り拓くことは可能であるとの前提から出発するものの，その公共空間において構成員によって共有されうる政治文化の濃密度については，ロールズよりはるかにわずかのものしか期待していない．このような立場の極限に位置するのはホッブズであり，彼は自然状態の野蛮でみじめではかない境遇から抜け出すためには，なにより「平和」を確保することが先決であると想定する．そして，多様な価値観を抱く人々の実践的判断を遮断し，人々の社会的相互作用を調整する共通のルールを設定することに政府の役割が限定されればされる程，いかなる内容の実定法であれ，それを包括的に正統化する概念である「主権」の意義は高まることになる．

比較不能な価値の多元性という実情から出発する限り，社会で共有されるべき価値の濃密さを追求するならば，実現する社会が，もはや価値観相互の解決不能な対立が生じない範囲での比較的小規模なものとなることは必然である．また，非ヨーロッパ圏における諸文化に比べて，近代立憲主義がより規模の大きな，産業化と市場経済の進展した社会に相応しいという意味で，帝国主義的・拡張主義的な枠組みとなるのは，自然なことである．

結局のところ，重大な岐路は，善の観念や人生の意義について深刻な対立を抱く人々が，はたして同一の社会の中で共存しようとするか否かにある．

ロールズの始源状態に参加する人々は，協働して社会を構成する意図をもつと想定されている．この意思がないとすれば，たとえばノージックが指摘するように，富者と貧者とが別々に社会を構成する方が，少なくとも富者にとっては自然である[59]．そして，実際に周辺の国家をも含めていずれの政府も包括的

59)　R. Nozick, *Anarchy, State and Utopia* (Blackwell, 1974) at 189ff.

道徳秩序に対する中立性を維持するのであれば，それらの国家との間で分厚い国境を設ける必要はない．ヨーロッパ連合のように，構成国間に国家の中立性について高度のコンセンサスが見られる地域連合で，各構成国の主権を強調する必要は薄れるであろう．

しかし，あらゆる国家がこのような態度をとる保障はないし，現実の人々は，異なる道徳秩序に属する人々との社会的協働の意思をもたないかもしれない．この意思は，価値観の違いにもかかわらず，共に暮らすことに長期的利益があると人々が意識しない限り，生まれない．この意思が欠如する可能性がある限り，国境の必要性は残る．一つの社会の中で共存する意思をもたない複数の文化が存在するより，複数の別々の社会を作る方が，少なくとも各社会内部における平和，それぞれの自己保存を全うする蓋然性は高くなるはずである．激しい党派心に燃えた集団が相剋する場では，平等な人権の保障と実定法秩序の自律性にもとづく公共空間の形成と維持は失敗するであろう[60]．そして，その反面で，各社会への個人の参入・退出の自由を国際的に保障するという課題，そして国家間の平和をいかに維持するかという課題が，緊要性を増すことになる．具体的状況において，いずれの回答が有効かは，複数の価値観の間に同一の社会を構築し，共存する意思がどこまであるかという社会学的事実に依存する[61][62]．

60）Postema, *supra* note 52, at 107.

61）他方，現代の日本社会において立憲主義が直面している苦境は，裏返っている．タリーの近代立憲主義に対する批判は，むしろ日本においてしばしば見受けられる通念，つまり日本の文化や社会通念をあたかも日本人である以上は誰もが受け入れる画一的・統一的な考え方であるかのようにみなす帝国主義的な観念によりよくあてはまる．社会の現実である比較不能な価値の多元性が，なおそれとして認識されず，特定の価値観が無反省に「社会通念」として想定され，公共空間を占拠する事例は，精神的自由をめぐる日本の判例にしばしば見られる．タリーが指摘するように，一国の文化なるものは，あらゆる一般概念と同様，何らかの統一的な共通了解の上に成り立つものではなく，視点によって異なる多面性を含み，異なる理解を持ち寄る構成員の対話と実践を通じてもつれあいながら展開していく（Tully, *supra* note 3, at 199ff.）．この多様性・多面性を否応ない事実として意識的に受け入れた市民にとってのみ，日本の立憲主義の展望が開かれるであろう．

62）比較不能な多元的な価値観の多元性の下で，各個人にその善の観念にもとづく生の可能性を保障することが立憲主義の基本的任務であるとする本章の立場からすれば，憲法が各個人に保障する権利の核心には，自律的な生を保障する「切り札」としての権利がなければならない．この考え方は，憲法13条の保障する権利は何かという解釈論に一定の指針を与える（長谷部・前掲注1（1994）参照）．

10　リベラルであることの偶然性

多様な文化がそれぞれ固有の価値を有し，しかもそれらの間に比較不能性があるとする立場は，個人の自律を尊重するリベラリズムと両立可能であり，一定の条件の下では多様な文化の共存を確保するための必要条件でさえあるというのが，本章の主張であった．しかし，裏返していえば，本章の論旨は，多様な文化の比較不能性を認める文化的多元主義は，いかなる条件の下でも個人の自律を尊重するリベラリズムおよびそれに立脚する近代立憲主義の正当性を直ちに導くことにはならないという結論をも暗示している[63]．

文化的多元主義からすれば，カトリックの修道女や禅宗の僧坊での僧侶の生活のように，個人の自律を尊重しない文化にも固有の価値が認められることになり，それがリベラリズムより劣っているか否かを論ずることには意味はな

憲法13条が保障する権利が，一般的な行動の自由にすぎないとする説が持つ説得力は，それがあたかも「切り札」としての権利の保障要求よりも弱い主張であり，いわば default position だという感覚にあるように思われる．つまり，「切り札」としての権利が一般的な行動の自由より強い保護に値する権利として憲法上保障されるとの説には，それを根拠づける特別の論拠が必要であるが，単に個人がやりたいと思うことを一般的に保護するのであれば，特別の論拠は不要だという感覚である．

しかし，この感覚は見かけのものにすぎない．なぜなら，人のやりたいことをすべからく一般的に保護すべきだという議論は，人のやりたいこと，つまり個人の選好には，アイスクリームを食べたいという平凡で無害なものから通りすがりの人に暴力を振るいたいという異常で邪悪なものにいたるまですべて一様に価値があり，したがってそれを同じように保護すべきだとのきわめて特殊な前提にコミットしているからである．「僕はヴァニラが好き，君はチョコレートが好き」というのと同じように，「僕は泥棒が好き，君は人殺しが好き」というわけである．これは，すべての選好に一様に価値が認められる以上，その満足の総量を最大化すべきだとの選好功利主義や各人の選好の満足の量を平等化すべきだとする考え方と直結する議論であり，けっして誰もが容易に承認できる議論ではない (cf. T. Nagel, Moral Conflict and Political Legitimacy, in *Authority*, ed. by J. Raz (Blackwell 1990) at 310–11)．

一般的自由論は，せいぜいのところ，政府の活動領域を適正な最少限度に抑制するための，手近な道具としての意味しかもっていない．しかも，この道具は，「切り札」としての権利を通じてさまざまな善の観念——選好功利主義はその一つにすぎない——に対する国家の中立性が守られている限度ではじめて作動すべきである．価値の多元性が支配する世界における中立的な default position といえるのは，むしろ，「切り札」としての権利論だということになる．

63）以下，本節の記述は J. Gray, *Berlin* (Harper Collins, 1995) ch. 6 に多くを負っている．関連して R. Rorty, *Contingency, Irony, and Solidarity* (Cambridge University Press 1989) ch. 3 をも参照．

い．異なる文化の優劣を論ずる独立の基準は存在しないという認識が，文化の比較不能性という考え方の核心にある[64]．

また，相互に比較不能な多様な文化の共存を確保する上で，リベラリズムはいかなる条件の下でも他の文化よりすぐれているとはいえない．前節で述べたように，単一の社会の中で多様な文化の共存を確保しようとするのであれば，多様な文化への寛容を説き，個人の自律的な選択を尊重するリベラリズムは，多様な文化の共存を確保する上ですぐれている．しかし，それぞれ固有の文化にコミットした社会が複数併存する状況も，同様に多様な文化の共存に適している可能性がある．必ずしも後者が前者よりも文化間の対立・紛争の蓋然性を増すとはいえない．それは，前節の末尾で指摘したように，社会学的事実に依存する．したがって，多様な文化の共存をはかるために，あらゆる社会が他者への寛容と個人の自律を尊重するリベラルな社会へと転換すべきだという結論は導かれない．

もっとも，価値の比較不能性を認める多元主義は，より小さな単位の価値相互の関係についても妥当するものであるから，一定の価値の序列を社会の構成員に押しつけようとし，それについて個人の選択の余地を認めない非自由主義体制は，その点で多元主義の前提に反するという反論はありうるかに見える．一見したところ，それは特定の価値秩序が他の価値秩序よりもすぐれていると主張していることとなり，文化的多元主義と衝突することになりそうである．

しかし，必ずしもそうではない．そのような非自由主義体制は，そのような価値秩序の押しつけが，固有の価値をもつ自分たちの文化の維持と再生産のために必要だと主張すれば足りるからである．自分達の文化が他のそれよりすぐれていると主張する必要，あるいは少なくとも同等であると主張する必要さえない．単に，それが他の文化とは比較不能な固有の価値を有するとの主張で十分である．また，たとえ多様な価値の間の不断の選択があらゆる人生に普遍的に見られる特質であるとしても，だからといって，個人によるこの選択を中核として文化を形成しなければならないという結論が自動的に導かれるわけではない．したがって，個人の自律や価値秩序の選択を尊重しない非自由主義体制

64） 長谷部・前掲注 32.

も，それが他の文化を侵略し，覆い尽くそうとする意図をもつものでない限り，多様な文化の一つとしてやはり尊重に値することになる．

そうだとすると，逆になぜわれわれは個人の自律を尊重すべきなのかという疑問が生ずる．個人の自律を保障し，多様な思想への寛容を説く自由主義体制は，なぜこれを維持し，再生産していくべきなのだろうか．その根拠は，非自由主義体制に生きる人々が，その文化の維持と再生産を訴える根拠と変わることはないと思われる．

われわれは，現に個人の自律を尊重するリベラルな社会に生きている．われわれの自我は，この社会によってすでに大きく条件づけられた，リベラルな負荷を持つ自我であり，個人の自律がわれわれにとって根源的重要性を持つのもそのためである．たまたま現代のリベラルな社会に生きていることが，われわれにとってのリベラルな社会の重要性の基礎であり，それ以外にその道徳的な正当性を基礎づける必然的根拠はない．

これは，自由主義体制を構成する個々の要素，たとえば人権の保障，代表民主政，違憲審査制などについて，それを正当化しあるいは改革の方向を示す議論がありえないということを意味するわけではない．しかし，その種の正当化や改革の議論は，それ自体，自由主義体制の正当性を所与の前提とし，それにコミットした議論に帰着することになる．そして，そのことは，とりたててリベラリズムの弱みを意味するわけではない．多元的に共存するすべての文化に共通する性格にほかならない．

もちろん，われわれはリベラルな民主社会が正しい社会のあり方だと信じている．多様な生き方，考え方に寛容で人々の幸福の増進を目指す平和な社会に，あらゆる人々が魅力を感ずるに違いないと信じている．比較不能で多様な価値の競合がこの世の現実だとすれば，なおさらそうであろう．リベラル・デモクラシーに仲間入りしたいという社会が現れたならば，われわれはそれを可能な限り援助すべきである．

しかし，だからといって，地球上のあらゆる社会がすべてリベラル・デモクラシーに直ちに転換すべきだということにはならないし，そうするようわれわれが努めるべきだともいえない．多様な文化の比較不能性に気づいてしまったわれわれは，リベラルでも民主的でもない社会にも固有の，比較不能な価値があることをすでに知っている.

これからの世界は，直ちにリベラル・デモクラシーに一元化されるわけではなく，また文化的多元主義からすれば，それは必ずしも望ましいことでもない．多様な文化が競合し，共存する中で，われわれのリベラル・デモクラシーを維持し，再生産することがわれわれにできる最上のことの一つである.

第5章　理性の彼方の軽やかな希望
――「ポストモダン＝新しい封建制?」という疑問にポストモダニズムは答えられるか――

1　はじめに

本章の副題は，もともとの原稿を依頼した雑誌編集部の設定した問題である．この問題設定の背景にはいくつかの前提があると思われる．以下では，まずその前提に関する筆者の理解を示し，その上でこの問題にポストモダニズムがいかに答えるかを検討する．

第一の前提として，封建制と近代立憲主義との関係がある．フランス革命を典型とする近代市民革命は，封建的身分制という旧来の社会秩序を破壊し，国内の政治権力を集中することで，各身分に応じた特権と義務による拘束から個人を解放し，平等な権利を享有する「国民」を創出した[1]．

この広く知られた物語は，ポストモダニズムの観点からしても意義深い．この物語の一つの含意は，人がいかなる権利を享有するか，人がどのような枠組みを用いて政治関係や社会関係そして自らの地位を理解するかは，ほとんど一夜にして書きかえられるほど儚い (contingent) ものだということである[2]．人が享有する権利に関する認識の背後に歴史的条件を超えた何らかの確固たる必然的基礎があるわけではないし，平等な国民を創出した中央集権国家の存在も，くもりない目で見れば直ちにその存在が判明する揺るぎない真実ではない．裏返していえば，すべての人に平等な権利を保障する近代立憲国家は，存

1) K. マルクス (城塚登訳)『ユダヤ人問題によせて』(岩波文庫，1974) 49–53 頁，樋口陽一『憲法』改訂版 (創文社，1998) 29–30 頁.

2) R. Rorty, *Contingency, Irony, and Solidarity* (Cambridge University Press, 1989) at 3. 大日本帝国やソビエト連邦の崩壊の際も，同様に社会の枠組みの根底的な変動が生じた.

在すべくして存在するものではない．人類の歴史を通じて，このような社会のあり方は原則ではなく，例外であった．

ところで，「ポストモダン＝新しい封建制？」という疑問は，ポストモダニズムが市民革命以前の状況への回帰ないし退行を導くのではないかという疑問を意味している．なぜだろうか．

ポストモダニズムといわれる諸思想を共通の標識にもとづいて定義づけることは困難である．しかし，それらが多かれ少なかれコミットするいくつかの考え方を指摘することはできる．ここで論点となるのは，そのうち「客観的認識」への懐疑と，異なる世界観すなわち異なるパラダイム相互の比較可能性(commensurability)の否定である．

アメリカ法学界の代表的なポストモダニストの一人と目されるデニス・パターソンは，客観的認識への懐疑という視角が，著名な論理学者であるクワインによって1950年代にすでに明確に提示されていたと指摘する[3]．クワインによれば，「いわゆる知識あるいは信念なるもののすべては，ありきたりの地理や歴史に関するものから原子物理学，数学，論理学の深遠な法則にいたるまで，経験 experience とはその端でひっかかっているだけのつくりものである．いい方をかえると，科学は，経験を境界 boundary condition とする力の場 field of force のようなものである．境界において経験との齟齬が発生すると，場の内部における調整がもたらされる．いくつかの言明について真理値を配りなおす必要が生じ，論理的相互関係のため，ある言明の再評価は別の言明の再評価を導く．……しかし，場全体は，その境界をなす経験によってさほど厳しく限定されていない underdetermined ので，理論と対立する一個の経験に照らしてどの言明を再評価すべきかについては広い裁量の余地が残される．個々の経験は，場の内部の個々の言明とは，場全体の均衡という考慮を通じて間接的に結びつくにとどまる．

このような見方が正しいとすると，個別の言明の経験内容を云々することはミスリーディングだということになる．……また，経験に依存する綜合言明と経験の如何にかかわらず妥当する分析言明を区別する意義も疑わしい．もし体

3） D. Patterson, Postmodernism/Feminism/Law, 77 *Cornell L. Rev.* (1992) at 254, 270–71.

系内部で十分な規模の調整を行えば，いかなる言明も経験の如何にかかわらず妥当することになるはずである」[4].

つまり，外部の経験世界と対比されテストされるのは個々の仮説ではなく，理論全体である．もちろん経験という与えられた条件を手掛かりとして無数の理論を構築することができるし，理論内部のどの言明を取捨すべきかも決められない経験に，どの理論を選ぶかを決められるはずもない．「真理」は発見されるべきものとして「そこにある out there」わけではなく，特定のものの見方や考え方に関するパラダイム (paradigm) を共有する共同体によって産出される．したがって，何が「真理」であり，「正解」であるかは，当該共同体にどのようなパラダイムが行きわたっているかという事実上の問題に依存する．パラダイムが異なれば何が「真理」かも変化しうるし，その際，両者を調停していずれのパラダイムが正しいかを判定する上位の物差しはない．異なるパラダイムは共通の物差しの存在を否定しているという意味で相互に比較不能 (incommensurable) である[5].

法律学上の問題に対する解決の「客観性」も，当然その社会の法律家集団にいかなるパラダイムが共有され，それにもとづいていかなる合意が調達しうるかによって相対的に決まる．クワインの指摘に見られるように，同じことは自然科学についても基本的にあてはまる．自然科学と法律学の違いは相対的である[6].

知識が以上のような性格をもっていても，大部分の人が共通のパラダイムを前提に生きているのであれば，人々はパラダイムの存在に気づくことも，自分たちの知識の客観性を疑うこともなく，気楽に生活することができる．ポスト

4) W.V.O. Quine, Two Dogmas of Empiricism, in his *From a Logical Point of View* (Harper & Row, 2nd ed., 1961 (1953)) at 42–43.

5) incommensurability は「共約不可能性」あるいは「通約不可能性」と訳されることも多い．ここでは，異なる価値観相互に共通の物差しが存在しないという意味での比較不能性 (incomparability) としてこの概念をとらえるジョゼフ・ラズに従い，「比較不能性」という訳をあてている．この点については，本書第2章第2節を参照.

6) Cf. S. Fish, Almost Pragmatism, in his *There's No Such Thing As Free Speech* (Oxford University Press, 1994) at 201. 平井宜雄教授の提唱する法律学基礎論を，このような視点から解釈する試みとして，本書第3章がある.

モダンといわれる状況の特徴は，社会全体に広く共有された認識のパラダイムが崩壊した点にある．普遍的妥当性を標榜する大がかりな近代知への信頼はもはや失われた．現代人は多岐に分裂し相互に比較不能な世界観が多元的に競合する社会に生きている．われわれはもはや普遍的な真理と正義に向かって限りなく前進する，理想と希望に満ちあふれた近代人ではない．法律学においても，法律家である以上は誰もが使いこなし，それにもとづいて共通の答えを導く法律学固有の思考様式への懐疑として，この状況は意識される．ポストモダン状況は，われわれの知識のあやふやさ，知識が歴史的偶然の産物にすぎないことを改めて浮き彫りにする．

2　悪質な相対主義?

今まで述べてきたような考え方ははたしてまともな議論に値するであろうか．疑ってみる価値はある．たとえば，スタンリー・フィッシュに対するテリー・イーグルトンの論評は，この疑念——パラダイムの比較不能性を強調する論者を相手に真剣に議論を戦わせることは可能か——を典型的に示している．つまり，フィッシュのいうことが理解できたとすると，あなたは彼と同じ解釈共同体に属しているわけであるから，根底においては彼と同意見のはずだし，フィッシュのいうことが理解できないとすると，彼とは比較不能な世界に住んでいるわけだから，そもそも相互の対話は不可能であり，あなたの議論は彼にとって意味をなさない (irrelevant) ことになる[7]．

これは一見したところきわめて悪質な相対主義で，たとえばこの立場を基礎に立憲主義や人権の普遍性を語ることは，自己撞着なくしては不可能ではなかろうか．人権がなぜ大切かという問いに，われわれの共同体では人権は大切にされているからという循環論的な答え以外のものを，この立場は用意できるであろうか．ポストモダニズムが社会の共通の利益に関する理性的な議論の場で

---

7) T. Eagleton, The death of self-criticism, *The Times Literary Supplement*, Nov. 24 (1995) at 6. スタンリー・フィッシュはネオ・プラグマティズムの潮流に属するデューク大学の英文学教授および法学教授で，テクストの意味は社会的実践を共有する解釈者の共同体が決定すると主張する．テリー・イーグルトンはオクスフォード大学の英文学教授でマルクス主義文芸批評家として知られる．

ある公共空間を破壊し，各パラダイムへの自閉を導く新たな封建制を導くのではないかという冒頭の問いは，したがって，きわめて自然なものであるかに見える．

たとえ文字通りの封建制に回帰しないまでも，人々の生の意味は各人の生まれ育ったサブカルチャーのみによって与えられる以上，政治過程は各サブカルチャーの自律性の保障を至上の目的とし，サブカルチャー相互の厳格な均衡が，議会の議席配分から放送番組の時間配分にいたるまで，生活のあらゆる局面を縦断する社会がもたらされるように思われる．そうしたサブカルチャーは一国内にはとどまらず，国際的にも連携して各国の主権を浸食していくであろう．特定の領域の政治権力を統一することで平等な権利を享有する国民を創出するという近代立憲国家のモデルは内外の両面から溶解することになる．アメリカで蔓延する多文化主義（multiculturalism），アファーマティヴ・アクション，PC 運動など，リベラルな伝統的価値観を破壊する運動の元凶としてポストモダニズムが告発の対象となっていることもこのような文脈で理解することができる[8)9)]．

3　生活様式と言語ゲーム

それでは，ポストモダニズムは，冒頭の問題設定にどう答えるであろうか．ポストモダニズムの答え方は一様ではない．一つの答え方は以下のようなものである．

---

8)　Cf. G. Minda, *Postmodern Legal Movements* (New York University Press, 1995) at 243–44. 多文化主義と PC 運動に支えられた自閉的封建制の見事なカリカチュアとして，S. Lukes, *The Curious Enlightenment of Professor Carritat* (Verso, 1995) chs. 16–22 を参照．

9)　この問題は筆者自身にとっても無関係ではない．憲法理論相互の比較不能性を強調する筆者の議論は，合理的な議論を不可能にするとの批判を受けている（遠藤比呂通「憲法学のメタ理論とは何か」法律時報 64 巻 2 号（1992）191 頁．一応の回答として本書第 2 章補論を参照）．また，筆者は法律学における議論の「客観性」が，共通のパラダイムの存否に依存する可能性を指摘し（長谷部・前掲注 6），裁判所による事実認定や法的決定の根拠に関する強い懐疑論を展開した（長谷部恭男『権力への懐疑』（日本評論社，1991）第 1 章，補論 I, II）．筆者がポストモダニズムの一派と目されて冒頭の問題への回答を求められたとしても驚くには足らない．そして，ポストモダニズムの立場からすれば，それが「事実」と対応しているかを論ずることに意味はない（その後，本章が当初掲載された法律時報の編集に協力された樋口陽一教授から，筆者をポストモダニズムの一派と目して本章の執筆を依頼したわけではないとの指摘を得た）．

このような不毛な問題提起に答える必要はない．この問題に答えるために人権や公共空間を基礎づける規範的法理論を用意することはナンセンスである．この種の法理論は，それ自体を正統性の根拠とする空虚な言説を際限なく増殖させるばかりでなく，それを利用して自己正統化をはかる裁判所，弁護士会，ロー・スクールなど司法官僚機構の制度や実務を再生産することになる．「人権」「自由」「正義」「公共の福祉」といった概念に関する法理論は，現状批判的なものをも含めて，結局のところは現状に取り込まれ，司法官僚機構の循環的自己正統化に役立つからこそ重宝がられているにすぎず，司法官僚機構の的確な把握をさまたげている．われわれにできるのは，せいぜいこれらの法理論を脱中心化 (decenter) し，その機能を弱めることにとどまる[10]．

この回答の要点は，言語ゲームに関するウィトゲンシュタインの分析とパラレルである[11]．ウィトゲンシュタインによると，われわれのことばの使い方は，われわれの生活様式 (form of life) に支えられている．生活様式が変化すれば，言語ゲームのあり方も変わる．言語が単一 (unique) であるというのは思い込みにすぎない[12]．そして，異なる生活様式の間に対話は成り立たない．「たとえライオンに話ができたとしても，われわれは彼の話を理解できない」[13]．人間は，四つ足で徘徊し，生肉を食らいつつ咆哮する生き物として世界を意味づけることはできない[14]．

ウィトゲンシュタインによれば，哲学にできることは，このような言語ゲームのあり方を示すことであり，混乱した言語の用い方をして形而上学的パズルを提起する人々に対して，言語のそもそもの日常的用法を想起させ，混乱を治癒することにとどまる．哲学は何ものも変えることはなく，「すべてのものを，あるがままにしておく」[15]．そもそもわれわれが今のような日常生活を送ることにはいかなる正当化も不必要である．ゲームの正当化は問題となりえない．

---

10) Cf. P. Schlag, Normative and Nowhere to Go, 43 *Stan. L. Rev.* (1990) at 167, 177–91.
11) *Id.* at 182.
12) L. Wittgenstein, *Philosophical Investigations* (Blackwell, 2nd ed., 1958) s. 110.
13) *Id.* at 223.
14) T. イーグルトン (大橋洋一他訳)『批評の政治学』(平凡社，1986) 189 頁.
15) Wittgenstein, *supra* note 12, s. 124.

「つまりゲームをすればわかる」[16]．ウィトゲンシュタインが，学生たちに哲学者になることを思いとどまり，有益な別の職業を選ぶようすすめたことはよく知られている．

同じように，ポストモダン状況に生きる法学者にできることは，そこにおける法理論という言語ゲームのあり方を示すこと，それが多元的な価値の分裂と比較不能性を反映したり抑圧したりするものの，状況の中にからめとられたままそれを解決しえないさまを示すだけである．われわれは，啓蒙主義的な現状批判によって，そうした批判自体を支えているポストモダン状況を変えることもできないし，自己の属する共同体の伝統を当然のものとして生きる人を説き伏せて立憲主義者に宗旨変えさせることもできない．今現在の生活がわれわれの「ふるさと」であって，それ以外の生き方はない[17]．

しかし，なぜ哲学は何ものも変えられないのであろうか．ウィトゲンシュタインの言語ゲームの分析から導かれるのは，各生活様式にはそれぞれ異なる言語ゲームが対応するということにすぎず，生活様式自体を根本的に変えることができないと考えるべき理由は明らかではない．彼にとって，哲学の役割が小さく見積もられているのは，哲学のみは生活様式によって支えられた言語ゲームではなく，生活様式とも言語ゲームとも接触することのない，あたかも浮遊する亡霊のような活動だと最初から想定されているからである[18]．哲学も固有の生活様式に支えられ，それを反映する言語ゲームなのであれば，それのみが現実の生活様式とかかわりあうこともなく，何ものも変えることがないという特権的(あるいは不可触賤民的)な役割を担うべき理由はない．

法律学の場合も同様であって，ポストモダニズムの法理論のみは，他の規範的法理論と違って，ポストモダン状況に取り込まれることも，それと相互作用を起こすこともなく，状況をありのままに認識できるし，しかもできることはそれにとどまるという根拠不明の前提を取り去ってしまえば，なぜ理論を支える社会のあり方を，よりよい方向へ変えられないと考えるべきかも不明となる

16）R. モンク(岡田雅勝訳)『ウィトゲンシュタイン』1巻(みすず書房，1994) 326頁．

17）Fish, *supra* note 6 は，法解釈から野球にいたるまで，人間の活動すべてにこのような性格が妥当すると述べる．「ゲームは，私のいうことで妨げられも改善されもせず，おのが道をすすむ」(*id.* at 230)．

18）イーグルトン・前掲注14, 193–94頁．

し，そもそもわれわれに今と別の生き方はできないと想定すべき理由も見当たらない．

生き方は変えることができる．フランス革命は生活様式を変えた．

4　理論の実用性

ただ，次に生ずる問題は，社会をよりよい方向へ改善する上で，理論がどれほど役に立つかである．ポストモダニズムの自然な答えは，「合理的な理論はさして役に立たない」というものである．自然科学のパラダイム転換に関するトマス・クーンの分析からもわかる通り，世界の意味づけを変えるパラダイムの転換は，人々の意識的な選択によるものでも，また真偽に関する所与の規準を前提とする合理的議論の結果として生まれるものでもない[19]．政治的革命が理性的な討論の結果として発生するわけではないのと同様である．同じことは，人権に関するものの考え方の変化についてもあてはまる．それは，「正しい理論」の選択や合理的論拠にもとづく説得によって得られるものではない．

ネオ・プラグマティズムの立場をとるリチャード・ローティの議論は，このような考え方を典型的に示している[20]．彼は，文化や習俗の違いを超えて，あらゆる人に人権を認めるよう人を導くことはいかにして可能かという問題を検討する．文化の違いが困難をもたらすのは，異文化に属する「他者」を自分たちと「同じ人間」として見ようとしない態度を生み出すからである．ボスニアで戦うセルビア人にとって，ムスリムは「人間」ではない．また，ジェファーソンにとって，奴隷主であることとあらゆる人間に平等な権利があると主張することの間に矛盾が感じられなかったのも，彼にとって黒人は「人間」でなかったからである[21]．どうすれば，ムスリムや黒人も「同じ人間」だと思わせ

---

19)　T. Kuhn, *The Structure of Scientific Revolutions* (University of Chicago Press, 2nd ed., 1970).

20)　R. Rorty, Human Rights, Rationality, and Sentimentality, in *On Human Rights*, eds. by S. Shute and S. Hurley (Basic Books, 1993) at 111–34.

21)　*Id.* at 112–14. ボルネオ島でダヤク (Dayak) 族がマドゥラ人 (Madurese) に対して行った殺戮と人肉食を報告する最近の新聞記事では，ダヤク族のある教師の次のような談話が伝えられている．「ダヤク族からすれば，われわれの掟 (adat) を守らない者はもはや人間ではなく動物にすぎない．つまりダヤク族は動物を食べているわけだ」(R. L. Parry, Apocalypse now, *Inde-*

ることができるであろうか.

古来の哲学者たちの回答は，あらゆる人に共通する本質を見出すことですべての人の平等性を基礎づけることであった．典型的には，「理性」がその本質として提示される．人を人とみなさず，奴隷にしたり強制収容所に送る人々は，理性を失っている（irrational）のであって，偏見を取り去って人の本質を正しく認識すれば，ムスリムや黒人が同じく理性を備えた人間であることは容易に理解できるというわけである.

しかし，ローティによると，このような考え方は誤っている．哲学にできることは，せいぜい，われわれのさまざまな道徳的直観を一般的定式によって要約することにとどまり，それを基礎づけることではない[22]．現に道徳哲学は，人権の普及に役立ってはいない．そもそも，言語やパラダイムに依存しない，万人が認めざるをえない人間の本質は存在せず，それを探究することは意味をなさない．われわれは，役にも立たない「客観的認識」や「人権の基礎」を追い求める代わりに，人々の感情に訴えかけること，つまり情操教育にエネルギーを傾けるべきである．プラトン以来，哲学者が道徳論議の相手として想定してきた徹底したエゴイストを説得して改心させることは望むべくもない．プラトンは，トラシュマコスのような狂ったエゴイストは放っておいて，むしろ子供たちがエゴイストにならないよう教育することや，普通の人々が他の民族を酷く扱わないよう訴えることに専念すべきであった[23].

人が他の人に残酷な仕打ちをするのをやめさせるにも，カントやプラトンを引き合いに出して，理性的な主体を単なる手段として取り扱ってはならないといっても効果はない．問題はむしろ，人々が誰を自分たちの同類と考えるかにかかっている．人々が豊かに安穏と暮らしているアメリカやヨーロッパ以外の

pendent, 25 March 1999)．実際，あるダヤク族の男は，人肉は「チキンとちょうど同じ味がする．特に肝臓，本当にチキンと同じだ」という（ibid.).

22）Rorty, *supra* note 20, at 117. このような見方からすれば，ロールズのいう内省的均衡（reflective equilibrium）に対する批判，つまりこの手続では各共同体のローカルな道徳観に対応する道徳原理しか導き出せないのではないかという批判も，さして深刻なものとはいえない．もともと哲学にできることはその程度である（Rorty, *supra* note 2, at 196).

23）Rorty, *supra* note 20, at 123–24. もっとも，トラシュマコスは「正義」ということばの実際の用法に関するイデオロギー批判を展開しただけであり，彼自身が「狂ったエゴイスト」であるとはいいにくいように思われる（プラトン『国家』第1巻 338c–39, 343–44c 参照).

地域では，生物学的な意味で同じ種に属することは，必ずしも相手を人間として扱うべきことを意味しないし，それは理性に反することでもない．そのような地域で道徳的な同類意識を，家族や部族，民族を超えて拡張することは，本人にとってあまりにも危険である[24]．ローティは，彼らを理性を失った人々と考えるのをやめて，むしろ生活の安全 (security) と思いやり (sympathy) を奪われた人々と考えるよう提案する[25]．思いやりを呼び起こし，「彼ら」も「われわれ」と同じ人間だと思わせるのは，たとえば『アンクル・トムの小屋』のような文学作品や，ボスニアの惨状を伝えるテレビのニュース映像である．そして，テレビや文学による情操教育に効き目があるのは，人々の生活の安全が保たれている場合に限られる．アメリカやヨーロッパに人権の観念が行きわたっているのも，これらの地域が富裕で生活の安全が保障されているためである[26]．

ポストモダニズムの観点から見たとき，ローティに対して，なぜ人権を保障する社会が「よりよい社会」といえるのかという疑問を提起することが的外れであることは，いうまでもないであろう．そのような認識が文化や言語体系の違いを超えた自明の真理として存在するわけではない．誰もが認めざるをえないようなことがらが仮にこの世にあるとすれば，数学の定理のような規約にもとづく必然的真理か自宅のトイレの数のようなトリヴィアルなことがらであって，わざわざエネルギーをかけて擁護するには値しない．「井伏鱒二ははたしてすぐれた詩人なのか」あるいは「臨済はなぜ重要な思想家といえるのか」などという問いと同様，「人権の保障がなぜ大切か」という問いに，誰もが納得せざるをえない理詰めの根拠は存在しない．人権を保障するリベラルな民主社会は，その発生が歴史的な偶然であると同時に理論的にも必然的根拠を欠いた存在であり，それを支える価値観にコミットしてはじめてその意味を理解することが可能となる[27]．

24） Rorty, *supra* note 20, at 124–25.

25） *Id*. at 128.

26） もっとも，リベラルな社会を拡張する上で情操教育だけで十分かという問題は残るであろう．本書第 1 章で紹介したように，相手方の「裏切り」にはこちらも「報復」するというアプローチをとることで，相手方を協力するよう誘導するという戦略をとることも必要である．

27） ローティは，リベラルな社会の根拠のあやふやさ (contingency) を認識しつつ，それにコミットする人をリベラル・アイロニスト (liberal ironist) と呼び，彼の理想とする世界はこうし

仮にローティに対して問うべきことがあるとすれば，それは，「人権」というもっともらしい概念を振りかざすことで，論者は，知ってか知らずか，その所属する知的権力構造と，暗黙の仲間である官僚的実務機構を再生産しているだけではないのか，というものであろう．

しかしながら，このような疑問は，それ自身を成り立たせている条件を抑圧することでしか成り立ちえないように思われる．この疑問に対しては以下のような反問を提起することができる．それでは，現在の知的権力構造や官僚的実務機構が忌まわしく抑圧的なものであって，弱体化され，解体されるべきことはなぜそれとわかるのか．もし，現実社会の生活様式にからめとられることなく，それがわかるのだとすれば，人権を認める社会がよりよい社会であることは，なぜわからないのか．人権が大切であることを，ポストモダン状況を生きるわれわれは，エアコンのきいた部屋でお茶を飲みながら，ボスニアの惨状を伝えるテレビや新聞を見ることで知るのだ．

なんとプチブル的センチメンタリズム！　でも，あなたは違いますか？

5　むすび

以上の考察からわかることは，ポストモダニズムが新しい封建制を生み出すとは必ずしもいえないことである．世界観が分裂し，相互の合理的な比較が成り立たない状況，比較可能性を欠いたパラダイムに支えられる言語ゲームを各人が執り行う，そうした状況をたしかにわれわれは生きている．

しかし，そのことは，各パラダイムが外部との対話を遮断し，各サブカルチャーの自律性を至上の価値として内向する一方，分権的サブカルチャー相互の摩擦を最小化する多極共存システムを構築することに，政治問題が限定されることを直ちに意味するわけではない．対話の遮断と多極共存システムの構築が唯一の選択肢であるかに見えるのは，ポストモダン状況を語る理論や言語が，状況自体を一切変えることのない摩擦ゼロで浮遊する亡霊のような存在だと決めてかかるからであり，しかも，ポストモダン状況を生きる個人が，それ

た人々によって構成されると述べる (Rorty, *supra* note 2, at 61 & 73).

ぞれ単一のパラダイムに取り込まれ，それから距離を置いて対象化することも，複数のパラダイムを同時に生きることも不可能だという特殊な前提に執着するからにすぎない．接触する多様な生活場面ごとに移り変わる雑多なペルソナの単なる寄せ集め (bricolage) というポストモダンの典型的な個人像からすれば，単一の言語ゲームしか生きることのない個人はむしろ例外的存在であって，そうした生き方をするためにはカルト教団の信者か成長企業の「モーレツ社員」にでもなるしかないであろう．自らのアイデンティティーを問うことが意味をなさないほど出自から断ち切られた (deracinated) 状況に立ちいたらない限り，十分にポストモダンであるとはいえない[28)29)]．

もっとも，現状をよりよい方向へ変えていくこと，たとえば，文化の違いを超えて人々が人権を認められ，残酷な仕打ちを免れるような世界を目指すことが可能であるとしても，その手段としてポストモダニズムは，人間の普遍的本質を探る哲学理論や，主権と人権の関連性を解明する憲法理論ではなく，人々

28) もちろん，核心的な人権が平等に保障された上で，ある国家が多極共存型民主主義を政治体制として選択したとすれば，それはその国民の政治的決断の問題であって，他者がとやかくいう筋合いのものではない．

29) J. Tully, *Strange Multiplicity: Constitutionalism in an age of diversity* (Cambridge University Press, 1995) は，ローティはなお西欧の自文化中心主義 (ethnocentrism) にもとづいて他文化の強制的な統合を企てているとして批判する (*id.* at 96–97). ローティが前提としている西欧型近代立憲主義は，伝統的文化の多様性を抑圧し，一元的な視点から帝国主義的に特定の原理と制度を押しつけるものだということになる．タリーからすれば，現代の立憲主義の課題は，むしろ各文化のメンバーに十分な自尊心 (self-respect) を確保しうる相互の尊重と承認を前提とする社会，つまり多極共存型の制度を構築することである (*id.* at 188–91).

もっともローティの主張は，むしろ，リベラリズムの自文化中心主義を自覚し，それを相対化する試みとして解釈することができる．彼が，他文化の強制的統合を企てているとの指摘は，多様な私的クラブとしての文化の並存とそこから訪れる人々が織りなすまとまりのないバザールとして世界を見る彼自身の観点と真っ向から衝突する (cf. R. Rorty, On ethnocentrism: A reply to Cliford Geertz, in his *Objectivity, Relativism, and Truth* (Cambridge University Press, 1991)).

仮にローティの態度になお抑圧的な点があるとすれば，われわれの理解しえない「狂った (mad)」人々を相手にせず，彼らをいわば隔離しようとする点であろう．「狂った」人々や「十分に社会化していない」人々を「隔離」し，「教育」しようとする点で，ローティは，これらの人々を権力的に抑圧する言語ゲームを遂行していると見ることができる (R. Holt, *Wittgenstein, Politics and Human Rights* (Routledge, 1997) at 111–17)). もっとも，それぞれの文化から見て，他の文化を隔離しようと企てている点ではタリーも「同罪」であるし，およそ言語ゲームから権力的・抑圧的要素をことごとく抜き取ることは実際上，不可能である．そうした場合，文化の教育と継受，つまり再生産も不可能となる (cf. *id.* at 116).

の生活を実際に向上させ，自分たちが軽蔑し，差別し，虐待してきた異民族も同じ人間だと実感させるよう，彼(女)らの情操に訴えかける実用的手段を重視する．パラダイム相互間に比較可能性が存在しない以上，理性的対話の効用には限界がある．論理が力を発揮するのは，同じパラダイムの内部に限られる．われわれの課題は，理性の極北を摩する強力な哲学理論を生み出しそれを実現することよりはむしろ，思いやりに富んだ気立てのよい人々をなるべく多く育てることである．

希望は，理性の彼方にある．

〔補論〕

クワインの描く「知識」が多様な言明のネットワークであり，外部環境である「経験」からの入力に応じて常に内部の組み換えと再調整を行う存在であるのと同様，ローティの描く「自己 self」は，さまざまな信念，希望，感情のネットワークであり，環境に応じて常に自身を組み換える存在である．その背後に，信念，希望，感情を「抱き」それを「組み換える」普遍的・画一的権利の主体たる「自己」が別に存在するわけではない (R. Rorty, *Contingency, Irony, and Solidarity* (Cambridge University Press, 1989) at 10; do, *Objectivity, Relativism, and Truth* (Cambridge University Press, 1991) at 199).

ただ，ローティは，ここで「自己」という概念の一般的かつ不変の本質を描こうとしているわけではない．「自己」という概念も，「ゲーム」のような他の概念と同様，使用される具体的場面のすべてを貫く一般的特質があるわけではなく，単にさまざまな使用法の間の家族的類似性を見てとることができるにとどまる．仮に，カント的な「自らの生を構想し，選び，改訂しつつそれを自ら生きる存在」であるとか，「自分自身およびその生きる環境を自ら意味づけ，再解釈する存在」であるといった観念が，「自己」という概念の解釈として一定の説得力をもちうるとすれば，それはそうした観念がたまたま現在，われわれの生きる社会でかなりの程度まで広く共有されているという事実があるからである．そうした「自己」もたしかに一面として存在するが，暑い夏の日に冷たいジュースを飲んで渇きをいやしている「自己」は特に，自己を再解釈しているわけでも自らの生を構想・選択しているわけでもないであろう．われわれは，「自己」ということばの常日頃の用法に立ち戻り，その言葉が適切に使われているか否かを判断しうるだけである．

もっとも，このことは，われわれのことばの用法や，それを支えるわれわれの生活様式がけっして変化しないとか，それを――あくまで当の生活様式の内側から見ての話だが――よりよい方向へ組み換えていくことができないことを意味するわけではない．ローティの立場からすれば，何がよりよい「生活様式」であり，よりよい「自己」の組み換えであるかは，それが外部環境によりよく適応した言語ゲーム(群)を実現しているか否かという実用的観点から判断されることになるであろう．この点では，ローティのウィトゲンシュタイン理解を十分にウィトゲンシュタイン的でないとして批判するパットナムも同様である (H. Putnam, *Pragmatism* (Blackwell, 1992) at 37).

仮にリベラルな生活様式がすぐれているとすれば，それは環境に適応した言語ゲームのあり方が何かについて，多様な選択肢を示し，よりすぐれた生存競争の場を提供するからである．もちろん環境に適応した「適者」であるか否かは，第一次的には「生存」しているか否かによって判断されることになろうから，この判断基準が現状維持的に働くであろうことは，想像がつく．そして，あるパイダイムが「生存」している限り，その内部での変容や組み換えは漸進的なものにとどまるであろう．

もっとも，カント主義者を含めた人間一般の普遍的特質を提唱する人々も，結局のところ，やっていることは同じであり，ただ彼らはその自文化中心性を自覚していないだけのことだとローティは応ずるであろう．無自覚的でしかも普遍性を標榜する自文化中心主義は，しばしば，他文化の破壊を伴う危険な拡張主義をもたらす(注 29 参照).

ところで，本章は注 9 でも述べたように，最初は 法律時報 編集部の求めに応じて執筆されたものであるが，同誌に掲載されると，筆者が「ポストモダニスト」であるとの風評が学界内で広まった．本章で紹介した各論者の議論は，それ自体，多様な知識や信念のネットワークであり，外部環境に対応して変容し，組み換えられつつあるが，筆者としては，包括的にそれらにコミットすることに，特に意味を見出すことができない．そうした意味を見出すような「自己」の存在は(「見出さない」自己の存在も)，ポストモダニズムが想定していないものであろう．すべてはアルゴリズムに沿った機械的・因果的反応形態の適者生存の過程として説明されるだけである．注 9 で指摘したように，筆者が「ポストモダニスト」であるか否かという問題は，ポストモダニズムの立場からすれば意味のない問題である．

筆者自身は，自分はポストモダニストではないと考えている．そのように考える自分が，機械的・因果的過程とは別に存在すると考える点で，すでに筆者はポストモダニストではない．各文化，各パラダイムの比較不能性を認めることと，ポストモダニズムとの間にも，特別の親和的連関はない．ローティ流の「自己」観への違和感は，ローティ自身が指摘するように，パットナムも共有している (R. Rorty, *Truth and Progress* (Cambridge University Press, 1998) at 49).

もっとも，ローティやウィトゲンシュタインの立場を簡単に断罪し，対話の相手としないという態度決定は，実は，逆説的にもローティの自文化中心主義に限りなく近い(注29参照)．あらゆる「自己」を対話の相手として措定し，その成立条件を探るべきだと考える以上，これらの論者との対話もまた遂行されるべきであろう．

第6章　多数決の「正しさ」
——ルソーの一般意思論とコンドルセの定理——

前章までで検討した価値の比較不能性の意義を知る一つの方法は，その対極にある考え方を検討することである．その典型例は，すべての価値を個人の効用に還元し，その集計量の最大化こそが善であり正義であるとする功利主義である．本章は，対極的な考え方のもう一つの例であるルソーの一般意思論につき，コンドルセの定理を用いて提示された解釈を紹介し，この解釈が人権の裁判的保障の正当性にとってもちうる含意について検討する．この解釈は，近年グロフマンとフェルドによって示され，ウォルドロンにより法哲学上のいくつかの問題への応用が試みられている[1]．

1　コンドルセの定理

本章で検討されるコンドルセの定理とは，おおむね以下のような内容をもつ．ある集団のメンバーが二つの選択肢のうち正しい方を選ぶ確率が平均して2分の1より大きく，かつ各メンバーが独立に投票をするならば，その集団が多数決によって正しい答えに到達する確率はメンバーの数が増すにつれて増大し，極限的には1に近づく．もし，メンバーが正しい答えを選ぶ確率が平均して2分の1未満であれば，メンバーの数が増すにつれて多数決によって正しい答えに到達する確率は0に近づく[2]．

1）B. Grofman & S. Feld, Rousseau's General Will: A Condorcetian Perspective, *American Political Science Review*, vol. 83 (1988) no. 4.; J. Waldron, Rights and Majorities: Rousseau Revisited, reprinted in his *Liberal Rights* (Cambridge University Press, 1993); J. Waldron, Legislators' Intentions and Unintentional Legislation, *Law and Interpretation*, ed. by A. Marmor (Oxford University Press, 1995).

2）Grofman & Feld, *supra* note 1, at 569–70.
ごく単純な例として3人の投票者 (A, B, C) が独立に投票するものとし，各自が正しい選択を

この定理をルソーの一般意思論に適用するには，いくつかの前提が必要である．第一に，ルソーのいう一般意思は社会共通の利益として客観的に存在するものであり，多数決はこの客観的に存在する一般意思を発見し，認識するための手段であるという理解が前提となる．ルソーは『社会契約論』の中で，「ある法律が人民の集会に提案されたとき，人民に問われているのは，正確には人民が提案を支持するか否かではなく，その法律が人民の意思たる一般意思に合致しているか否かである．各人は投票によって，この点について自分の意見を述べ，票数の計算から一般意思の表明が引き出される．したがって，私と反対の意見が勝ちを制したとき，それは私が間違っていたこと，私が一般意思だと判断していたものが，実はそうではなかったことを証明している」と述べる(4篇2章．以下，『社会契約論』の引用は，篇と章で行う)．

ここには，一般意思は客観的に存在し，それは多数決によって認識できるとのルソーの見解が示されているかに見える．つまり，ルソーのいう一般意思は，しばしば見られる理解とは異なり，個々人の公共的関心を集計した結果として自動的に算出されるものではない[3]．個々人の公共的関心の集計結果が一般意思と「みなされる」のであれば，その基礎となる個々人の判断が正しいか否かを問題とすることに意味はない．株価の予測と同様，同じゲームに参加している他の多くの人がどう判断するかについての予測が問題となるだけで，それが何らかの客観的真理と対応しているかという問いはそもそも意味をなさない．

第二に，市民は人民集会における投票に際し，自己の個人的利害にもとづい

行う確率がすべて0.6(つまり60パーセント)であるとする．このとき，まずAが正しく投票する確率は0.6である．次にBが投票すると，少なくともAとBを含む多数派が正しく選択する確率は0.6×0.6=0.36となる．Aが正しくBが間違う確率は，0.6×0.4=0.24，Bが正しくAが間違う確率も0.24である．最後にCが投票する．Aが正しくBが誤っていたとき，AとCからなる多数派が正しく選択する確率は，0.24×0.6=0.144となる．Bが正しくAが誤っていた場合も，BとCからなる多数派が正しく選択する確率は0.144である．したがって，この3者の多数決で正しい選択が行われる確率は，0.36(ABCまたはAB)+0.144(AC)+0.144(BC)=0.648となる．

つまり，各自の正しい選択の確率(0.6)よりも多数決が正しい選択を行う確率は増大する(Waldron, *supra* note 1 (1995) at 345, n. 42)．

3) 長谷部恭男『権力への懐疑』(日本評論社，1991)第4章は，個々人の公共的関心を集計した結果としての一般意思と人権保障の関係について検討している．

た判断ではなく，提案が一般意思に合致しているか否かについての判断にもとづいて投票をすることが前提となる．ルソーによれば，各人は市民 (citoyen) として抱く一般意思のほかに，人間 (homme) としての特殊意思 (volonté particulière) をもつ．たとえば，公共財の供給に際して，自分だけはそのコスト分担を逃れようとするのは，自身の個別利益に即した特殊意思である (1篇7章)．人民集会において投票の基礎となるのは，一般意思に関する個人の判断でなければならない．特殊意思の集計は，一般意思に反する全体意思を生み出すだけである (2篇3章)．

2　ルソーの一般意思論

コンドルセの定理に照らしてその意味が明らかになるとされるのは，以下のようなルソーの主張である．いずれもその趣旨が一見して明瞭とはいいにくい．

第一に，ルソーは，前の引用箇所からも明らかなように，個々の市民は一般意思に関する判断について誤りうると考えるにもかかわらず，また，市民全体も時にはこの判断について誤りをおかすと考えたにもかかわらず (2篇3章)，多数決が一般意思に関する最も信頼しうる認識手段であると主張する．「もし，人民が十分な情報を与えられて審議し délibère，市民が相互に連絡しないならば les citoyens n'avaient aucune communication entre eux，……その結果常に一般意思が導かれ，決議は常に正しいものとなる」(2篇3章)．

第二に，同じ箇所でルソーは，国家内部に部分社会 (société partielle) ないし結社 (association) が作られると一般意思の形成が阻害されると主張する．「この場合，人の数と同じ投票者は存在せず，結社と同数の投票者のみが存在することとなる」(2篇3章)．さらに，「結社のうちの一つが他の結社を圧倒するほど大きくなれば，……もはや一般意思は存在せず，支配するのは一つの特殊意思のみとなる」(2篇3章)．

第三に，ルソーは，決定事項が重要であればあるほど，加重された多数決が一般意思の表明のために必要であるとする．「決議がより重要で深刻なものであればあるほど，勝ちを制する意見は全員一致に近づくべきである」(4篇2

章). これに対して，迅速な解決を要求する事項については単純多数決で足りるとされる．このような結論は，「市民の意見が全員一致に近ければ近いほど，一般意思が支配している」という彼の見解と関連している (4篇2章).

3 グロフマンとフェルドの解釈

グロフマンとフェルドは，これらのルソーの主張は，コンドルセの定理に照らして次のように理解できるとする[4].

第一に，コンドルセの定理からすれば，個々人の一般意思に関する判断能力が平均して2分の1を超える確率で正しい答えを選択しうるものであれば，投票に参加する市民の数が多くなるにつれて，多数決が正しい決議を生み出す確率は1に近づく．したがって，ルソーの多数決に対する信頼は不合理なものとはいえない[5].

第二に，ルソーの結社に関する主張は，結社の投票規律によって実質的な投

---

4) Grofman & Feld, *supra* note 1, at 570–72.
グロフマンとフェルドは，定理の発見者であるコンドルセが共通の友人であったディドロやダランベールを通じてルソーに影響を与えた可能性があるとするが (*id.* at 570), エストルントは,『社会契約論』が公表されたのはルソーがコンドルセに出会う3年前であったこと，コンドルセが定理を公表した1785年 (Marquis de Condorcet, Discours préliminaire de l'Essai sur l'application de l'analyse à la probabilité des décisions rendues à la pluralité des voix, reprinted in his *Sur les élections et autres textes* (Fayard, 1986) at 7–177.) にはコンドルセはルソーの理論を明らかに知っていたことから，むしろルソーがコンドルセに影響を与えたのではないかと推測する (D. Estlund, Democratic Theory and the Public Interest: Condorcet and Rousseau Revisited, *American Political Science Review*, vol. 83 (1989) no. 4, at 1335–36, n. 1).

5) グロフマンとフェルドは，「市民が相互に連絡しないならば les citoyens n'avaient aucune communication entre eux」という条件について，市民が当該問題について討議せず，各自が独自に考慮すれば，という強い意味に解釈し，これがコンドルセの定理の要求する投票の独立性の条件に対応しているとする (Grofman & Feld *supra* note 1, at 569). しかし，ウォルドロンが指摘するように，コンドルセの定理が要求する独立性は数学的な意味における独立性であり，投票の際に市民が各自の到達した判断に従って投票する限り，この条件にもとることはない．つまり，X氏がY氏の弁論に説得されてY氏と同じ投票をすることは，ここでいう独立性の要求には反しない．独立性の要求に反するのは，単にY氏がある選択をするという理由によってX氏が同じ選択をする場合である (J. Waldron, Democratic Theory and the Public Interest: Condorcet and Rousseau Revisited, *American Political Science Review*, vol. 83 (1989) no 4, at 1327; cf.Condorcet, *supra* note 4, at 27). 党派ごとの投票規律が働く場合がこのような問題が発生する典型例である．つまり，独立性の要求は，本文で次に述べる結社の問題と関連している．

票者の数が減ると，多数決が正しい決議を生み出す確率が減少することを示唆するもので，これも投票者数の増加につれて多数決が正しい答えを選択する確率が高まるとするコンドルセの定理から説明できる．また，人民集会の過半数を支配する党派が生まれると，この党派が独裁的な内部組織を有しているときには，独裁的リーダーの判断能力と集会全体の判断能力が一致するし，たとえ，民主的な内部組織を備えていたとしても，当該党派の過半数，つまり全体からすると約4分の1の投票者によって人民集会全体の決議が決められることになる．コンドルセの定理からして，このような状態が，一般意思の判断能力を低下させる病理現象であることは明らかである．もし党派内がさらに重層的に党派に分かれている場合には，さらに少数の人々に決定権が握られることになり，病理は増幅する[6]．

第三に，コンドルセの定理からすると，より多くの賛成票を得た決議であればあるほどその決議が正しい確率は高い．市民が一般意思を正しく認識しようとして投票しており，しかも市民が平均的に見て，正しい答えを2分の1を超える確率で選択しうる能力を備えている限り，より多くの賛成票を得た決議ほど一般意思に近づいていることになる．したがって，重要事項について多数決の要件を加重すべき理由も説明できることになる．

4　解釈の射程

グロフマンとフェルドのルソー解釈はきわめて興味深いものであるが，この解釈にはその前提から導かれるいくつかの限界があることに注意する必要がある．

第一に，この解釈は，集団を構成する各メンバーの平均的な判断能力につい

---

6) B. Grofman & S. Feld, Democratic Theory and the Public Interest: Condorcet and Rousseau Revisited, *American Political Science Review*, vol. 83 (1989) no. 4, at 1331–33.

ルソーの結社に対する憂慮は，直接には結社のメンバーが社会全体の利益ではなく，結社の利益を目指して行動する点に向けられているかに思われる．「結社の意思は，そのメンバーにとっては一般意思となるが，国家との関係では特殊意思となる」(2篇3章)．グロフマンとフェルドは，たとえ結社のメンバーが国家全体の一般意思の認識を目指したとしても，憂慮すべき事態が生じうることを指摘していることになる．

て，正しい選択肢を選ぶ確率が2分の1を超えるという前提を置いている．問題は，まずここでいう「正しい選択肢」の意味である．被告人の有罪・無罪を決定する陪審にしても，人民集会における公共政策の決定にしても，多数決による決定とは別に，それと照らし合わせるべき「客観的真理」が判明するわけではない．陪審の決定は，たしかに再審で覆される可能性がある．しかし，その時陪審の決定と対比されているのは，法廷外の「客観的真理」ではなく，再審法廷の決定である[7]．人民集会での多数決が「一般意思の正しい認識」へと導く確率が高いか否かという問題は，さらにテスト可能性に乏しい．この種の「テスト」は，その社会の中で「正しい」政策のあり方に関する共通のパラダイムが行き渡っているという，にわかには実現しがたい想定と結びついているように思われる．

したがって，ここで問われているのはあくまで，コンドルセの定理からルソーの一般意思理論を解釈するアプローチが，その理論内部において首尾一貫した納得のいく解釈を生み出すか否かに限られると見るのが穏当であろう[8]．

5 違憲審査の正当性

次に，正しい選択肢を選ぶ確率が平均して2分の1を超えるという前提がどこまで現実的かという問題がある．ここでの選択は，たとえばある法案を採択するか否かに見られるように二つの選択肢のうちの一つを選ぶものであるから，ランダムに選んだとしても確率は2分の1となるはずであり，この前提はさほど非現実的なものとはいえないかもしれない．しかし，コンドルセ自身が「偏見」や「無知」によって投票者の判断能力が低下するおそれを指摘しているように，少なくとも特定の事項に限っていえば，民主的な手続が誤った決定を導く危険は小さいとはいえない[9]．高度の専門的・技術的知識を要する決定

---

7) cf. M. Troper, Kelsen, La théorie de l'interprétation et la structure de l'ordre juridique, reprinted in his *Pour une théorie juridique de l'Etat*, vol. 83 (Presses Universitaires de France, 1994) at 87; 長谷部・前掲注3，6頁.

8) Waldron, *supra* note 5, at 1322; cf R. Dworkin, *Law's Empire* (Harvard University Press, 1986) at 52–53.

9) Condorcet, *supra* note 4, at 30; Waldron, *supra* note 5, at 1323.

はその例である.

このような分析は，違憲審査制度を通じた人権保障の意義について興味深い論点を浮かび上がらせる．多数者の決定に対して少数者あるいは個人の人権を保障する意義としては，多数者が一般意思ではなく，多数者固有の特殊意思に即した決定を行う危険があるからだという理由づけがしばしば行われる．ベンサムの功利主義的民主政観を前提としつつ，「切り札」としての権利を保障すべきことを主張するドゥオーキンの見解はその代表である．ベンサムの構想からすると，人民は特殊意思にもとづき，その私的効用を最大化すべく議員を選出し，このような役割を果たしている限りにおいて議員を再選する．こうして人民の効用が国政に反映されることで社会全体としての厚生も最大化される[10]．人権をはじめとした効用計算に組み込むべきでない価値を，このような民主的決定のメカニズムによる侵害から保障する制度を歯止めとして備えることには，十分な理由があるように思われる.

しかし，市民は常に特殊意思にもとづいて行動するわけではない．市民が自分の個別利益しか考えないで行動するとすると，市民がわざわざ投票にでかけること自体，説明がつきにくい[11]．これに対して，逆の極端な状況を想定し，ルソーが描く理想的民主政のように，市民が常に社会公共の関心にのみもとづき，客観的に存在する一般意思を認識しようとして投票するとするとどうであろうか．この場合，個人や少数者の権利も一般意思の構成要素として「正しい認識」の対象となり，しかも，コンドルセの定理が指し示すように，多数決は高い確率で一般意思を導くのではないだろうか．その場合，非民主的な裁判機関がことさら民主的決定に干渉すべき根拠は大きく失われるかに見える[12].

しかし，「切り札」としての権利の保護を提唱するドゥオーキンの議論は，ベンサム的な功利主義的民主政観を必ずしもその前提としない．ドゥオーキンの議論は，自分の生き方を自分で決め，それを自分で生きるという意味での個人の根源的平等性が，社会的偏見を理由に侵害される事態について一般的に妥

10） Waldron, *supra* note 1 (1993) at 395–96.

11） 長谷部恭男「政治過程としての違憲審査」ジュリスト 1037 号 (1994)

12） Waldron, *supra* note 1 (1993) at 410–16．ウォルドロンは，このような場合，違憲審査の正当な役割は，民主的討議の過程へ参加し，それを促進することに限られると述べる (*id.* at 418–20).

当する．このような侵害のおそれは，一般意思の認識を意図する市民の多くが何らかの偏見にとらわれている場合にも存在する．そのとき，コンドルセの定理は，むしろ多数決が「正しい選択」を行う確率が，投票者数の増大につれて0に近づく危険を示す．信教の自由をはじめとする精神的自由への制約立法や，少数者集団への差別立法に厳格な違憲審査基準が妥当するとされてきたのも，これらの立法が，人々の偏見によって生み出される蓋然性の高いことが，その理由の一つである[13]．

もちろん，この種の問題について司法の権威を認めるべきだという提案は，この種の問題に関して司法が正しい選択を行う蓋然性が高いことを前提とする．

6　むすび

コンドルセの定理を用いたグロフマンとフェルドのルソー解釈は，憲法学上のさまざまな論点について示唆を与える．

たとえば，人民集会内部が投票規律を有する多数の集団に細分化された場合に生ずる問題点は，拘束名簿式の比例代表制が採用された場合に議会内部において発生するであろうし，同様の問題は，選挙区ごとの命令委任制度を採用した場合も生ずるはずである．グロフマンとフェルドによれば，選挙区内部で民主的決定手続がとられることによる「正しい選択」の確率の増大が，実質的な投票者の減少による確率の減少を埋め合わせることはない[14]．

多数派政党が出現した場合には，問題はさらに悪化する．単純化のために，81人からなる国民が9人ずつ9個の小選挙区に分割されていると想定すると，全人民集会では41人の賛成がなければ集会を十分に支配したとはいえないが，9人の議員からなる議会は5人の議員で過半数を制することができ，その5人は，5個の選挙区のそれぞれ多数派(5人×5)からなる25名で選出することが

13）R. Dworkin, *Taking Rights Seriously* (Harvard University Press, 1978) chs. 9 & 12; R. Dworkin, *A Matter of Principle* (Harvard University Press, 1985) at 359–72; 長谷部・前掲注3，128頁; 長谷部恭男『テレビの憲法理論』(弘文堂，1992) 15–19頁.

14）Grofman & Feld, *supra* note 6, at 1331–32.

できる．こうして決定に実質的に参加する投票者はさらに減少する．

また，人民集会内部がいくつかの党派に分裂している時に，各党派の内部に対して民主的決定手続を要求することがどの程度の意義をもつかについても，この解釈は示唆を与える．独裁的な党派は独裁的リーダーと同じ判断能力をもって，しかも実質的には単なる1票として，人民集会の多数決に参加することになるし，民主的な党派は，当該党派のメンバー(あるいはその多数派)の平均的な判断能力と数に応じて増幅された判断能力で，人民集会の多数決に参加することになる[15]．独裁的内部組織が有益なのは，リーダーが当該党派内の平均をはるかに上回る判断能力を有している場合である．

第3節で述べたように，グロフマンとフェルドの理論がルソー解釈を超える射程をどこまで有しうるかについては慎重な検討が必要である．ただ，この解釈が多数決の機能をめぐるさまざまな論点について新たな視角から照明を与えることはたしかである．

15）ある党派からの党員の除名について「民主的かつ公正な適正手続」を要求した場合にも(最判平成7年5月25日民集49巻5号1279頁)，当該決定手続に参加する党員の数と平均的判断能力に応じた決定が下されることになる．この場合も，「民主的かつ公正な適正手続」を通じて，除名処分の基礎として認定された事実が「客観的事実」と照合されることはない．せいぜい，ありうるのは裁判所が独自に認定する事実との対比である．

第7章　それでも基準は二重である!
――国家による自由の設定と規制――

最近，法哲学者の井上達夫教授はいわゆる「二重の基準論」に対して疑問を提起し，経済的自由権の規制立法についても，精神的自由権の規制立法と同様に厳格な違憲審査を行うことを提唱した．井上教授の問題提起に対し，筆者を含めて憲法学界からいくつかの反論がなされたが[1]，その後，法哲学者の森村進氏は，憲法学界からの反論に再反論を行い，二重の基準論を重ねて批判している．

以下では，まず井上・森村両氏の二重の基準論に対する批判を検討する．結論からいうと，彼らの批判は，個人の自律をいかなる形で保護すべきかという点でも，また経済的自由が成り立つ環境についての考え方においても，にわかには受け入れがたい前提にもとづくもので，その攻撃が成功しているとはいいにくい．引き続いて，第3節以下では，経済活動の規制立法に関する判例理論の背景を考察する．

1　井上達夫教授の疑問

井上教授の二重の基準論に対する疑問は，以下のようなものである[2]．森村教授は，このうち②は支持できないが①には賛同できるとし，③の結論も支持している[3]．

①「精神的自由は非政治的な表現の自由や私事に関する自己決定も含むか

1）長谷部恭男『テレビの憲法理論』(弘文堂，1992) 27頁以下，佐藤幸治「いわゆる『二重の基準論』について」佐藤幸治他著『ファンダメンタル憲法』(有斐閣，1994) 53頁以下．

2）碧海純一『現代日本法の特質』(日本放送出版協会，1991) 第7章〔井上達夫執筆〕．

3）森村進『財産権の理論』(弘文堂，1995) 155頁以下．

ら，民主政治のプロセスの保障手段であるという道具主義的な理由づけだけでは，その一般的優位を正当化できない．やはり，精神的自由が経済的自由よりも内在的価値において優越しているという前提が必要である．しかし，経済的自由が精神的自由よりも内在的価値において劣るというのは，『知識人』特有の偏見ではないか」．

自由の核心は，「自己の生き方の自律的な探求という意味での自己決定」にあり，自由を行使して選択された活動の価値には還元されえない．したがって，「社長と呼ばれるのを生き甲斐にして事業に精を出す人や，一国一城の主として独立するために個人タクシーをやりたいと，何度も運輸省に申請を繰り返すタクシー運転手にとっての営業の自由は，自己の研究を発表しようとする大学教授にとっての言論・出版の自由に比して，内在的価値において何ら劣るところはない」．また，自由の行使の社会的帰結という点でも「精神的自由と経済的自由とでは，いずれがより有益であるとか，より有害であるとか一般的に断定することは困難である」．

② 第二に，二重の基準論は，「精神的自由の経済的自由への依存について，リアリスティックな認識を欠いている」．「両者の間には，『経済的自由なくして精神的自由なし』といえるほどの緊密な依存関係がある」．「精神活動は真空で営まれるのではなく，財やサーヴィスなど，社会的資源を必要とし，かつ，それ自体かかる社会的資源として，供給され，流通するのである．したがって，社会的資源の生産・供給・消費等に関する決定権の分配の仕方は，精神活動の自由の保障にとって決定的な意義をもつ」．

③ 結論として，経済的自由の規制立法についても，精神的自由の規制立法と同様の厳格な司法審査を行うべきである．

2 筆者の反論と森村教授の再批判

筆者は，井上教授の疑問に対し，以下で述べるような反論を提起した．これについて，森村教授は再批判を行っている．森村教授に対する応答をも含めて以下で説明する．

① 「自己の生き方の自律的な探求」という点では，たしかに精神的自由が

経済的自由より「価値」において優越しているわけではないであろう[4]．しかし，「自己の生き方の自律的な探求」にもとづく具体的な個々の行動をなぜ，司法審査を通じて厚く保障すべきかは，明らかでない．

井上教授は，各個人が何ごとかに生きがいを見出すか否かによって，それに価値があるか否かが決まるかのように述べるが，それはその当人にとっての主観的価値にとどまる．その当人にとってしか意味のない行為であるにもかかわらず，なぜ社会一般に共通する「公共の福祉」を理由とする制約に対抗できるのであろうか．個人の自律を尊ぶ以上は，個人が選んだ生き方についてはその人自身が責任を負い，自らそのコストを負担すべきである．ベートーヴェンのピアノ・ソナタを全曲弾きこなす決意を隣家の人が固めて，四六時中ピアノの練習を始めたからといって，それを周辺の人が我慢して聞いていなければならないということにはならない．

当人がやりたいことだからやるという自由は，憲法学の用語でいえば「一般的な自由権」にあたる．このような自由をすべての人について包括的に保障したとすると，この広範で無内容な自由権は社会のいたるところで相互に衝突するはずであり，この衝突を調整するための広範な立法による規制が必要となる．このような自由に司法審査による厚い保護を与えることは不可能であるし，そうすることにさしたる実質的根拠もない．

人のやりたいと思うことをすべからく保護すべきだという主張は，人のやりたいこと，つまり個人の選好にはすべて一様に価値があり，したがってどのようなものであれ，それを同じように保護すべきだというきわめて特殊な前提にコミットした議論である．しかし，前述したように，自律的な個人は，その選択について自らコストを負わなければならない．自らの望む生き方を実現するために，他人に割り当てられた資源(他人の体や資産，機会，エネルギー等)を勝手に処分することは利己的で不公正である．人は自分が正当に要求しうる自分の資源にあわせて自分の生き方を決める責任がある．自分のやりたいことをやるために，他人にそのコストを負わせることはできない．住宅地に住む人が化学研究に精根をかたむけ，さまざまなガスを発生させた場合，付近住民も公

4）　森村・前掲注3, 157頁以下もこの点を強調する．

権力も，やむにやまれぬ目的にもとづき，かつ目的に厳格に適合する規制のみしか要求しえないとはいえないであろう[5].

個々の人の自律的生き方の探求という意味で，種々の活動がそれぞれの人の生き方にとってさまざまな価値をもち，その点で精神的活動と経済的活動との間に本質的差異がないというのはその通りであろうが，そのことと二重の基準論の妥当性との間に直接の関係はない[6].

② 以上で述べたことの一つのコロラリーは，個人の自律を保障する上で重要なのは，多様な選択肢が開かれていることであって，特定の選択肢を保障することではないということである.

炭鉱夫としての生活に生きがいを見出す人がいたとしても，石炭産業の経営が困難な経済状況の下で，政府がその人の生き方を保障するために莫大な国費を投じて石炭産業を維持しなければ，彼の自律が侵害されたことになるわけではない．また，電力会社を創設し，経営することが生きがいだという人がいたとしても，電力事業に顕著な規模の利益がはたらき，したがって規制された独占による方が社会にとって利益になるのであれば，電力事業の独占を認めることが個人の自律を侵害するとはいえない．そもそも，電力事業をはじめたいという個人の決定は，独占的電力事業を運営し続けたいという既存の経営者の自

5) 長谷部恭男「国家権力の限界と人権」樋口陽一編『講座憲法学 3 権利の保障(1)』(日本評論社，1994) 57-58 頁.

本文で示した論点は，ドゥオーキンの指摘する「福祉の平等 equality of welfare」と「資源の平等 equality of resouces」との対比と関連する．個人の選好がすべて一様に価値があるものとみなす立場からすれば，それを平等に満足させること(あるいはそれを社会全体として最大化すること)が正義に適う．シャンパンを飲みたいという欲求から，人のものを盗みたいという欲求まで，あらゆる欲求や選好を勘定にいれた上でその平等を目指すべきである(功利主義者であれば，その最大化を目指すべきだと主張するであろうが)．これに対して，個人の自律を尊重すべきだとすれば，個々人がその生き方を選びそれを実現することに自ら責任を負うべきであり，そのコストも自ら負担すべきである．したがって，自らの望む生き方を実現するために，他人の資源を勝手に処分すべきではない．他の人種を差別したいとか，人を殺したいという欲求は，もともと制度の設定に際して考慮すべき正当な主張ではない (cf. R. Dworkin, In Defense of Equality, *Social Philosophy and Policy*, vol. 1 (1983) at 31; W. Kymlicka, *Liberalism, Community, and Culture* (Clarendon Press, 1989) at 36-39, 185).

6) 長谷部・前掲注 1, 16-17 頁，29-30 頁．憲法の権利保障は，個々の具体的活動を各個人にとっての主観的評価に応じて保障するものではない．司法審査による保護の程度は，その権利が，個人の根源的な平等性を侵害する形で制約される危険性や，その権利の保護が社会全体にもたらす利益やコストに応ずるものであり，精神的自由を厚く保障すべき理由の少なくとも一部は経験的なものである.

己決定と正面から衝突する．両者の内在的価値が無差別であり，かつ両者とも自律的な生き方の探求であるがゆえに手厚い保護に値するとすると，収拾のつかない事態が生ずるであろう．ここでも，ある個人が特定の何事かをやりたいと思うということから，直ちにその自由を厚く保護すべきだという結論が出てくるわけではない．

政府の行動が個人の自律性を侵害したといえるのは，その個人が，他の個人と同等に理性的な選択をなしうる存在ではないとの前提にもとづいて政府が行動する場合である．たとえ特定の職業が制約されたとしても，それがあらゆる人に等しくあてはまる根拠と基準とによって制約されているのであれば，個人の自律性が侵害されたとはいえない．ドゥオーキンが指摘する通り，精神的自由や人種の平等などが司法審査において特に厚く保護されるべきなのは，これらに関する政府の行動が，偏見にもとづいた，したがって，個人を同等の存在と見ない立場から，情報流通の操作により人々の理性的な思考過程そのものを遮断しようとしてなされる危険が大きいからである[7]．商品広告の規制と宗教や政治活動の規制とでは，政府の行動が恣意的になされる危険は明らかに異なる[8]．

森村進氏は，この点について，経済的自由も精神的自由と同様に偏見の対象となりうるとし，精神的自由が経済的自由よりも内在的価値において優越するという「知識人の偏見」をその例として挙げる[9]．

このような「知識人の偏見」がたとえあるとしても，知識人は社会では所詮少数派である．さまざまな経済的利害のせめぎあいをも突き抜けて，それが立法過程に反映され，経済的自由に対する不当な差別立法を生み出す危険はさほど大きくないであろう．特定の思想の流布を禁止する場合と異なり，特定の営業活動を禁止することが，人々の理性的な思考および議論の過程そのものを遮断するとはにわかには想像しにくい．

---

7)　R. Dworkin, *Taking Rights Seriously* (Harvard University Press, 1978) chs. 9 & 12; R. Dworkin, *A Matter of Principle* (Harvard University Press, 1985) at 359–72.

8)　長谷部・前掲注1, 29–30頁．商業広告が政治上・思想上の表現活動ほどの司法的保護を与えられないいま一つの理由は，経済的利益の追求に支えられた商業広告は，政府の規制によって萎縮する可能性が小さいという点にある．

9)　森村・前掲注3, 158頁．

また，通常，憲法学で議論されてきた経済的自由に対する制約の事例は，薬局の開設や公衆浴場の経営への参入規制が職業の自由に対する不当な制約となるか否かという種類のもので，これらが「薬局」や「公衆浴場」に対する「偏見」によって生じているという議論は聞かれない．これらの規制における問題は，むしろ既存の業者が既得権益を守るために政治的に参入規制を獲得することの不当性であって，社会一般の偏見ではない．井上氏が例として挙げる個人タクシーの免許申請者も，自分が免許を首尾よく取得した後は，新規免許の数が限定されることを望むであろう．

③　表現の自由を保護すべき理由としては，従来，表現者が何ごとかを表現したいから保護するという根拠よりは，むしろ情報の受け手の利益が着目されてきた．つまり，民主的政治過程の参加者として必要な政治的・社会的知識を得る利益や，多様で豊かな情報を前提として自らの生き方を選びとっていく利益などである．受け手の利益に関しても，個々人がそれぞれ個別の情報をいかに評価するかと，それを公共の利益を根拠とする立法府の干渉からどこまで保護すべきかという問題とは直結しない．個々人の主観的評価によって情報提供活動を保護するか否かを決すると，情報の公共財的性格のため社会全体にとって利益となる情報は，過少にしか供給されないおそれがある[10]．たしかに，政治的言説を聞き，政治について広く知見を得たいと思う人はむしろ少数派かもしれないが，そのことから，政治的表現活動はとりたてて厚い保護に値しないという結論を導くのは，政治的表現活動に対する社会的偏見の可能性を考慮すると危険であり，また，民主的政治過程の維持をはじめとする社会全体の利益を過少評価することになるであろう．政治的言論がこの結果，人々の私的選好以上に流通したとしても，気にいらないという人はいつでもテレビのスウィッチを切り，新聞を放り投げることができるので，社会的コストはさしたるものではない．

④　精神的自由と経済的自由とが密接に連関し，前者が後者に依存する関係にあることはたしかだとしても，両者に関する政府の規制のあり方には，やはり一定の相違がある．人々が経済的に活動し，職業に就き，利益を得ていくた

10）長谷部・前掲注 1, 12–13 頁, 30 頁．情報が自由に流通する空間は，清浄な自然環境と同様，一種の公共財である．

めには，政府による最低限の経済活動の規制は不可欠である．単純ないい方をすれば，民法も商法もなく，窃盗も詐欺も取り締まられることのないところでは経済活動自体が，したがって，経済的自由自体が想定しがたいが，新聞法や出版法がなくとも表現の自由は存在しうる．自由市場のメカニズムは，契約の執行や窃盗・詐欺の取り締まりなど，一定の政府の規制活動を不可欠の前提として成り立っている[11]．ジェニファ・ネデルスキーが指摘するように，「財産権は，すべての基本権の中で最も顕著な政府の創造物 creation of the state である．財産権の保護が政府の目的であるとすると，その理由の一部は，財産権が(たとえば良心の自由とは異なり)政府の作用なしには存立しえないことにある」[12]．

この点について，森村進氏は，「現代の経済的活動の大部分が政府による最低限の規制があってこそ成立しているという主張ならば，それは認めてもよい」が，「それと同様に，精神的自由も，殺人や誘拐や強姦や脅迫が取り締まられることのないところでは成立しがたい．経済的自由に対する民法や商法の関係は，精神的自由に対する刑法(新聞法や出版法ではなくて)の関係とパラレルである」．また，精神的自由や経済的自由に対する規制として問題となっているのは，実際には脅迫や詐欺の禁止のような自然なものではなく，「もっと政策的な目的による制約である」[13] とする．

しかし，経済的自由と民法・商法との関係は，精神的自由と刑法との関係とパラレルではない．むしろ，森村氏自身の説明が示唆するように，刑法は経済

11） 長谷部・前掲注 1, 31 頁．憲法学の伝統においては，経済的自由権，特に財産権が精神的自由権をはじめとするその他の自由権の実質的基盤をなしているという認識は，むしろ，精神的自由権を意味のあるものとするために，財産や所得の平等な再分配を行うべきだという主張，つまり経済的自由権の制約を正当化する主張につながってきた (e.g., R. Funston, The Double Standard of Constitutional Protection in the Era of the Welfare State, 90 *Political Science Quarterly* (1975) at 261)．経済的自由権と精神的自由権との間に密接なつながりがあるとの認識は，必ずしも経済的自由権を精神的自由権と同様に厳格に保障すべきだとの結論を導くわけではなく，むしろ生存権立法が憲法の要求する水準に達しているか否かを積極的に審査する方向をも導きうることに留意する必要がある．

12） J. Nedelsky, American Constitutionalism and Private Property, in *Constitutionalism and Democracy*, eds. by J. Elster and Rune Slagstad (Cambridge University Press, 1988) at 241 & 264．つまり，「財産権は政府の権力に対する境界であるが，その境界線は政府自身が引くもの」だということになる (ibid.)．

13） 森村・前掲注 3, 157 頁．

的自由・精神的自由の双方を支える(そして「散歩の自由」や「鼻の頭を掻く自由」をも支える)基本的な環境を設定する．ただ，経済的自由については，刑法だけでは環境として不十分である．刑法が，ある行為を経済的自由の侵害として認定するためには，その前提として何が経済的自由として認められているかが定まっている必要がある．それを設定しているのが，個別の社会の民法や商法である[14]．これに対して，精神的自由については，民法や商法にあたるルール設定は原則として不必要である．経済活動については直接の環境は民法や商法だが，精神的活動についてはそれが刑法であるために，この二つの関係がパラレルであるかのように見えるだけであろう．

市場の枠組みとなるルールを執行する「自然な」規制と経済活動を規制する「政策的な」法制とは別だという異論はたしかにありうる．自由放任の資本主義体制が生み出した社会的害悪を是正するために，政府が積極的に経済的自由を規制するにいたったという物語も，このような区分を前提としている．しかし，この両者を厳密に区別するのは困難である．おそらく，この論点は，財産権をどこまで「自然権」として構想しうるかという問題と関連する．財産権は，何がどのような条件の下で誰に帰属するかに関する社会ごとに異なる人為的なルールの体系に従ってはじめて観念しうるという意味で，あくまでコンヴェンショナルなものである．市場によって生み出される権利が「自然権」として保護されるべきだとしても，市場のルールは社会ごとに異なるものであり，何が「自然権」として実定法制を超えて保護されるべきかについての答えは，この考え方自体からは出てこない[15]．

14）この定めは議会制定法による必要はない．判例法や慣習法によって定まっていることもありうる．

15）長谷部恭男『権力への懐疑』(日本評論社，1991) 69–70 頁．なおこの点については，安念潤司「憲法が財産権を保護することの意味」長谷部恭男編『リーディングズ現代の憲法』(日本評論社，1995) を参照．

アメリカ連邦最高裁が，West Coast Hotel v. Parrish, 300 U.S. 379 (1937) において，州による最低賃金規制を合憲とした際にも，憲法典が保障する自由，特に本件で問題となった契約の自由は無制限の自由ではなく，選択を枠づける一定のベースラインを不可避の前提とするものであるとの理論に立脚している．最低賃金規制はこのようなベースラインにあたる (C. Edwin Baker, Turner Broadcasting: Content-Based Regulation of Persons and Presses, *The Supreme Court Review* (1994) at 67–68).

より一般的な問題として，「自然」な領域と「人為的」あるいは「人工的」領域との区別は，それ自体は「自然」なものではありえないという点を指摘することができる．都市近郊の森や川

国家権力の及ばないところでも市場取引にあたる人間の相互作用は存在しうるかもしれないが，それは，その「社会」特有の取引のルールを前提としており，いかなる社会にも妥当する万古不易の「自然」な取引のルールが存在するわけではない．また，違憲審査の対象となる取引のルールは政府による執行を前提とする実定法である．「自然権」としての財産権という観念や「自然な経済的自由」[16] という観念は，個別の実定法規の合憲性を判定する訴訟の場ではさして有効とはいえない．経済活動の規制立法について厳格な違憲審査を執行する結果は，多くの場合，人為的なルールの体系の中から特定の人為的なルールを取り去るだけのことであり，「天然自然の市場」への回帰を意味するわけではない．

3　経済活動規制と民主的政治過程——違憲審査基準論の背景

最高裁の判例は，二重の基準論を是認した上で，経済活動規制立法については，立法目的が消極的警察目的であるか，あるいは積極的政策目的であるかにより，異なる違憲審査基準が妥当するとしている．この立法目的による審査基準の差異については，すべての経済活動規制立法が，どちらかの立法目的に分類できるわけではないし，立法目的の違いがなぜ審査基準の違いをもたらすかが不明である，などの批判を受けている[17]．

のみならず，アマゾンの密林やゴビ砂漠でさえ，人がそのようなものとして認定し，放置することではじめて「自然」でありえている一方，近代都市空間も，物理学の法則が妥当し，さまざまな生物が生活しているという意味では紛うことなき「自然」な世界である．一方が「自然」で他方が「人工的」だという区分けは，人間が一定の理論的・実践的観点から行う人為的分類にもとづいており，いかなる観点からも独立という意味で「自然」なものではない．したがって，一定の制度が「自然権」や「自然法」に属するという主張がもつ正当化の力は，せいぜい循環的なものである．

16）森村・前掲注 3, 138 頁．さまざまな財産権の設定の仕方を比べた場合，中には明らかに「不自然」と思われるものもあるかもしれないし，また複数の財産制度を比較した場合に，日々財産法学者の方々が論議しておられるように，いずれかが「より合理的」であるといえることがあるかもしれない．しかし，それだけでは厳格な違憲審査，つまりやむにやまれぬ政府利益を実現するためにきわめて適確に立法が設計されていることを政府が立証しない限り当該立法は違憲となるという審査，を執行すべき理由としては不十分である．

17）判例の整理と学説からの批判については，戸波江二「職業の自由と違憲審査」法学教室 174 号 (1995) 参照．

たしかに，すべての規制立法をいずれかの立法目的に整然と分類することは困難であろう．また，生命健康の安全を守るための消極的規制については厳格に審査するが，政策目的の規制については立法裁量を広く認める判例理論は，生命健康の安全よりも，積極的経済政策の実現の方が重要であるとの不自然な前提をとっているかに見える[18]．

しかし，このような疑問が生ずるのは，実は，立法府が常に，誠実に公益の実現を目指して立法活動を行うというあまり現実的でない観点から判例理論を解釈しようとするからである．経済規制立法の立法過程が実は私的利益の実現を目指しているという別の見方をとると，最高裁が経済規制立法の目的によって異なる違憲審査基準を使い分けることをある程度まで説明することができる．

この見方によれば，民主的政治過程とは，多様な利益集団がそれぞれにとって有利な政策決定を獲得すべく抗争し妥協する過程である．競争にうち勝った集団が，自らの私的利益にとって有利な立法や政治的決定を獲得することができる．そこでの裁判所の任務は，多様な集団の政治活動が透明かつ公正に行われる環境を整えることにとどまる．政治過程では，すべての利益集団に公平な代表の機会が与えられるべきであり，競争と交渉も透明で公正なルールの下に行われなければならない．表現の自由や選挙権の平等が裁判所によって厚く保護されるべき理由も，それらが多様な集団の利害を，公正に議会に代表させる上で不可欠だからである．

経済的自由を規制する立法の多くは，特定の市場への参入制限や価格統制など，競争を制限する性格をもつ．このような立法は，通常，当該規制からカルテル類似の利益を得ようとする集団のために制定される．メンバーの数が多いなどの理由で私的カルテルの形成と執行のコストが高い反面，票数や資金力などの点で政治過程へ強い影響力を行使しうる産業では，独占禁止法制の網の目をくぐって私的なカルテルを結ぶ代わりに，政治過程から規制立法を獲得して，公然と適法なカルテルを結ぼうとする．ところが，この種の規制についても，立法作業に関わる取引コストを軽減するため，立法目的としては，より普

18） 棟居快行『人権論の新構成』(信山社，1992) 219–22 頁，森村・前掲注 3, 164 頁.

遍的で正当らしく見える公益の増進がうたわれることがある[19]．しかし，真に国民全体に広く行き渡る利益を保護・増進しようとする立法は，典型的なフリーライダー問題を伴うため，実際にはその制定は困難であるはずである．経済規制立法の多くが特定の業界の利益保護のために制定されると考えられるのもそのためである．

この種の立法の審査を行う際，裁判所の任務は経済規制立法が適切な情報の下で透明かつ公正に行われる環境を整えることに尽きる．したがって，薬事法の距離制限規定のように，国会が特定の業界の保護立法をあたかも国民一般の福祉に貢献する消極的警察規制であるかのように装って制定した場合には，裁判所は目的と手段との関連性を立ち入って審査し，合理的関連性が無い場合には違憲無効とすべきである．このような審査が行われる結果，立法過程において手段と直接に関連する特定の業界保護という本来の立法目的が明示される効果が期待できる．特殊権益の保護立法に反対する勢力にとって，正確な情報を得るためのコスト(情報費用)は低下し，透明で公正な環境の下で利益集団相互の競争が行われる．

他方，小売商業調整特別措置法のように，国会が正面から特定の業界の保護をうたって参入規制を設定した場合，それは国会が本来果たすべき交渉と妥協による利害調整の結果であるから，裁判所が立ち入った審査を行う必要はない．その立法がなされる以前の法律状態も，それ自体何らかの利害調整の帰結であり，裁判所として新たな利害調整の結果よりも以前のそれの方がすぐれていたと判断すべき根拠は見出しにくい．このような場面では，私的利害の抗争と妥協の結果こそが「公共の福祉」に他ならず，その他に「公共の福祉」を決定する独立の判断基準が存在するわけではない．消極的警察目的の立法は，より普遍的で強い正当性を標榜するからこそ，その立法目的が反対派の目を眩ます意図で濫用される危険を抑制する必要がある[20]．

このような見方からすると，森林経営の安定を目的とする森林法共有林分割制限規定の場合，積極目的の制限であるにもかかわらず，なぜ最高裁が違憲と

19）公衆浴場法および薬事法の距離制限規定が，それぞれの業界団体の利益保護要求にもとづいて制定された経緯については，奥平康弘『憲法裁判の可能性』(岩波書店，1995) 121–24 頁を参照．

20）長谷部恭男「政治過程としての違憲審査」ジュリスト 1037 号 (1994) 103–04 頁．

したかという疑問が生ずるかもしれない[21]．一つの可能な応答は，通常の積極目的規制の場合と異なり，最高裁が共有に関する民法上の規定の政治的中立性を信頼しえたというものである．民法典，中でも財産法に関する規定が政治的に公正中立な基準であり，ベースラインであるとの観念は，法律家に広く浸透している．民法上の規定もやはり一つの利害調整の結果にすぎないとすると，森林法の分割制限規定を無効として民法に立ち戻る理由は疑わしいはずである．特に，問題の立法が遠い過去のものであり，当時の集団の利益を，目的と手段の関連性に疑問があるにもかかわらず現在でも擁護する必要はもはやないとすれば，最高裁の判断は自然なものといえよう[22][23]．

さらに，最高裁がなぜ租税法規について緩やかな違憲審査を行うかという問題についても，判例が文面上掲げる租税法規の専門性，技術性という理由だけ

21） 最大判昭和 62・4・22 民集 41 巻 3 号 408 頁．

22） 森林法違憲判決は，民法上の共有規定への回帰を正当化するにあたって，単独所有こそが「近代市民社会における原則的所有形態」であるとのテーゼを採用している．しかし，安念・前掲注 15 論文が指摘するように，このテーゼは普遍的に妥当する当然のルールではなく，最高裁が「選択」した実定的ルールでしかない．ある財に対する所有権の主体を個人とすべきか，あるいは個人を超える家族や共同体とすべきかは，当該社会の置かれた具体的状況の下での，所有の規模と収益の関係に大きく依存するであろう（J. Hirshleifer, Privacy: Its Origin, Function, and Future, *Journal of Legal Studies*, vol. 9 (1980) at 657–58）．共有林分割制限規定の立法者は，林業経営の規模と収益の関係を念頭に置いていた．森林法違憲判決により，最高裁が新たに選択したこの実定的ルールが新たに日本の実定財産法制に組み込まれたことになる．この点については長谷部「序論」・前掲注 15（1995）10–12 頁参照．

23） これに対して，非嫡出子の法定相続分を嫡出子の 2 分の 1 とする民法 900 条但し書前段については，これを違憲とした場合に立ち戻るべきベースラインをいずれに求めるべきかが判然としないという疑念が，最高裁の合憲判断（最大決平成 7・7・5 民集 49 巻 7 号 1789 頁）の前提にあったと理解することができる．同決定の法廷意見が指摘するように，相続制度の「形態には歴史的，社会的にみて種々のものがあ」る．法定相続が存在しない財産制度を構想することは容易であるし，そもそも相続が私有財産制度に必ず付随する構成要素であるともいいがたい．

嫡出・非嫡出という区別はたしかに本人にとっては生来のもので，自分の意思によっては動かしがたい属性である．ただ，他方で法定相続制度そのものが，相当程度まで，どのような家庭に生まれるかという本人の意思によっては動かしがたい属性によって，大きな結果としての不平等をもたらす制度であり，相続という資源配分の方法が，私有財産制度を支える正義の理念に適っているか否かについても疑義がありえないわけではない．想定しうる各種の制度のいずれをベースラインとすべきかが判然としないとすれば，法廷意見のいうように，厳格な審査は不適切となる．

これに対して，民法 900 条但し書前段を違憲とする同決定反対意見の特質は，一見したところ個人の尊重という理念との関連が不明確な法定相続という制度のうちの一部のみ，つまり子はすべて均分相続という点をとらえて違憲判断のベースラインとしている点にある．

ではなく，租税立法の政治過程によって説明できる部分がある．さまざまな租税特別措置に典型的に見られるように，租税法規も，多様な利益集団の抗争と妥協の結果としての性格を多分にもつ．租税法規は，専門的技術的な法分野であるばかりではなく，立法府の「政策的判断」に多くを委ねざるをえない分野でもある．ここでも，裁判所が立法府の判断に，自己の判断を置き換えるべき根拠はにわかには見出しにくい．

最近，酒税法にもとづく酒類販売業免許制に関して最高裁判所は合憲判決を下したが[24]，酒税法の納税義務者は酒造業者であって販売業者ではなく，したがって販売業への参入規制により販売業の経営の安定をはかることと酒税の確実な納入を確保することとの合理的関連性は疑わしいこと，また酒税収入の国税収入全体に占める地位もさほど大きなものではないことからすれば，この規制が最高裁のいう重要な公共目的のために必要かつ合理的な手段であるか否かは疑わしい[25]．しかし，租税法全体を，利益集団の抗争と妥協の場と見る立場からすれば，明らかに専門的技術的考慮を要する問題ばかりでなく，このようなきわめて間接的で迂遠に見える収税確保の方法についてさえ，裁判所は立ち入った審査をすべきでないという結論を導くことも可能である[26]．

租税法上の経済活動規制の場合，その目的が積極的なものか消極的なものかを判断することは困難であるが，審査基準論の背景にある政治過程観に遡って考えれば，目的が積極的か消極的かを決定することなく，いかなる違憲審査を行うべきかを判断することができることになる．

4　むすび

国会が常に真正の公益を実現するために経済規制立法を制定するという前提をとる限り，なぜ消極目的と積極目的の立法とで，前者をより厳格に，後者をより緩やかに目的―手段の関連性を審査すべきかを説明することは難しい．むしろ，判例の違憲審査基準論は，さまざまな利益集団の抗争と妥協による過程

24）　最判平成4・12・15民集46巻9号2829頁．
25）　同判決に対する坂上裁判官の反対意見参照．
26）　長谷部恭男「本件判例評釈」法学協会雑誌111巻9号(1994) 1417頁以下参照．

として立法をとらえる見方によって整合的に説明することができると思われる．

もっとも，立法過程に対するこのような見方が憲法秩序全体から見て妥当といえるか，さらに，このような立法過程を維持することがなぜ裁判所の正当な任務といえるかという点についてはなお疑問の余地があり，筆者としては，このような見方が司法審査を正当化する議論として全面的に妥当するものとはいえないと考える[27]．

27）第3節で扱った多元主義的民主政観の妥当性については，長谷部・前掲注20, 104–05頁および長谷部恭男「政治取引のバザールと司法審査——松井茂記著『二重の基準論』を読んで」法律時報67巻4号(1995)を参照されたい．ただ，多元主義的民主政観の日本における代表的な論者と目される松井茂記教授は，経済規制立法に関する積極目的規制・消極目的規制の二分論を支持していないことに留意する必要がある(松井茂記『二重の基準論』(有斐閣，1994) 286–91頁および314頁参照)．ここでいう「多元主義」は第2〜4章で扱った文化の多様性や価値の比較不能性に着目する「多元主義」とはレベルを異にする．

なお，本文で述べた多元主義的な立法過程論については，それが立法過程の実際とどの程度適合しているかという経験的な疑問も提起しうる．経済的な利益の追求という利己的動機が立法過程において一定の役割を果たすこと，そして，組織されやすいコンパクトな利益集団が，そのサイズに見合わないほど大きな影響力を立法過程で果たす可能性があることは確かであるが，利己的な特殊利益の追求という動機ですべてが説明しつくせるわけではない．人が利己心のみにもとづいて行動するとすれば，選挙のたびごとに多くの人々が時間とエネルギーをかけて投票にでかけることも説明できない．そして，有権者の投票行動が説明できない理論であれば，その理論は再選を期待し追求するはずの議員の行動も説明しにくいはずである．以上の点については，たとえば前掲拙稿「政治取引のバザール」および D. Farber & Ph. Frickey, *Law and Public Choice* (University of Chicago Press, 1991) at 21–33 参照．

第8章　制定法の解釈と立法者意思
――アンドレイ・マルモア博士の法解釈理論――

1　トロペール教授の「解釈」

ミシェル・トロペール教授の提唱する解釈理論は，彼自身がいう通り「あまねく受け入れられたとは到底いいがたいものの，今日では広く知られている」．彼の理論の一つの柱は，「あらゆる法の適用は，それに先立って解釈を必要とする」というものである[1]．あらゆる法文，あらゆるテクストは日常言語によって構成されているが，日常言語には漠然性と多義性とがつきまとう．このため，あらゆるテクストは複数の意味を有しうることとなり，そのいずれをテクストに付与すべきかを解釈を通じて選択する必要が生ずる．

この考え方からすると，不明瞭なテクスト (texte obscur) についてのみ解釈が必要となるわけではない．不明瞭なテクストのみが解釈を要するという考え方は，パラドックスを生み出すとトロペールはいう[2]．あるテクストが明瞭 (clair) であって解釈が不要であるとわかるためには，そのテクストの意味がわかっていなければならず，そうすると，すでに解釈がなされていなければならないはずだからである．

もっとも，このパラドックスは，あらゆるテクストの理解には解釈が必要だ

1) M. Troper, Justice constitutionnelle et démocratie, dans M. Troper, *Pour une théorie juridique de l'Etat* (PUF, 1994) at 332 (邦訳 (長谷部恭男訳)「違憲審査と民主制」日仏法学 19 号 (1995) 5 頁).

2) G. Burdeau, F. Hamon & M. Troper, *Droit constitutionnel* (L.G.D.J., 24e éd., 1995) at 64–65 & 67 (本書はビュルドーの憲法教科書をアモンとトロペールが改訂したもので，ビュルドーの執筆部分はほとんど跡形もない．引用箇所にはトロペールの見解が色濃く示されている); M. Troper, *supra* note 1, at 333 (邦訳 6 頁).

と前提されているために生ずるものであって，明瞭なテクストの理解に解釈は不要だと考える者にとっては，パラドックスはない．そして，あらゆるテクストの意味の確定には解釈を要するという特殊な前提があるからこそ，ケルゼンの定義する規範，つまり「他者の行為に向けられた意思行為の客観的意味」を創設するのは，有権解釈に他ならないというトロペールの結論が引き出されることになる．規範がすでに「意味」であるとすれば，それについて解釈は不要のはずである．逆にいえば，解釈の必要なテクストは，それ自体としては規範ではありえない．意味を確定するのは常に解釈である[3]．

あらゆるテクストの理解には解釈が必要だという見解は，トロペール固有のものではない[4]．しかし，この見解からは，ウィトゲンシュタインの指摘したように，きわめて深刻なパラドックスがもたらされる．このパラドックスは，漠然性と多義性のつきまとう日常言語だけではなく，算術の記号のように常に確定された意味をもつと考えられている記号についてさえ発生する．

2 ウィトゲンシュタインのパラドックス

ウィトゲンシュタインの指摘したパラドックスとは，以下のようなものである[5]．たとえば算術で使われる＋の記号の意味を生徒に教えるために，まず，1からはじまる自然数の列 (1, 2, 3, 4, ……) の各数に＋2 の操作を加えた列を作

3) M. Troper, Kelsen, la théorie de l'interprétation et la structure de l'ordre juridique, dans *Pour une théorie juridique de l'Etat, supra* note 1, at 87–88; 長谷部恭男『権力への懐疑』(日本評論社，1991) 5 頁参照.

4) Cf. P. Amselek, Le droit dans les esprits, dans *Controverses autour de l'ontrogie du droit*, sous la direction de P. Amselek et Ch. Grzegorczyk (PUF, 1989) at 37–38; P. Avril, *Les conventions de la constitution* (PUF, 1997) at 61.

デイヴィッドソンの「ラディカルな解釈」という観念もこのような前提に立っていると思われる (D. Davidson, Radical Interpretation, in his *Inquiries into Truth and Interpretation* (Clarendon Press, 1984) at 125–39; cf. A. Marmor, *Interpretation and Legal Theory* (Clarendon Press, 1992) at 14–24). クリプキは，ウィトゲンシュタインもこのような前提をとったと理解している(後掲注 12 参照).

5) 以下の事例は，L. Wittgenstein, *Philosophical Investigations* (Blackwell, 1976) ss. 143 & 185 (邦訳 (藤本隆志訳)『哲学探究』(大修館書店，1976)) および S. Kripke, *Wittgenstein on Rules and Private Language* (Blackwell, 1982) (邦訳 (黒崎宏訳)『ウィトゲンシュタインのパラドックス』(産業図書，1983)) で示された例をアレンジしたものである.

らせてみるとする．教師が，3, 4, 5, 6, と例を示し，同じようにあとを続けるようにいうと，生徒は 7, 8, 9, 11, 12, と続ける．教師が，9 の次は 10 であると注意すると，生徒は＋n の記号は，10 になるまでは n を加え，10 からは n に 1 を加えた数を加え，20 からは n に 2 を加えた数を加える操作を意味すると思っていたと答えたとしよう．このような＋の解釈は，教師の与えた模範例からして当然に誤りといえるであろうか．

10 を単位として意味が分岐するこのような＋の解釈については，教師が容易に正すことができるかもしれない．しかし分岐点が 1,000 であればどうであろうか．また，たとえば，＋の記号は一般には足し算の操作を意味するが，1,582＋2,012 に関してだけは，3,594 ではなく 3 という答えを与える操作であるという解釈はどうであろうか．人によっては 1,582＋2,012 という操作に一生出会わないかもしれない．もちろん，さらに出会いそうもない操作についてのみ足し算とは異なる意味を＋に与える解釈を思いつくことは容易である．そして，それに初めて出会ったとき，それに 3 という答えを与える人が＋の意味を誤って理解していたといいうるだろうか．一見したところ，それを保証するものは何もないように思われる．誰もが，その限られた人生の中では限られた＋の適用事例しか経験していない．その限られた事例から無数の可能な適用事例に関する一般的なルールを引き出すことはできないはずである．

ウィトゲンシュタインは，このパラドックスを次のように定式化する．「規則によってはいかなる行動も確定できない．いかなる行動もその規則と適合する [よう解釈できる] から」．そして，「何であれその規則と適合しうるということは，何であれその規則に違反しうるということでもある」．そうであれば，「そこには適合も違反も存在しない」[6]．

つまり，いかなる規則にも無数の多様な解釈が可能であり，ある規則と適合する行動が何かが，その規則によって確定されることはありえない．いかなる行動も，その規則の何らかの解釈には合致するからである．このため，もっとも厳密な算術の記号から日常用語にいたるまで，記号やことばの意味を十分に確定する規則はありえないということになる．

6)　Wittgenstein, *supra* note 5, s. 201.［　］内は筆者の補充である．

このパラドックスは，いかなる帰結をもたらすであろうか．トロペールの解釈理論にとってあまり望ましい結果は生まれない．トロペールの理論からすれば，有権解釈によってテクストの意味は確定されなければならない．しかし，ウィトゲンシュタインのパラドックスは，やはりことばで示される有権解釈にも妥当する．あるテクストを別の定式によって置き換えても，具体的行動との距離が埋まることはない．「何を私がしようと，何らかの解釈に従えば，それは当該規則と適合している．……いやむしろ，いかなる解釈も解釈の対象[となるテクスト]とともに中空に浮かんでおり，それを支えることはない．解釈それ自体は意味を確定しない」[7]．

このため，トロペールの主張するところとは逆に[8]，いかに有権解釈機関が整合的 (cohérant) な判例の体系を紡ぎだそうとも，それが他の官庁を義務づけることも，またこの整合性の要求によって有権解釈機関自身が制約を受けることもない．もし整合的な判例の体系が「義務づけ」や「制約」として働くのであれば，その意味を「解釈」を経ずに理解することが可能でなければならないが，それはトロペール自身の前提，つまりあらゆるテクストの理解は解釈を要するという前提と衝突する．また，同様に，有権解釈が示されたとしても，人々は有権解釈機関を頂点とする官庁のピラミッドが具体的場面に応じていかに行動するかについて合理的な予測を立てることはできない[9]．

3. パラドックスの解決——解釈によらない理解

このパラドックスはいかに解決されるであろうか．ウィトゲンシュタインは，前述のパラドックスの定式化に引き続いて次のようにいう．「ここに誤解があることは，議論の中で次から次へと解釈を与えているということだけから

7) *Id.* s. 198.

8) Troper, *supra* note 1, at 343–45 (邦訳 17–19 頁).

9) このことは，筆者がトロペールの解釈理論について与えた読み方(長谷部・前掲注 3, 58–59 頁)，つまり，テクストの不確定性によって生み出された社会内の調整問題状況を有権解釈が解決し，そのことから，有権解釈への服従の正当性が基礎づけられるという読み方は，あらゆる法適用が解釈を要すると考える限り，十分には成功していないことをも意味する．有権解釈が発せられても，それと具体的行動との距離は埋まらず，解釈は解釈の対象であるテクストとともに中空に浮かんでいるからである．

わかる．あたかも，次の解釈を思いつくまでの束の間はある解釈で安心しているかのように」[10]．つまり，彼の描くパラドックスが生ずるというのは単なる「誤解」である．この誤解が生ずるのは，あらゆる意味の理解は解釈を必要とすると考えるからである．「このことが示しているのは，解釈にあたらないような規則の理解の仕方があること，つまり[具体的場面において]『規則に従う』あるいは『規則に違反する』と呼びうることに示されるような理解の仕方があることである」[11]．

解釈に解釈を重ね，あるテクストを別の定式に次々に置き換えても，具体的行動との距離が埋まることはない．前述のパラドックスが真正のものだとすれば，ことばの意味を理解することは本来不可能であり，ことばの意味なるものは個々人のそれぞれ勝手な思い込みとなる．逆にいえば，そもそもことばの意味の理解が可能だとすれば，それは，解釈を前提としないことばの意味の理解が可能だからだと考えざるをえない[12]．

注意を要するのは，ここでウィトゲンシュタインが指摘している解釈にあたらない理解の仕方とは，あくまでことばの意味の理解にもとづくものであって，一定のサインに一定の仕方で反応するといった心理的・生理的因果関係を指しているわけではないことである[13]．人と人とのコミュニケーションが一定の刺激に対する一定の反応という行動主義的観点からのみ理解されるべきだと

10）　Wittgenstein, *supra* note 5, s. 201.

11）　*Ibid.*

12）　これに対して，クリプキの広く知られた読み方は (S. Kripke, *supra* note 5)，ウィトゲンシュタインがこの懐疑主義的パラドックスを真正のものとして受け入れたというものである．しかし，このクリプキの読み方は，パラドックスを「誤解」とする *Philosophical Investigations* の文言と整合的でない．また，クリプキは，言語に特定の意味を系統的に付与する言語共同体に加入することで，人々はことばの意味を理解することができるという懐疑主義的回答をこのパラドックスに与えているが，パラドックスが真正のものである以上，ある解釈がその共同体において受けいれられている「正しい」解釈であることを保証するものは何もないため，この回答がパラドックスを十分に解決するとは考えにくい (cf. J. McDowell, Wittgenstein on Following a Rule, in *Meaning and Reference*, ed. by A. W. Moore (Oxford University Press, 1993) at 264).

13）　*Id*. at 275. こうした行動主義的な言語理解は，最近デイヴィッドソンによって提唱されている (D. Davidson, A Nice Derangement of Epitaphs, in *Truth and Interpretation: Perspectives on the Philosophy of Donald Davidson*, ed by E. Lepore (Blackwell, 1984))．ローティもこの理解を受け入れている (R. Rorty, *Contingency, Irony, and Solidarity* (Cambridge University Press, 1989) at 14–16).

すれば，他人とのコミュニケーションが成功するか否かは，ボア・コンストリクターが一定の刺激に対してわれわれの期待通りに反応するか否かと同じ基準でしか判断しえない．この観点からすれば，自分の周りで暮らす人々が本当に心の通いあう人間なのか，人間と同じ恰好をしたボア・コンストリクターなのかは区別できない(あるいは区別することに格別の意味はない)．しかし，ことばの意味には，行動の単なる外形的一致や，行為者の心理的拘束感を超える規範的側面がなければならない．単なる行動の外形的一致や心理的拘束感が，「規則に従うこと」のすべてだとすると，ここでもウィトゲンシュタインのパラドックスが再び顔をのぞかせる．なぜなら，限られた数の過去の経験から，無数の可能的事例におけるパターンの一致を引き出すことはできないからである[14]．ウィトゲンシュタインは，人々が一定の「慣習 custom」「実践 practice」そして「制度 institution」に属することが，ことばの意味の理解を可能にすると述べる．これらによって構成されるのが，人々の共有する生活様式(form of life)である[15]．ことばの意味は，人々が共有するこれらのルールや規

14） McDowell, *supra* note 12, at 281.

15） Wittgenstein, *supra* note 5, ss. 198, 199, 202, & 241.

規則に従うことに関するウィトゲンシュタインの議論をいかに理解すべきかについては，個人主義的 (individualist) 読み方と社会学的 (sociological) 読み方の二つの立場がある．個人主義的読み方は各個人がことばの意味を直ちに理解できるという側面を強調する．われわれが規則に従うことができるのは，溺れそうになったときに「助けて!」と叫ぶのと同様，われわれが与えられた規則に対して本能にもとづく自然な反応をすることができるからである．いったんことばの意味が理解できれば，それを予想される将来の可能な事例にどのように適用すべきかもたちどころに理解できる．個人主義によれば，ことばの意味が規範的側面をもつということも，われわれの本来の自然な性向に従うべきだということを意味している．したがって，ロビンソン・クルーソーのように孤島で暮らす個人が自らの創設した規則に従うということも十分に可能である．

これに対して，社会学的読み方によれば，ことばの意味はことばの個々の場合における適用の中にしか存在しない．あらゆる人がことばの意味を本能的に直覚し，その無限の適用のあり方を直ちに理解することはありそうもないことである．これは，財の価格が個々の取引を通じてしか現れず，厳密にいえば，過去の取引における価格と将来の予想される価格しか存在せず，「現在の価格」なるものがフィクションにすぎないのと同様である．もちろん教育を受け，社会化された人が，+2 の具体的適用において回答に迷うことはほとんど考えられないが，それにもかかわらず，たとえば，10+2 の答えが何かは，厳密には，個々の適用事例において当該社会のメンバーが一致してそれに 12 という答えを与えるということでしか確証できない．社会のメンバーの一致した答えに反する答えは間違っているという限りで，ことばの使用は規範的側面をもつことになる．したがって，孤島のロビンソン・クルーソーが規則に従うことは，彼の想像する仮想の仲間たちが個々の事例においてその規則の適用につきどのような結論を下すかについての彼自身の予想が一致するか否かという比喩的・類比的な意味を除けば，ない．規則はあくまで社会的

約によって直ちに了解可能であり，解釈，つまり他のことばによる置き換え(再定式化)を必要としない．

4　解釈と意味論・語用論

このようなウィトゲンシュタインのパラドックスの解決(あるいは解消)からわかることは，解釈は例外的であり，また例外的であらざるをえないということである．ことばの意味，テクストの意味は，通常は，人々が共有するルールや規約(convention)によって直ちに明らかになる．アンドレイ・マルモア博士は，以上のウィトゲンシュタインの分析から，解釈と意味論(semantics)との区別を引き出している．

意味論とは，言語表現の意味を理解するとはどのようなことかを論ずる学科である．真理条件分析(truth-conditional analysis)は，意味論の一つの考え方を示す．真理条件分析によれば，われわれがある言語表現の意味を知るとは，その言語表現を真あるいは偽とする条件は何かを知ることである．もっとも，真あるいは偽といいうるのは，せいぜい事実を叙述する命題(proposition)のみである．命令や許可，約束や撤回などの規範的発話のような，命題以外の言語表現の意味を理解するためには，真理条件分析によって知りうる言語表現の「狭義の意味 sense」だけではなく，言語表現の「効果 force」をも考慮する必要がある[16]．

これに対して，解釈とは「対象に意味を付与すること」として定義できる[17]．対象に意味を付与することが必要なのは，対象の意味が明らかではない

な「制度」であり，個人が私的に規則に従うことはありえない．規則に従うとは，社会的制度に参加することである．

ウィトゲンシュタインの個人主義的読み方と社会学的読み方の対立については，D. Bloor, *Wittgenstein, Rules and Institutions* (Routlege, 1997) が明快な解説を与える．同書は社会学的読み方を支持する．同書によると，個人主義を代表するのは，C. McGinn, *Wittgenstein on Meaning* (Blackwell, 1984) である．筆者自身は社会学的読み方に同意するが，「解釈」と「理解」との違いに立脚する本文での議論をすすめる限りでは，両者のいずれが正しいかについて結論を下す必要はない．

16) Marmor, *supra* note 4, at 15.

17) *Id*. at 13.

からである．マルモアは，前述のウィトゲンシュタインの分析を参照しつつ，意味論は，ルールや規約によって直ちに明らかとなる言語表現の意味を取り扱うのに対し，解釈はそれ以外の意味，つまり人々によって共有されたルールや規約によっては明らかとならない意味を取り扱う活動であるとする[18]．真理条件分析によって意味の明らかとなる命題に限らず，その効果が問題となる規範的発話に関しても，その意味は通常は社会で共有されたルールや規約を参照することで明らかとなる[19]．

解釈が必要となる場合，解釈は当該解釈共同体（interpretive community）が共有するパラダイムを参照しつつ行われることが通常であろう．ただ，パラダイム，つまり当該解釈共同体のメンバーが共通して認めている解釈の模範例は，ことばの意味を決めるルールや規約とは異なる[20]．ルールや規約に反する言語の使用は「誤った使用」であるが，パラダイムに反する解釈も「誤った解釈」とはいいがたい．解釈について，誤っているか否かを問うことは意味をなさない．

マルモアによれば，発話者の意図と用いられた言語表現の通常の意味とが乖離した状況を問題にする点で，むしろ解釈は語用論（pragmatics）と共通する．言語表現の意味を確定するルールや規約によっては説明しえない事情によってこの乖離が発生する状況としては，通常われわれがその表現から思い浮かべる背景が，当該表現においては前提とされていない場合がある．たとえば，「ネコがマットの上にいる」という表現からわれわれが思い浮かべる状況は，水平のマットの上にネコが寝ころんでいるというもので，垂直に立ったマットの上端でネコがバランスをとっているという異常なものではない．しかし，二人の宇宙飛行士が無重力空間で縦に掲げたマットの上にネコが立っているという異常な状況の下では，まさにそのような情景がこの表現によって意味される．い

18）*Id*. at 21．解釈と意味分析とがこのように区別される以上は，テクストの解釈が要求される場合に，テクストの通常の意味を引き合いに出すこと，つまりいわゆる「明文解釈」という作業は，的をはずれていることになる．

19）Cf. J. R. Searle, *Speech Act* (Cambridge University Press, 1969)（邦訳（坂本百大＝土屋俊訳）『言語行為』（勁草書房，1986））．

20）Marmor, *supra* note 4, at 21．なお後掲注27参照．ルールとパラダイムとの違いについては，T. Kuhn, *The Structure of Scientific Revolutions* (University of Chicago Press, 2nd ed., 1970) ch. 5（邦訳（中山茂訳）『科学革命の構造』（みすず書房，1971））参照．

かなる状況が背景として想定されているかを，言語表現の意味のみから確定することは不可能である[21].

当該表現の通常の意味とは異なる意図で発話されているにもかかわらず，具体の状況では当事者間に暗黙の前提があるために，コミュニケーションが成り立つこともありうる[22]．たとえば，「今，何時?」という問いに対して「授業はあと5分で始まるよ」と他方が答え，それで当事者間ではコミュニケーションが成り立つ場合である．ここでは，両当事者が念頭に置いているある授業が，特定の時刻，それもあと数分のうちに始まるはずだという共通の了解があるために，コミュニケーションが成り立つ[23].

表現の意味を決めるルールや規約によっては説明しえない事情によって言語表現を理解しうるか否かが分かれる局面を問題にする点では，解釈と語用論とは共通する[24]．しかし，語用論が問題とするのは，コミュニケーションの受け手が発話者の現実の意図 (actual intention) を理解したか否かに限られるのに対し，発話ないしテクストの理解としての解釈は，現実の発話者の意図だけではなく，仮想の発話者 (fictitious speaker) の意図をも問題にすべき場合がある．たとえば芸術作品の解釈は，制作者が実際に何を意図してその作品を制作したかを追求することには限られない．シェークスピアが『ハムレット』によって何を表現しようとしたかを論ずる場合には，現実に彼がどのような意図をもっていたかに限らず，いかなる意図であれば彼として受け入れることができるか，また，もし彼が現代社会に生きていたとすれば，何を意図したと考えることができるか，さらに，彼がフロイトの学説を知っていたとすれば，何を意図したと考えることができるかをも論ずることが可能である[25].

つまり，解釈とは対象に意味を付与することであるといわれるとき，そこでいわれている「意味」とは，ルールや規約によって定まる意味論上の意味ではなく，語用論が扱う発話者の意図である．解釈とは，意図を付与すること，つ

21) Marmor, *supra* note 4, at 26–27.

22) この暗黙の前提は，グライスによって implicature と名付けられた．Cf. P. Grice, *Studies in the Way of Words* (Harvard University Press, 1989) at 24–26.

23) Marmor, *supra* note 4, at 27–28.

24) *Id*. at 28.

25) *Id*. at 31.

まりある行為や表現によって何が意図されたかを明らかにすることである．しかし，語用論の場合と異なり，解釈は実際の発話者の意図のみではなく，仮想の発話者の意図をも問題にする[26]．発話者の意図は，したがってさまざまな抽象のレベルで問題にすることができる．そして，抽象の度合が高まるにつれて，発話者の仮想性もたかまることになり，解釈は次第に意図の創作 (invention) に近づいていく．

以上で述べた通り，マルモアによれば，解釈とは，一般に共有されたルールや規約によっては明らかとならない意味を現実あるいは仮想の発話者に付与することである．ルールや規約によってテクストの意味が明らかとなる場合には，それに対して重ねて解釈が要求されることはない．人々の行動の規則についても，通常われわれは解釈をすることなく，その意味を理解し，それに従い，あるいはそれに違反する．他方，ウィトゲンシュタインも，規則の適用に関して解釈が必要となる余地がないと考えたわけではない．規則の文言からするとある種の行動がそれに適合しているか否かが，既存のルールや規約に照らしても判断しにくい場合はある．そのときは，規則の再定式化，つまり解釈が必要となる[27]．

何が規則の適切な解釈であるかを決するにあたっては，規則の目的，制定者がそもそもどのような意図でそれを制定したかが重要な役割を果たすことがあると，マルモアは指摘する[28]．ここでいう制定者の意図とは，テクストの文面自体から明らかとなる制定者の意図ではなく，そこに示されていない制定者の意図である．法律の解釈における「立法者意思」に相当する．以下では，なぜ

26） *Id.* at 32.

27） *Id.* at 153. このような場合は，ウィトゲンシュタインが指摘するように，言語の迷宮 (labyrinth of paths) としての性格が前面に表れ，われわれは見通し (clear view) を失って途方に暮れることになる (Wittgenstein, *supra* note 5, ss. 122 & 203)．このように「解釈」が必要となる場合には，パラダイム，つまり人々に共有された模範例がその役割を一定限度において果たすことになる．われわれは模範例をもとに，それと直面している事例とを関連づける中間事例 (intermediate cases) を想起することで，意味を明らかにしようとする (*id.* s. 122)．以上の点については，本書第4章第3節参照．

なお，数学上の証明は見通しのきくものでなければならないというウィトゲンシュタインのコメントもこの点に関連する (L. Wittgenstein, *Remarks on the Foundations of Mathematics*, revised ed. (Blackwell, 1978) Part III, s. 1)．誰もが証明の手順を明らかに理解し，必要に応じて再現できることが証明であることの要件である．解釈を要求する証明は証明ではない．

28） Marmor, *supra* note 4, at 154.

文面に表現されていない制定者の意図が尊重に値するかに関するマルモーの見解とそれに対するジェレミー・ウォルドロンの批判を紹介し，立法者意思がいかなる理由により，どの程度まで制定法の解釈にあたって尊重に値するかを検討する．

5　誰の意思が問題となるのか

マルモアは，制定法の解釈にあたって立法者の意思が尊重されるべきだといわれる際，実際には誰の意思が問題となるのかをまず検討する[29]．特に疑義が生ずるのは，立法者といわれる機関が複数人から，時には数百人ものメンバーからなる合議制の機関である場合である[30]．

株式会社のような社団法人では，その法人の意思は理事や代表取締役といった特定の個人の意思によって示される．それら特定の個人の意思を法人の意思とみなすルールないし規約が確立しているからである．これは，個人の意思についても同様である．「私は……と約束する」という発話のなされた事実から，発話者に約束する意思が帰せられるのも，そのようなルールないし規約が社会的に広く受け入れられているからである[31]．

他方，合議制の立法機関については，誰か特定の個人の意思をもって当該機関の意思とする確立されたルールや規約はない．そもそも，合議制の機関については，当該機関の意思なるものが，議決されたテクスト以外に存在しうるのかという疑問がある．

もっとも，マルモアによれば，この問題はさほど困難なものではない．当該立法機関を構成するメンバーの多くによって共有（share）されている意思を立法者意思と考えれば足りるからである．合議制の機関に意思を帰しうるのかという形而上学的問題に答えなくとも，多くのメンバーによって共有された意思を知ることは，少なくとも原理的に不可能とはいえない[32]．それがいかなる場

29）*Id*. at 156.
30）*Id*. at 159.
31）*Id*. at 159–60.
32）*Id*. at 162.

合に，どの程度まで解釈にあたって尊重に値するかを検討する余地はなお残ることになる．

6　なぜ立法者の意思を尊重すべきか

では，裁判官は，なぜ制定法の解釈にあたって立法者の意思を尊重すべきなのであろうか．マルモアによれば，民主制原理は，立法者意思を尊重すべき根拠としては役に立たない[33]．民主制原理を，単純な多数決原理として理解するとすると，それを尊重すべきだという主張は端的なポピュリズム (populism) であり，ほとんど正当性をもたない．たとえ，ポピュリズムを奉じて多数者の意思に従うべきだと前提したとしても，そのとき裁判官は，有権者の多数の意思に従うべきなのであって，必ずしも立法者意思に従うべきだという結論は導かれない．

他方，民主制原理にもとづく議論を，有権者によって選挙され，有権者に政治責任を負う代表の選択を裁判官は尊重すべきだという議論として受け取ることもできる．しかし，有権者の代表が選択したものとは何かといえば，それは採択されたテクストに他ならない．議員の多数の支持を獲得したものを明確に確定するためにこそ，立法府は特定のテクストを対象として議決を行う．テクストに表現されていない立法者意思を尊重すべきだとの結論は，やはり直ちには導かれない[34]．

さらに，民主制原理からすれば，第一義的に尊重されるべきなのは，何より現在の立法者意思でなければならない．しかし，それは当該テクストを議決した際の立法者の意思とは必ずしも一致しない．問題となるテクストに関する現在の立法者意思が制度的に表明される仕組みは存在しない[35]．いずれにせよ，公式に明らかにされないその時々の立法者意思が人民の行動を拘束すべきいわれはない．したがって，立法者意思を尊重すべきだという見解を筋の通った形

33）*Id*. at 174ff.

34）*Id*. at 175.

35）トロペールの紹介する立法府緊急解釈 (référé législratif) の手続は，テクストに対する現在の立法府の解釈を公的に明らかにする仕組みであった． Cf. M. Troper, *La séparation des pouvoirs et l'histoire constitutionnelle française* (L. G. D. J., 1980) at 58-68.

で理解しようとすれば，そこでいわれている立法者意思は，当該テクストを議決した際の立法者の意思でなければならないはずである[36]．

マルモア自身は，裁判官が制定法の解釈にあたって立法者意思を尊重すべき根拠は他にあると考える．彼はジョゼフ・ラズ教授の提唱する権威の通常正当化（normal justification）テーゼを出発点とする．このテーゼによれば，実践的権威（practical authoriy）の正当性の根拠とその範囲は，次のように説明される．人々が権威が命ずるよう行動しなければならないのは，権威に命じられたか否かにかかわりなく，そうすべき独立の理由があるからであり，それにもかかわらず権威の存在に意義があるのは，権威の指示とは独立に，各自の判断で自らに妥当する理由に合致した行動をとろうとするよりも，権威の命令に従った方が，各自に本来妥当する理由によりよく合致した行動ができるからである[37]．人々が雨に濡れるのが嫌で，今日雨が降るかどうかを各自で判断して外出時に傘を持参するかどうかを決めるよりも，気象予報士の予報に従った方が，より適切な行動ができる場合とパラレルである．

マルモアによれば，このように人々が権威の指示に従った方が，本来自分がとるべき行動をよりよくとることができる状況には，二つの類型がある[38]．一つは，子どもがいかに行動すべきかについて親の方がよくわかっているのと同じように，人々がいかに行動すべきかについて権威の方がよく知っている場合であり，第二は，権威が必ずしもすぐれた知識経験を有しているわけではないが，当該問題を解決するにあたって，一般の人々よりも適切な立場にある（better situated）場合である．第一の類型の典型は，権威が一般の人々にはない専門的・技術的知見を有している場合であり，第二の類型の典型は，権威が社会の中で目立つ（salient）立場にあるために調整問題（co-ordination problem）を適切に解決しうる場合である[39]．

36）A. Marmor, *supra* note 4, at 176.

37）J. Raz, *The Morality of Freedom* (Clarendon Press, 1986) at 53; 本書第1章第2節参照.

38）Marmor, *supra* note 4, at 123 & 177.

39）マルモアは，ここでは，個々の決定の内容よりも何らかの決定がなされること自体が重要である状況を広く「調整問題」と呼んでおり，この広い概念には，公共財の供給を含む「囚人のディレンマ状況」も含まれる（*id.* at 177, n. 23）．調整問題とその解決については，さしあたり本書第1章第2節，長谷部・前掲注3，第2章参照.

マルモアによれば，立法者意思に従うべきか否かを論ずるにあたって，この二つの類型の区別は核心的な重要性をもつ[40]．権威に従うべき理由が，権威の有するすぐれた知見にあるのであれば，権威の命令の解釈にあたって，その背景にある権威の意図を尊重すべきことは当然である．医師の書いた処方箋をもって薬局に赴いたところ，処方に適合する薬品が複数あった場合，患者としては，医師がどのような意図でその処方を行ったかを勘案していずれの薬品を購入すべきかを判断しようとするであろう．コンピュータの専門家にどのようなコンピュータを購入すればよいかを聞いて販売店に赴いたところ，専門家の述べた特性に適う機種が複数あった場合も同様である．

他方，権威に従うべき理由が調整問題の解決にあるのであれば，権威の命令が解釈を必要とした場合，命令の背後にある権威の意図を斟酌すべき特別の理由はない．この場合，権威の命令が解釈を要する状況とは，二階の調整問題が発生したことを意味するのであるから，それは容易に他の権威，つまり裁判所によって解決されうる[41]．

つまり，テクストの背後にある立法者意思を尊重すべきなのは，一般人にはない専門的知見によって制定法への服従が正当化される場合であり，かつその場合に限られる[42]．これに対して調整問題状況を解決するために立法がなされた場合には，その解釈にあたって裁判官が立法者意思を，たとえその確定が可能だとしても，参照すべき理由はない．

以上のようなマルモアの議論からは，以下のようないくつかの帰結が導かれる．第一に，一般人にはない専門的知見といったものがありえない問題，たとえば個人の倫理については，立法者意思を解釈において尊重すべき理由はない[43]．

第二に，立法の背景にある専門的知見が立法の正当化根拠となっている場合

40) Marmor, *supra* note 4, at 176–79.

41) 前掲注 9 で触れたトロペール理論に対する筆者の読み方を参照．もっとも，ドゥオーキンが指摘するように，法の安定性と予測可能性を保障する一つの方策として，法解釈にあたって立法者意思を最大限に尊重すべきだとの原則を司法部が採用することはありえよう (R. Dworkin, *Law's Empire* (Harvard University Press, 1986) at 365–69).

42) Marmor, *supra* note 4, at 179.

43) *Id.* at 181.

には，裁判官は，制度上の立法者，つまり議員の多数によって共有された意図だけではなく，もし，そうすることが立法の正当な目的や適切な適用のあり方の解明に資するのであれば，立法の準備段階における審議会での議論や政府官庁の報告書等をも参照すべき場合があることになる[44]．

第三に，より古い立法とより新しい立法とを比べた場合，解釈にあたって立法者意思を尊重すべき論拠は，より新しい立法について強く妥当することになる．専門的知見は時とともに発展するし，立法の背景となる状況も変容するからである[45]．

第四に，テクストに表現されていない立法者意思にも，大きく二つの類型を区別することができる．立法を正当化する理由に関する立法者の意図(立法目的)と，どのような具体的対象に適用されるべきかについての立法者の意図とである．このうち，前者に比べると，後者を尊重すべき理由は弱い．立法目的と立法手段との適合関係は，具体的事実に照らして験証しうる可能性が高いからである．また，目的手段の適合関係は，適用される状況に応じて変化しやすく，あらゆる適用状況を事前に立法者が予見しうるとは考えにくい[46]．

第五に，以上の議論のコロラリーとして，憲法典に関しては，そのテクストの漠然性と多義性のため解釈が必要となる場合が多いにもかかわらず，テクストに示されていない制定者意思を尊重すべき理由は乏しいという結論が導かれる．まず，憲法制定に関して，誰を制定者と考えるべきかが判然としない上，制定者によって共有された意思を見出すことがきわめて困難であることはしばしば指摘されている[47]．とりわけ，憲法が国民投票によって制定される場合には，この困難が増幅した形で現れる[48]．また，憲法典の多くは何世代も前に制定されたものであり，政治的－社会的環境も考え方も変化している．フランス人権宣言が採択されたときの考え方に従って現在のフランス憲法院が「平等」を保障すべきだと考える人はさほど多くないであろう[49]．さらに，憲法典のテ

---

44)　*Id.* at 182.

45)　*Ibid.*

46)　*Id.* at 183.

47)　Cf. J. Waldron, Legislators' Intentions and Unintentional Legislation, in *Law and Interpretation*, ed. by A. Marmor (Oxford University Press, 1995) at 133.

48)　Burdeau, et al, *supra* note 2, at 66.

49)　Cf. *Ibid.*; Waldron, *supra* note 47.

クスト，特に権利保障に関する条文は，政治道徳にかかわっており，それは憲法制定者に特別の専門的知見を期待すべき問題とはいいがたい．マルモアも，立法者意思に関する彼の議論はもっぱら法律以下の制定法に妥当することを予定したもので，憲法典を想定したものではないとしている[50]．

7　ウォルドロンの批判

以上のようなマルモアの立法者意思に関する議論に対して，ジェレミー・ウォルドロン教授は多岐にわたる批判を加えている．以下では，その骨子を紹介する．

第一に，現代民主政の下での立法作業は，系統だった特定の意図にもとづく作品(法律)の制作というよりは，多様な見解や選択を input した結果，所定のルールに従い，争点ごとにそのときどきの多数派の選択が集計されて結論が産出される機械的な手続に近い．当初に input される個々の意見や選択は，それぞれ特定の意図にもとづくものかもしれないが，最終的な生産物である法律の産出については，特定の整合的な意図などどこを探してもない[51]．したがって，制定法の背後に，それを支える特定の立法者意思を見出すことができるという想定は非現実的である．

他方，それでは系統だった特定の意図にもとづかない立法に権威，つまりそれに服従すべき正当な理由はありえないかといえば，そうではない．ラズの通常正当化テーゼは，必ずしも特定の人間が立法者であったり発話者であったりする場合でなくとも，適用可能だからである．人々が各自の判断に従うよりも，所定のルールに従った方が自分に妥当する理由によりよく従った行動ができる状況を想定することは可能である[52]．

ウォルドロンは，特定の立法者の意思を想定しなくとも，制定法に権威を認めうる場合として，次の三つの事例を挙げる[53]．第一は，功利主義的に立法が

50) Marmor, *supra* note 4, at 172–73.

51) Waldron, *supra* note 47, at 336–440.

52) *Id.* at 340–42.

53) *Id.* at 342ff.

正当化される場合である．つまり，各個人の選好が正確に集計され，それを立法府のメンバーが誠実に代表すれば，多数決で議決された制定法は社会全体の幸福の最大化をもたらすことになる．もちろん，このような結果がもたらされるためには，選挙制度や議会での審議・採決のあり方について，さまざまな条件が満たされる必要があるが，制定法が社会全体の幸福を最大化するために功利主義的に正当化される場合には，仮にどの特定の個人も最終的な法律を意図したとはいえなくとも，なお当該制定法は正当性をもちうることになる．逆にいえば，制定法の解釈が必要となった場合に，テクストに示されていない立法者の意思，つまりいずれかの個別利益を代表する個々の議員の意図を勘案すべき理由は乏しい[54]．

第二に，コンドルセの定理が機能する場合がある．コンドルセの定理とは，ある集団のメンバーが二つの選択肢のうち正しい方を選択する確率が平均して2分の1を超え，かつ各メンバーが相互に独立に投票をするならば，その集団が多数決によって正しい答えに到達する確率は投票に参加するメンバーの数が増えれば増えるほど増大し，極限的には1に近づくというものである[55]．民主的立法に応用するためには，功利主義的正当化の場合とは異なり，個々の議員は，個々人の私的利害にもとづく判断ではなく，社会全体の利益，つまり一般意思はいずれにあるかを勘案しながら投票する必要がある．また，コンドルセの定理からすると，多数決によって正しい判断に到達するためには，各議員は独立して投票する必要がある．党派的投票規律によって実質的な投票者の数が減少すると，多数決が正しい結論に到達する確率は減少するからである．

コンドルセの定理によって法律の正当性が支えられる場合にも，法律の解釈が必要となった場合に，テクストに現れていない立法者の意思を勘案する理由はない．コンドルセの定理は，議決されたテクストについてのみ妥当するもの

54）*Id*. at 343–44 & 349–50.

55）B. Grofman & S. Feld, Rousseau's General Will: A Condorcetian Perspective, *American political Science Review*, vol. 82 (1988) no. 2 at 569–70; 本書第6章．逆に，メンバーが正しい選択を行う確率が平均して2分の1未満であれば，メンバーの数が増すにつれて多数決が正しい答えを導く確率は減少し，極限的には0に近づく．サンプルの数が増えれば，その平均値が全体の平均値に近づく確率は高まるからである．

であって，個々の議員がどのような意図で選択を行ったかとは関係がないからである[56].

第三に，アリストテレスが多数者に政治を委ねるべき理由として掲げる事情があてはまる場合がある．アリストテレスが『政治学』第3巻第11章で説くところによれば，多数者による政治が正しい結論を導く理由としては，多くの人々が各自の多様な見解や知見をつきあわせ，綜合することで，全体としては，そのうちのどのメンバーよりもすぐれた判断を下すことができることが挙げられる．もちろん，これは理性的な審議や説得にもとづいて最終的な議決が行われることを前提とした議論である．このアリストテレスの議論は，第二のコンドルセの定理が妥当する状況と両立可能である．採決に参加する議員が，投票規律によってではなく，理性的な審議ののち，各自がその選択をした場合でもコンドルセの定理の妥当条件である各メンバーの独立した投票といいうるからである[57].

このアリストテレスの議論が妥当する場合にも，制定法の背景にある立法者意思に遡るべき理由は乏しい．理性的な審議の結果，議会全体は，個々のどの議員よりもすぐれた判断をなしうるはずであり，したがっていずれの個々の議員の意図も，最終的な法律に現れた判断よりもすぐれたものとはいいがたいはずだからである．たとえ，個々の議員が理性的な審議の結果，全体と同じレベルのすぐれた知見へと到達していたとしても，審議の過程の記録から，そのすぐれた知見と合致する発言を見出すことは容易ではない[58].

結局のところ，以上のいずれの議論があてはまる場合にも共通するのは，立法過程に関与したいかなる個人の意思をも特別に重視すべき理由はないということである．立法を尊重すべき根拠はあくまで最終的議決の結果としての制定法に服従すべき正当な理由があるというものであり，input される個々の選択や見解が尊重されるべきだとの理由にもとづいてはいないからである[59]．この

56） Waldron, *supra* note 47, at 344–46 & 350–51.

57） J. Waldron, Democratic Theory and the Public Interest: Condorcet and Rousseau Revisited, *American Political Science Review*, vol. 83 (1989) no. 4, at 1327; 本書第6章注5参照.

58） J. Waldron, *supra* note 47, at 346–48 & 351–52.

59） *Id.* at 348–49.

ために，生産物としての立法は，立法者自身に対しても権威をもちうることになる[60]．そして，いずれかの議論が妥当する場合には，そしてその限りにおいて，マルモアの議論，つまり解釈において制定法に表現されていない立法者意思を尊重すべき場合があるとの議論は妥当しないことになる[61]．

8　立法の民主的正当性と権威

マルモアの議論の特色は，立法者意思の権威を説明する論拠として，立法者の専門的知見に依拠し，立法の民主主義的正当性に依拠していない点にある．これに対して，ウォルドロンは，制定法の権威を，それを生み出す民主主義的立法過程の特色と結び付けており，民主的立法過程のあり方から制定法に権威を認めうる三種の状況においては，テクストに表現されていない立法者の意思を尊重すべき理由はないと主張する．

一見してわかることは，両者の議論の方向に若干のずれがあることである．ウォルドロンの指摘する三種の論拠にもとづく立法の権威は，制定法の意味が解釈によることなく明らかである場合を念頭に置いている．逆にいえば，制定法の意味が不明瞭で解釈が必要となった場合，裁判官として頼るべきものはほとんど残されていない．改めて不明な部分について，個人的選好や一般意思に関する判断の集計を行うか，あるいは改めて理性的審議と議決を待つかしかない．

これに対して，マルモアは，制定法の解釈が必要となったとき立法者意思を斟酌すべき場合がそもそもありうるのか，そして，それがあるとすれば，どのような場合がそれにあたるかというきわめて限定的な問題を論じている．マルモアのいう，立法者の専門的知見を尊重すべき場合がありえないことをウォルドロンは証明しているわけではない．三種類の立法の民主的正当化論拠があてはまる場合には，マルモアの議論は妥当しないとの指摘にとどまっている．おそらく，マルモアとしては，ウォルドロンの議論をすべて受け入れたとして

60）*Id*. at 349.
61）*Id*. at 343.

も，さして痛痒を感じないのではなかろうか[62].

それでは，民主的に選挙される多数の議員から構成される立法府であるにもかかわらず，なおマルモアの議論が妥当するようなケースとして，いいかえればウォルドロンの描くモデルがいずれも妥当しないようなケースとして，どのような状況が考えられるであろうか．少なくとも以下のような状況は，それにあたると考えられる．それは，立法府の議席の過半数を占める規律の硬い与党ないし与党連合が存在して，最終的な条文の議決についての権限を独占する一方，この与党ないし与党連合が立法の企画・立案にかかわる専門的技術的知見については別の組織，たとえば官僚制に依存している状況である．法律の産出に関する制度的決定権限を独占する与党と専門的知見を生産し，供給する官僚制とが分業・結託している状況といいかえることもできる．このような場合，制定法の解釈にあたって参照すべき立法者の意思とは，専門的知見を供給し，最終的な生産物である法律の品質，つまりその合理性・整合性を立法過程において担保した少数のエキスパートの意図がそれにあたるということになろう．

ここに描かれた状況では，与党議員は党の指令にもとづいて，常に一体として投票する．したがって，次のような帰結が，ウォルドロンの描く三つのモデルに関して導かれる．第一に，個別の議員がそれぞれ各自の支援母体を代表し，独立して行動する場合と異なり，与党議員が常に一体として行動する場合には，社会全体から見ればきわめて部分的であるにもかかわらず，コンパクトで強力な資源を有する特殊利益がこの与党ないし与党連合を取り込む蓋然性が高くなる．分散して行動する多数の議員より，一体として行動する党派の幹部と交渉する方が，取引費用が低下するからである．このため，前述した功利主義的正当化のモデルが妥当する可能性は低くなる．

第二に，議員の過半数が投票規律にもとづいて一体として投票する以上，コ

62）ウォルドロンの描くような三種の立法のあり方は，もし実現するとすれば，公共財の供給問題，つまり一種の囚人のディレンマ状況の解決にあたって実現することが通常であろう．注 39 で指摘した通り，マルモアの理論からすると，この種の立法の解釈が必要となった場合にも，広義の調整問題の一種として裁判官にその解決を正当に委ねることができる．

ンドルセの定理にもとづいて，産出された法律が正当化される余地はない[63].

第三に，組織内部での理性的な審議にもとづいて投票がなされるわけではなく，党幹部の指令にもとづいて一体として投票がなされるのであれば，アリストテレスの議論も妥当しない．そもそも，理性的な審議と採決が可能であるほどの専門的知見や理解力が個々の議員に備わっているのであれば，一方で硬い投票規律の必要性はそれだけ低下するはずであり，他方で専門的知見を供給する官僚組織との分業・結託の必要性も低下するはずである．

別のいい方をするならば，いま検討しているような状況においては，産出された制定法にウォルドロンのいうような民主的な正当性があるとはいいがたいということになる．残されているのは，マルモアが指摘する専門的知見による権威か，あるいは調整問題を解決する機能という立法の民主的正当性とは無関係な根拠にとどまる．

結局のところ，制定法の解釈にあたって立法者意思を尊重すべきだという主張は，民主主義に関する通常の正当化の議論とは折り合いがつきにくいということになる．ただし，それは立法者意思にもとづく解釈を放棄すべきだという結論を直ちには導かない．当該政治体制が民主政の通常の正当化論とは乖離した形で運営されているというだけのことかもしれないからである．そして，そのような状況の下でも立法の背景にある専門的知見あるいは立法の果たす調整問題の解決という機能に照らして，なお立法に服従すべき場合はありうる[64].

---

63)　グロフマンとフェルドは，ルソーが国家内部の結社や部分社会に対して敵対的な立場をとり，これらが一般意思の形成を阻害すると主張した背景には，結社の投票規律によって実質的な投票者の数が減少すると多数決が正しい決議を生み出す確率が減少するという理論的根拠があったと解釈する (B. Grofman & S. Feld, Democratic Theory and the Public Interest: Condorcet and Rousseau Revisited, *American Political Science Review*, vol. 83, no. 4 (1989) at 1331–33; 本書第6章第3節参照.

64)　本章の結論から導かれる逆説的な帰結の一つは，専門的知見を有する人にとって，現在の立法過程が民主的正当性を欠いた形で運営されていると認識することと，そこでの立法作業に自身が参画することとの間に矛盾はないということである.

第9章　司法審査と民主主義の正当性

裁判官が行う司法審査と民主主義との間には，「厳しい緊張関係」があるといわれる[1]．この問題にかかわる論点は，そもそも司法審査と民主政がいかにして両立しうるのかという抽象的・理論的レベルのものから，司法審査は民主政と調和する役割を果たしうるのか，そして現に果たしているのか，という具体的・経験的レベルにいたるまでさまざまである．

民主主義との関係で司法審査を正当化しうるかという問題については，多様な議論が提示されているが，これらのうちいずれか一つのみが正しく，他のものは誤っているという硬直的・一元主義的な態度をとる必要はない[2]．以下では，この問題に関する日本の憲法学の取り組みを整理するため，まず理論的なレベルで両者の整合をはかる議論を二つの類型に整理して取り上げる．一つは，リベラリズムに立脚する議論であり，もう一つは民主政の自己保存の必要性に着目する議論である．

1　リベラリズムと価値判断の多元性

リベラリズムが司法審査にまず期待するのは，人権の保障である．人として当然に享有する権利を多数者の圧制からも保障するからこそ，司法審査は正当とみなされる．

この類型の議論が，司法審査の正当化になお成功していないとして批判される際，しばしばもち出されるのが価値判断の多元性という誰もが認めざるをえない事実である．人として当然保障されるべき権利が何かは，道徳一般につい

1）野坂泰司「『司法審査と民主制』の一考察(1)」国家学会雑誌 95 巻 7–8 号 (1982) 392 頁．
2）芦部信喜『憲法学 II』(有斐閣，1994) 225 頁注 5，参照．

てと同様，人によって考えが異なる．人がいかに生きるべきかに関する包括的・根源的な善の観念が多様である以上，人権についても多様な考え方があるのは自然である．そうであれば，なぜ裁判官が，この人によって意見の異なる問題について正しい答えを知ることができるのか．客観的な正解がないのであれば，なぜ裁判官にその決定権を与えることが正当化できるのか．この疑問は一見したところ，説得的である．

この疑問に対するリベラリズムの反論も一様ではない．ここでは，一つの応答の仕方を描写する[3]．

人がいかに生きるべきかという包括的な善の観念について，人によって考えが異なるのは当然であり，それはむしろリベラリズムの存立根拠である．歴史的にも，宗教改革後の激烈な世界観の闘争の中から近代立憲主義は生まれた．相互に比較不能な道徳や宗教が「神々の闘争」を遂行する中で，人々が社会生活を営み協働の便宜を享受するためには，社会の共通の利益について理性的な討議を通じて決定する公共空間を切り拓かねばならない．多様な善の観念を抱く諸個人は，社会全体の利益にかかわる問題に関する限り，いかに生きるべきかに関する各自の道徳を一応括弧に入れ，他の人々とともに共通の議論のルールと枠組みに沿って討議し決定する民主的政治過程に参加する必要がある．社会に生きるあらゆる人に承認される人権は，この公共空間と各自の私的空間とを切り分ける境界線に他ならない．いかに生きるべきかに関して，自分で考え，自分でそれを実行しうる空間が保障されない限り，人は社会生活に参加することに利益を見出さず，公共空間を支えるインセンティヴを持ちえない．リベラリズムの唱導する人権は，民主的な政治空間の支柱をなす．

したがって，裁判官は，多様な競合する包括的な善の観念のうち，いずれが正しい観念であるかを決することを期待されているわけではない．むしろ，公共の場と私的な領域とを適切に切り分けることで比較不能な世界観を抱く人々が共存しうる境界条件を定め，それを維持することが期待されている．形而上

3) この応答は，基本的に J. Rawls, *Political Liberalism* (Columbia University Press, 1993) に即したものである．本文で示したリベラリズム理解について，より詳細には，本書第4章を参照されたい．そこでも述べたように，本文で示したリベラリズムは，政治的公共空間にその射程を限定したものであり，個人の生の全領域を包括するものではない．

学的な闘争・対立の存在はリベラリズムの妥当性を掘りくずすものではなく，逆にその存立を基礎づける．

2　「伝統的裁判官」と「政治的裁判官」——樋口＝小田中論争の一側面

裁判官のあり方をめぐる樋口陽一，小田中聰樹両教授の論争も，リベラリズムの観点から見ていかなる裁判官の役割が正当化できるかという問題にかかわっている[4]．

樋口教授が提示した「伝統的裁判官」像は，「政治」の世界から独立していることをその特質とする．非政治的である以上，当然のことながら「伝統的裁判官」は狭い意味での政党政治や経済的利害から独立していることを要求されるが，それは司法の独立の最低限の要請であろう．樋口教授の議論のユニークな点は，裁判官が包括的な善の観念，つまり個々の裁判官が抱く世界観からも独立していることが要求される点である．

裁判官は，自らがコミットする包括的な善の観念に従って裁判すべきではない．裁判官に求められる「良心」は，あくまで司法に伝統的に備わる「専門合理性」と「自律性」に即した裁判官としての職業倫理である．であるからこそ，個々の裁判官に特定の世界観からの完全な離脱を要求する石田コートの下での最高裁判所の態度は，この伝統的裁判官像を歪め，裁判官を「政治」化するものとして非難されるべきこととなる．裁判官であるためには「個人としての良心」と「裁判官としての良心」の二つの分裂した良心が必要となる．「裁判官としての良心」は，「個人としての良心」が何を求めようと，伝統的な「専門合理性」に即した裁判を要求する．そして，その「専門合理性」の根底には，「少数者の利益の擁護，すなわち人権の思想がある」[5]．

「伝統的裁判官」像に対して，「政治的多数派」とは異なる「真の社会的多数者の利益」を斟酌する「民主的裁判官」像を提示する小田中教授への樋口教授

4）樋口陽一『司法の積極性と消極性』（勁草書房，1978）第7–9章，同『比較の中の日本国憲法』（岩波書店，1979）第IV章，小田中聰樹『続・現代司法の構造と思想』（日本評論社，1981）226頁以下参照．

5）樋口陽一「裁判と裁判官」樋口陽一＝栗城壽夫『憲法と裁判』（法律文化社，1988）76頁．

の回答は，以上の解釈を補強する．ことばの通常の意味では，裁判所は少数者の利益を政治的多数者からのみではなく，社会的多数者からも擁護する必要があるはずである．これに対して，「真の社会的多数者」を，人権の擁護を「欲すべきはず」の社会的多数者と考えることで，はじめて小田中教授の議論は同意しうるものとなると，樋口教授は主張する[6]．

問題は，なぜ社会的多数者は人権の擁護を「欲すべきはず」かである．樋口教授の理論体系と調和する答えは，それが多元的な価値観が対立する社会の中で公共的問題について理性的に審議し決定する民主的政治過程を維持する前提条件だからというものであろう．公共空間と私的領域との適切な切り分けに意を用いる「伝統的裁判官」は，むしろ真の意味における「民主的裁判官」に他ならないことになる．ただ，伝統的裁判官が人権擁護の役割を専門合理的に粛々と果たすためには，おそらく，人権を擁護する判例が十分に集積されていることが前提となろう[7]．

6） 同上 73–75 頁.

7） 樋口教授は，このような判例の集積を主として下級審裁判官に期待している（樋口陽一編『講座憲法学 3 権利の保障（1）』（日本評論社，1994）269 頁での奥平康弘教授との対論での発言を参照）．教授が最高裁の判例の拘束力について消極的な立場をとるのもそのためである．

なお，樋口教授は，「伝統的裁判官」の実践する「専門合理性」の内実として，法解釈の前提となる「ゲームのルール」の共有を挙げ，それと対比する形で，一定の留保を示しつつもドゥオーキンの「正解テーゼ」を受けて，法律問題における客観的「正解」の追求を理念とする佐藤幸治教授の主張を位置づける（たとえば樋口陽一『憲法』改訂版（創文社，1998）401 頁）．つまり，樋口教授は，法律問題に「正解」は必ずしも存在しないとしながらも，なお裁判官の裁量には一定の限界があると考えていることになる．しかし，この対比の意義は過度に強調されるべきではない．「正解テーゼ」を提唱したドゥオーキンも，現在では，各自の内的視点からすれば一定の「正解」が導かれると述べるにとどまり，文字通りの意味で万人に共通の「正解」がハード・ケースについて存在するという強い主張をしてはいない（R. Dworkin, *Law's Empire* (Harvard University Press, 1986) at 81 & 267）．また，法律家集団に共有される「ゲームのルール」について説明する際，樋口教授が援用するフィッシュも，彼の立場とドゥオーキンの立場の違いをそれほど大きなものとは考えていないかに見える（S. Fish, Almost Pragmatism: The Jurisprudence of Richard Posner, Richard Rorty, and Ronald Dworkin, in his *There's No Such Thing as Free Speech* (Oxford University Press, 1994) at 224–30）．

もっとも，ここで問題となる「ゲームのルール」なるものが，法律家集団に共有される適切な解釈の模範例（paradigm）およびそのパターンを示しているのであるとすると，「ゲームのルール」ということばよりも「パラダイム」ということばの方が適切であろう．ルールに反する解釈は誤った解釈であるが，模範例たるパラダイムに反する解釈は誤った解釈とはいえない．「ルール」と「パラダイム」の相違については，T. Kuhn, *The Structure of Scientific Revolutions* (University of Chicago Press, 2nd ed., 1970) ch. V を見よ．またこの問題については本書第 8 章をも参照．

3　民主的政治過程の自己保存

司法審査と民主政の整合性を説明するもう一つの類型として，司法審査を民主的政治過程の自己保存の手段として位置づける議論がある．

この議論は奴隷契約の比喩を使って説明することができる[8]．奴隷契約の有効性は認められない．一見したところ，契約によって奴隷となる選択も本人の意思にもとづいて契約を締結する自由の一環のように思われるが，奴隷契約の結果，その人の契約の自由はすべて失われる．つまり，この種の契約の自由を認めることは，本人の契約の自由そのものの破壊を導く．したがって，奴隷契約の自由は認められない[9]．

同じように，十分な情報と自由な言論・結社を基礎とし，公平な選挙で選ばれた代表が国政を決定するプロセスとしての民主政は，民主政の基礎となる諸自由を破壊することができないはずである．これらの権利を破壊するならば，民主政自体が破壊されることとなる．したがって，これらの権利を保障するための司法審査は民主主義と整合する[10]．

この議論を拡張すれば，単純な民主政の手続ないし過程を維持するための権利だけではなく，立憲民主政治の構成要素としての実体的な価値である基本的人権を保障する司法審査をも説明することができるであろう．多数決によっても侵害しえない一定の基本的人権を構成要素とする立憲民主政では，多数決によってもこれらの人権を侵害しえない．それが侵害されたときには，立憲民主政の基礎となる実体的な価値を損なうこととなり，もはや立憲民主政とはいえなくなるからである[11]．

---

8)　S. Holmes, Precommitment and the Paradox of Democracy, in *Constitutionalism and Democracy*, eds. by J. Elster and R. Slagstad (Cambridge University Press, 1988) at 238ff.

9)　契約の自由を破壊する契約の自由は，論理的な悪循環を含む自己言及の一例と考えることができる．法的な自己言及については，たとえば長谷部恭男『権力への懐疑』(日本評論社，1991) 27-28頁，159-60頁参照．

10)　松井茂記『二重の基準論』(有斐閣，1994) 参照．

11)　芦部・前掲注2，219頁以下参照．

ただ，この種の議論に対しては，単なる論点の先取りにすぎないのではないかという疑惑が向けられるかもしれない．つまり，主権者たる人民は，そもそも何らの手続・形式をも必要とせず自由に決断を下すはずであり，全能の主権者である人民が自らの手を縛ることはそもそも不可能ではないかという疑問である．人民は，その時々において主権的であるはずであって，前の世代が定めた憲法によって拘束されるいわれはなく，現在の人民による決定が，将来の世代を拘束する理由もない．

全能の主権者が常に「ヌキ身で常駐」するというこの前提からすれば，憲法は立憲民主政をとっているため多数決によっても奪いえない権利が民主政の一環としてそもそも組み込まれているとか，自由な言論・結社と公平な選挙は民主政の構成要素であるから，それは民主的プロセスによっても破壊できないといった議論の仕方は，単なる論点の先取りであって，都合のよい「民主政」の定義を置くことで問題が解消したようなふりをしているだけのことになる[12]．

しかし，このような反論の力はさほど大きなものではない．われわれは，司法審査については，当然に一定の制度枠組みを前提としていると考えるが，民主政については，何らの形式も手続もなく，人民が直ちにその意思を表明しうるかのように考えがちである．しかし，何らの形式も手続も必要とせず行動しうる「人民」は，どこに存在するであろうか．われわれの目に見える形で存在するのは，具体的な個々人にすぎない．これら個々具体の人々が「人民」としての主権的意思を表明しうるのは，憲法の定める形式と手続に従うからである．民主政に関する憲法の定めは，「人民」なるものを初めて創出し，「構成」するルールであり，憲法によって「構成」されてはじめて「人民」は行為能力を得る[13]．すべてを根底から覆しうる全能の主権者が「ヌキ身で常駐」するという考え方は，ロマンティックではあるが，額面通りに受け取ることは困難で

12）主権が「ヌキ身で常駐」するという表現は，樋口陽一教授のものである（同『近代立憲主義と現代国家』（勁草書房，1973）302 頁）．なお，「定義による問題の解消」という批判は，より強い形で，違憲審査機関を主権者たる人民の「代表」と位置づけることで両者を調和させようとするトロペール教授の議論に向けられるであろう．彼の「違憲審査と民主制」日仏法学 19 号（1995）1 頁以下参照．

13）Cf. S. Holmes, *supra* note 8, at 227.「構成」的ルールについては，さしあたりトロペール・前掲注 12, 16 頁参照．

ある.

もっとも，司法審査と両立しうるような制約をそもそも備えたものとして民主政を構想することができるとしても，そのような民主政を「構成」することがなぜ正当なのかという問題はやはり残る．憲法を超える理念としての民主主義は，やはり司法審査とは別の方向を向いているはずだからである．そして，この理念のレベルの緊張関係は，憲法典の解釈にも反映するであろう．憲法典がどのような民主政を定めているかは条文自体からは必ずしも明らかではないからである．これらの問題に答えるためには，そもそもなぜ，理念のレベルにおいて民主政は正当とされるのか，その正当な機能はいかなる条件の下で発揮されるのかという問題を検討する必要がある.

4　なぜ民主政は正当なのか?

司法審査と民主政との緊張関係を検討するには，司法審査の正当性と同時に民主政の正当性とその射程をも検討しなければならない．民主的決定が，民意を反映する政治的決定としての「正統性 legitimacy」をもつことは確かであるが，裁判官の「正統性」について次節で説明するように，「正統」とみなされる決定に従うことがなぜ「正当 justifiable」かという問題は，それとは独立に存在する[14].

民主政を正当化する議論の類型も当然のことながら多様であるが，司法審査との関連でしばしば提示されるのは，そのうち，共和主義と多元主義の二つである．これらはいずれも，民主政の正常な機能の条件として，政治過程におけるある程度の価値観の収束を前提としている．つまり比較不能な価値観の激烈な対決が民主政のアリーナで行われることは想定されていない．政治過程の外では，つまり非政治的な領域では，教皇の無謬性や特定球団の不滅性が信仰されているかもしれないが，これらの観念の当否自体が社会全体の公共空間で争

14)　マックス・ヴェーバーは，大衆民主主義において「マシーン」を従えつつ大衆の信任を得て統治する政治指導者はカリスマ的正統性を担うと考えていた．たとえば 脇圭平訳『職業としての政治』(岩波文庫，1980) 参照．この点については，R. Slagstad, Liberal Constitutionalism and Its Critics, in *Constitutionalism and Democracy*, *supra* note 8, at 126–28 を見よ.

われることはない．逆にいうと，前に触れたリベラリズムの視点から機能する司法審査が，合理的な利益計算や理性的な対話の成立可能な公共空間を設定することに成功して，はじめて多元主義や共和主義が正常に機能する余地が生ずる．

共和主義によれば，国民の自由の本質は，各自の私益を省みず公益の実現を目指して国政に積極的に参加することにあり，国民は，公の場で理性的に発言・討議し，その結果得られた正しい決定の実施に向けて協力すべきだとされる．このような政治の姿はたしかに魅惑的なものであるが，この視点からして，なぜ多数決による民主的決定が正当とされるのであろうか．この点をある程度筋道立った形で説明するのは，コンドルセの定理にもとづく議論である．

コンドルセの定理とは，「ある集団のメンバーが二つの選択肢のうち正しい方を選ぶ確率が平均して2分の1より大きく，かつ各メンバーが独立に投票するならば，その集団が多数決によって正しい答えに到達する確率はメンバーの数が増すにつれて増大し，極限的には1に近づく．もし，メンバーが正しい答えを選ぶ確率が平均して2分の1未満であれば，メンバーの数が増すにつれて多数決によって正しい答えに到達する確率は0に近づく」というものである．この定理に照らすと，共和主義的民主政がなぜ多数決を用いるのか，部分社会や結社になぜ共和主義が敵対的態度をとるべきか，なぜ憲法改正などの重要事項に関して多数決の要件を加重すべきか，などの論点について一貫した説明を与えることができる．また，この定理が「客観的な正解」の存在を前提としており，したがって価値判断に関する比較可能性の存在を前提とすることは，容易に見てとることができる[15]．

この理論と適合する司法審査の役割はどのようなものであろうか．コンドルセの定理にもとづいて多数決が有効に働く限り，司法審査の役割はきわめて控えめなものとなるであろう．この場合，人々に保障されるべき権利が何かも，広い意味での公益の一環として人々の理性的な討議と決定に委ねるならば，高い確率で正しい答えを与えるはずだからである．逆にいうと，司法審査が大きな役割を果たすべきだとすれば，社会に行き渡る偏見等のために，人権にかか

15）本書第6章参照．

わる問題については，人々が正しい答えを出す確率が平均して2分の1を下回っているからである[16].

しかしながら，そもそも人々の公共心自体も稀少な財であり，ふんだんに存在するわけではない．あらゆる政治的決定について，人々に公共心のみにもとづいて参加するよう求めることは非現実的であろう．通常の政治過程は，次に述べる多元主義的なプロセスとして機能していると見るのが，実際の個人や社会の姿に適っているように思われる[17].

一方，多元主義の政治観によれば，「公共の利益」なるものの中身は，実際には企業や圧力団体など，さまざまな私的利益が議会に反映され，そこでの力関係と交渉・妥協の過程を通じてはじめて判明するものであり，それと独立の客観的・中立的なものさしはない．これと対応して，裁判所の役割も，人権や正義などという超越的な基準に照らして利益集団の交渉の結果を覆すことではなく，政治過程が特定の利益集団によって占拠されないよう，多元的な利益が議会に公平に反映される道筋を確保し，争点ごとの多数派－少数派の交代を可能にする条件を整えることに限られる．この考え方からすると，裁判所が，政治参加の機会の平等や表現・言論の自由，少数派の差別からの自由を確保することは重要であるが，それ以外の自由を政治的多数派の決定に対して保障する必要はないということになる[18].

この民主政観はたしかに実際の政治の姿と対応しているように見える．しかし，問題はなぜこの政治観が，司法審査のあるべき姿を指し示す正当な民主政の観念といえるかである．事実から直接に規範的結論を引き出すことはできない．このような事実上の民主政を維持することが，なぜ司法審査のあるべき役

16)　いいかえるならば，司法審査が多数決の有効に機能しない問題を民主的政治過程から排除することで，はじめて民主的政治過程は共和主義の理念に従って運営されうることになる．人民の多くが一般意思を客観的に認識しうるという前提は，比較不能な多元的価値観が競合し，対立するという問題状況とは両立しえない.

17)　E.g., R. Dworkin, *Freedom's Law* (Harvard University Press, 1996) at 344. 日本において多元主義的な民主政観を論じた初期の論稿の例として，佐藤幸治「司法的正義と政治的正義」同『現代国家と司法権』(有斐閣，1988) がある.

なお，ここで示された「多元主義 (pluralism)」は，本書第2～4章で触れた価値観や世界観の多様性と比較不能性を主張する「価値多元主義 (value pluralism)」とは全く異なる概念である.

18)　松井・前掲注10は，このような民主政観を提示している.

割といえるのであろうか[19]．一つの説得的な解釈は，功利主義の道徳観がこの政治の見方を支えているというものである[20]．社会全体の効用の最大化を目指すべきだとする功利主義の考え方と，利益集団相互の競争と妥協の結果，多数の支持を獲得した決定を実現すべきという多元主義との間に親和性を見てとることは容易である．このように，多元主義を実質的に支えているものが功利主義であるとすると，そのことから二つの結論を導くことができる．

第一に，功利主義は，人々の選好の満足にせよ，心理的な幸福にせよ，社会全体の利益を計測する単位を何らかの一元的な物差しに還元することを前提とする考え方である．その物差しが「客観的」に誤っているとはいいにくいであろうが，いずれにせよ，公益の基準を一元的な物差しに還元するためには，そこから切り捨てられる価値観の生存を私的な領域で確保するリベラリズムの視点からの司法審査の活動が必要となろう．

第二に，多元主義が道徳的に功利主義に支えられているのであれば，多元主義的民主政の射程は，功利主義自体の射程によって限界づけられているはずである．ドゥオーキンが指摘するように，功利主義が，あらゆる人を同等の存在として扱うという原理を存立要件としているのであれば，司法審査がこの存立要件を根拠として多元主義的な政治過程の結論を覆すことに反対する理由は見出しがたい[21]．

5　裁判官の「正統性」と「正当性」

樋口陽一教授は，司法審査を行う裁判官が，その「正統性」をどこから得ているかという論点をしばしば取り上げる．彼によれば，アングロサクソン社会においては「ステーツマンとしての自立した法律家の権威」が，大陸法国家においては「ローマ法以来の法学教授の権威」が資源となって，政治部門の「正

19）芦部信喜『憲法訴訟の理論』(有斐閣，1973) 37 頁における指摘を見よ．

20）C. Sunstein, Constitutions and Democracies, in *Constitutionalism and Democracy*, *supra* note 8, at 334.

21）R. Dworkin, *Taking Rights Seriously* (Harvard University Press, 1978) chs. 9 & 12; compare his *Law's Empire* (Harvard University Press, 1986) at 381–97.

統性」に対する違憲審査機関の「正統性」を支えている[22]．この問題提起をどのように受けとめるべきであろうか．

政治部門にせよ司法機関にせよ，「権威 authority」が「権威」でありうるのは，人々がその見解に服従することが正当だからである．人々が独自に判断して事の当否を決めるより，「権威」の判断に従う方が，本来，各自がとるべき行動をよりよくとることができるからこそ，「権威」は「権威」でありうる[23]．テレビの天気予報は，各自の勝手な予想より確実に午後の天候を予想できるからこそ，人々の「権威」となる．

他方，アングロサクソン社会の法律家が「ステーツマンとしての権威」を持っていたり，大陸法国の法学教授が「ローマ法以来の権威」を持っているか否かは，人々がそれを事実上，尊重しているか否かというレベルの問題であって，人々が本来とるべき行動をこれらの「権威」が現に指し示すかという問題と直接には関係しない．「ローマ法以来の権威」や「ステーツマンとしての権威」はせいぜいのところ裁判官の「正統性 legitimacy」を基礎づけるにすぎず，司法審査の「正当性 justifiability」を基礎づけない．おそらく樋口教授の指摘する「権威」とは，authority ではなく，prestige を指していると解釈すべきなのであろう．これらの「正統性」を持つ裁判官は，民主政の「正統性」に対抗することはできるであろうが，「正当な」民主政と調和しうる「正当な」司法審査を行いうるかは，それとは独立の問題である．そして，樋口教授が日本の司法審査に関して提示する「職業裁判官」による司法審査の「正統性」なるものは，彼のいう「伝統的裁判官」像を支える「専門合理性」の内実が示しているように，結局のところ司法審査の「正当性」の問題に還元されるように思われる[24]．

22）　樋口・前掲注 7 (1998) 449 頁．

23）　J. Raz, Authority and Justification, *Philosophy and Public Affairs* vol. 14 (1985) no. 1; 長谷部恭男「国家権力の限界と人権」樋口陽一編『講座憲法学 3 権利の保障 (1)』(日本評論社, 1994) 49 頁以下．

24）　権威をどこまで尊重すべきかが，結局のところ権威を支える正当性の問題に帰着するのは，判例についても同様である．判例の拘束力に関する日本の従来の議論は，英米流の先例拘束性が日本についても妥当するか否かという形で行われてきた(たとえば，樋口・前掲注 5, 91 頁以下)．しかし，英国においても厳格な先例拘束主義が確立したのはせいぜい 19 世紀後半からのことであり，しかもそれは成文法国をモデルとして判例法の不確定性および事後法的性格を批判する議

裁判官は「権威」として尊重するに値するかという司法審査の正当性の問題に関しては，前節までで検討した理論的な論点とともに，民主政との関連で裁判官が果たすべきだとされる役割を，実際に裁判官が果たしうるのか，そして実際に果たしているのかという経験レベルの論点がある．裁判官が果たすべき正当な役割を指し示すことができたとしても，それをなぜ裁判官が実際に果たすことになるかという因果関係を証明することは容易ではない．

たとえば，ポズナー判事は，裁判官が歴史的に形成したコモン・ローは，社会の富の最大化 (wealth-maximization) に役立つという意味で効率的 (efficient) であると主張するが，なぜ裁判官が効率的な判例法の形成を目指すのかというメカニズムを実証する代わりに，実際に形成されたコモン・ローが効率的であることの例証に力を注いでいる[25]．また，ドゥオーキンは，共和主義と司法審査の関係についての彼の解釈の傍証として，実際，連邦最高裁の憲法判断は，政治的な議論を多元主義的なレベルから共和主義的なレベルへと向上させてきたと述べる[26]．つまり，いずれの論者も現に裁判所は主張されるような役割を果たしていることを例証することで，いかにして裁判所がそのような役割を果たすにいたるかというメカニズムの解明に代えている．

この議論のスタイルからすると，日本の最高裁判例は現にどのような役割を

論への対応として形成されたものである (A.W.B. Simpson, The Common Law and Legal Theory, in *Oxford Essays in Jurisprudence*, ed. by A.W.B. Simpson (Oxford University Press, 1973) at 98–99; J. Evans, Precedent in Nineteenth Century, in *Precedent in Law*, ed. by L. Goldstein (Oxford University Press, 1987) at 64–72; 田中英夫『英米法概論 上』(東京大学出版会，1980) 159 頁参照)．判例法の特質はそもそも個別の事件ごとに，背景となる正当化根拠に応じて柔軟な解決を目指す点にあった．

裁判上の先例という社会的な事実に，なぜ法的な権威を認めるべきかについては，そのような権威を認めることがどのような目的に奉仕するかによって答えるべきである．当該判例の主たる機能が，契約法や財産法の領域における明確なルールの確立に見られるような調整問題の解決にあるのか，あるいはその時々の多数派の意思によって左右されるべきでない基本的価値の維持や個人の自律を保障する人権の確保にあるのかにより，その判例にどの程度の拘束力を認めるべきかの答えが決まってくる(簡単な議論として，長谷部恭男『憲法』第 2 版 (新世社，2001) 14. 4. 7 参照)．判例は，事案ごとに，その権威を尊重すべき理由のある場合に限って尊重すべきだというさして驚くに値しないことが，判例の権威に関する結論だということになる．

25) Cf. D. Friedman, Anarchy and Efficient Law, in *For and Against the State*, eds. by J. Sanders & J. Narveson (Rowman & Littlefield, 1996) at 235.

26) R. Dworkin, *supra* note 17, at 344–45.

果たしてきたといえるだろうか[27]．筆者の仮説は，日本の最高裁は，多元主義的な民主政の維持をその任務としてきたというものである．

一般論としてこのことを明らかにしているのは，いわゆる在宅投票制度国賠訴訟の最高裁判決である（最判昭和60・11・21民集39巻7号1512頁）．この判決で，第一小法廷は，「憲法の採用する議会制民主主義の下においては，国会は，国民の間に存する多元的な意見及び諸々の利益を立法過程に公正に反映させ，議員の自由な討論を通してこれらを調整し，究極的には多数決原理により統一的な国家意思を形成すべき役割を担うものである．そして，国会議員は，多様な国民の意向をくみつつ，国民全体の福祉の実現を目指して行動することが要請されているのであって，議会制民主主義が適正かつ効果的に機能することを期するためにも，国会議員の立法過程における行動で，立法行為の内容にわたる実体的側面に係るものは，これを議員各自の政治的判断に任せ，その当否は終局的には国民の自由な言論及び選挙による政治的評価にゆだねるのを相当とする」と述べる[28]．

この事件で争点となっているのは，国会議員の立法行為を国賠法上違法と評価することが適切か否かであり，その過程で，憲法51条の発言表決の免責の意義が論じられているのであるが，国会議員を個別の行動についての法的責任から免除することで，多様な国民の利益を公正に立法過程に反映するその使命が適切に果たされるという最高裁の見解を，ここに見てとることができる．

多元的な国民の利益の立法過程への公正な代表を目的として違憲判断が下された例としては，衆参両院の議員定数配分不均衡に関する諸事例を挙げることができる．過疎地域の利益を過大に代表する政治過程は，当然のことながら多元的な利益を公正に代表しているとはいえない．過疎地域の利益をはかる立法を厳格に審査するよりは，議員定数そのものの再配分を指示する方が，立法過程の公正にする上で根本的な是正策となる．

27）日本の最高裁判例の実態に着目すべきだとの主張は，以前から戸松秀典教授によってなされてきた（同『立法裁量論』（有斐閣，1993）第14章）．また，伊藤正己教授の憲法裁判所設置の提案も，最高裁判所の実態を内側から分析することから導かれたものである（同『裁判官と学者の間』（有斐閣，1993）106頁以下）．

28）民集39巻1515–16頁．なお，国会議員の免責特権に関する第三小法廷の最判平成9・9・9民集51巻8号3850頁も，国会議員の職務ないし使命についてほぼ同旨の議論を展開する．

また，根拠が不明であるとしてしばしば批判の対象となる，経済活動規制の違憲審査に関する立法目的の積極・消極の二分論も，最高裁が透明・公正な多元的民主政の維持を使命としているとすると整合的に解釈することができる．この観点からすれば，司法部が配慮しなければならないのは，特定の利益集団のレント・シーキングのための立法が，あたかも国民の生命・健康の安全という，きわめて重要な消極的立法目的を掲げて行われる事態を避けることであり，特定の利益集団の保護立法が正面からそのことをうたって制定されるのであれば，それに裁判所が異を唱える根拠は疑わしい[29]．

このように，日本の最高裁の態度は，少なくともそのいくつかの顕著な先例を見る限り，多元主義的な民主政観と適合する．しかし，前節で述べた通り，もし最高裁が多元主義的民主政観を採用しているとするならば，この民主政が存立するための前提となるリベラリズムの視点からの司法審査を回避することは難しくなるはずである．また，アメリカ合衆国と異なり，利益集団多元主義が，よく組織された少数の利益集団によって政治過程がコントロールされるコーポラディズムに陥る危険性が大きく，組織化されない多くの有権者が政治過程から実質的に排除されがちな日本において，多元主義的民主政観がはたして高い正当性を標榜しうるかという問題も残る[30]．

29） 簡単な議論として長谷部・前掲注 24，8. 2. 3，より詳しくは，本書第 7 章第 3 節参照．

30） この点については，長谷部恭男「政治取引のバザールと司法審査――松井茂記著『二重の基準論』を読んで」法律時報 67 巻 4 号 (1995) および「憲法典というフェティッシュ」国家学会雑誌 111 巻 11-12 号 (1998) 参照．

多元的政治過程の公正さを維持することを司法審査の任務とする考え方がもちうる射程については，なお検討が必要である．たとえば，避妊の自由や同性愛の自由を含む広い意味でのプライヴァシーの保護は，この考え方からすれば司法審査の任務とはいえないといわれることがあるが，避妊の自由や同性愛の自由を主張しようとする人々は組織化されない離散した人々であり，彼らの利益が政治過程に公正かつ実効的に代表されるとは考えにくい．情報主体が自分が避妊をしたり同性愛を実践したりすることを積極的に標榜することは期待しにくいからである．これら，通常の政治過程に反映されにくい利益を司法部門が保護することは，必ずしも多元的政治過程の維持を司法の任務とする議論と衝突しないはずである (cf. D. Farber & Ph. Frickey, *Law and Public Choice* (University of Chicago Press, 1991) at 146)．

第10章　法の支配が意味しないこと

1　はじめに

法の支配について多くの人々が一致しうる点があるとすれば，それはこの概念が人によってさまざまな意味で用いられることであろう．わが国では法の支配はしばしばきわめて内容の濃い意味でとらえられ，近代立憲主義の同義語として用いられることがある[1]．外国における使用例を見ても，たとえば，The International Congress of Jurist のニューデリー宣言(1959)に見られるように，世界人権宣言に含まれる諸原則のすべてを法の支配が含意するといわれることもある．ことばの使い方はもちろん人によってさまざまでありうるが，法の支配を「正しい内容の法」の支配と同視し，望ましい法秩序のあり方をすべて含むかのように濃密に定義してしまえば，この概念を独立して検討の対象とする意義は失われる．ジェニングズが指摘するように，「法の支配」が，民主的あるいは立憲的政治体制を独裁制と区別するためのいい回しとして用いられているにすぎないのであれば，率直にそういうのが賢明であろう[2]．本章では，多くの法哲学者の用法に従い，理性的な人々の行動を規制するために法が備えるべき特質，という意味における法の支配の内容とその限界を検討する．

もっとも，憲法学においては，むしろ A. V. ダイシーの提示した法の支配の

---

1)　清宮四郎『憲法 I』第3版(有斐閣，1979) 8–10頁，伊藤正己『憲法入門』第4版(有斐閣，1998) 5頁．もっとも，伊藤正己教授は，イギリスにおいて実際に妥当する法の支配が，立法権に対する関係での基本的人権の司法的保障を含まない不十分なものであることを自覚した上で，あえてこのような広い観念を提示していることに留意すべきである．この点については，伊藤正己『イギリス法研究』(東京大学出版会，1978) 262–63頁参照．

2)　I. Jennings, *The Law and the Constitution* (Hodder and Stroughton, 5th ed., 1959) at 60.

観念が著名である．イギリスの代表的な教科書の一つは，彼の観念は独特の奇妙(idiosyncratic)なものであって，今日では詳しい検討に値しないとするが[3]，少なくとも彼の議論のうち，本章の研究関心と関連する部分をそれ以外の部分から区別することは有用であろう．

2 ダイシーの不思議な法の支配

19世紀後半におけるイギリス憲法を特徴づける法の支配の内容として，ダイシーは以下の三つの原則を示した[4]．まず，それは恣意的権力の支配の否定，すなわち「正規の法(regular law)の絶対的な優位ないし優越」を意味する．この原則のゆえに，政府の広範な裁量が否定される．

第二に，それはあらゆる人が法の前に平等であることを意味する．とくに，行政機関といえども通常の裁判所において通常の法を適用され，フランスのような行政機関のみに適用され，特別の裁判所によって適用される行政法(droit administratif)が存在しないことが強調される．

第三に，法の支配は，イギリス憲法の内容をなす諸規範が，通常の国法，すなわち議会制定法と裁判所の判例法とによって構成されていること，つまり，具体的事件において裁判所により適用される規範の結果が憲法となることを意味する．

ダイシーのいう法の支配が，当時のイギリス憲法の姿を正しく描いているか，また，それが彼のいうように，人民の自由をよりよく保護することにつながるかについては，周知のような批判がある．まず，行政機関のみにあてはまる特別の法が存在しないという彼の主張は，当時のイギリスの描写としても不

---

3) S. de Smith and R. Brazier, *Constitutional and Administrative Law* (London, 8th ed., 1998) at 17; see also R. W. Blackburn, Dicey and the Teaching of Public Law, *Public Law* (1985) at 679 & 692–93．なお，柳瀬良幹博士はつとに，「ダイシーのいふ『法の支配』は全く異質の三つの原理の寄せ集めであつて……これを併せて一個の概念又は原則とすることは論理的には殆と根拠の乏しいもの」とし，また，ダイシーのいう意味での法の支配は「決して日本の今の憲法の採用するところではない」とする(柳瀬良幹『憲法と地方自治』(有信堂，1954) 147頁，150頁)．

4) A. V. Dicey, *Introduction to the Study of the Law of the Constitution* (Macmillan, 10th ed., 1959), at 187–205.

正確である．政府が徴税，土地収用，人の身柄の逮捕・拘束など，通常の私人の行いえない活動に携わる以上，行政作用に固有の法は不可欠である[5]．また，不法行為に関する国王の免責特権や，公益を理由とする証拠提出の拒否権など，行政権のみが有する特権も珍しくなかった[6]．

次に，フランスのような固有の行政法体系をもたないことがはたして人民の権利の保護につながるか否かも疑問である．圧倒的に強大な人的・物的資源とさまざまな特権を有する行政機関と私人とを対等の当事者として扱い，私人と同様の保護を行政機関に与えることは，必ずしも人民を保護することにならない[7]．このことを劇的な形で示したのは，私人と同様，政府も法によって明示的に禁じられていないことはこれをなしうるという理由で，内務大臣が電話の盗聴を許可することも禁じられていないとした *Malone v Metropolitan Police Commissioner* [1979] Ch. 344 である[8]．また，イギリス政府は，政府の秘密の開示にかかわる一連の事件において，私法上の confidence の法理を援用し，開示を拒もうとしてきた[9]．

さらに，イギリス憲法の諸原則が裁判所によって適用される通常の規範の結果であることは，イギリスが憲法典をもたない不文憲法の国である以上当然のことである．そこでは，自由は，判例法および制定法によるすべての制約を考慮した上での残余 (residual) としてしか存在しえない．このこと以上に上述の第三原則が，司法裁判所が議会をも不文の憲法原則によって拘束しうると主張

5)　P. Cane, *An Introduction to Administrative Law* (Clarendon Press, 1st ed., 1986) at 21.

6)　不法行為に関する国王の免責特権は 1947 年の Crown Proceeding Act によって原則的に廃棄された．同法はその 28 条(1)で証拠提出拒否特権を明示的に規定している．これらの点については，たとえば，O. Hood Phillips & P. Jackson, *O. Hood Phillips' Constitutional and Administrative Law* (Sweet & Maxwell, 7th ed., 1987) at 702–23 を見よ．

7)　Cane, *supra* note 5, at 22; C. Turpin, *British Government and the Constitution* (Weidenfeld & Nicolson, 2nd ed., 1990) at 60. 柳瀬・前掲注 3，150 頁も，「行政といふ特別の現象がある以上，行政法といふ特別の方のある法が或る場合には一層合理的であることがあるであらう」とする．

8)　その後，本件原告の不服申立を受けたヨーロッパ人権裁判所は，英国の法制が私生活と通信を保護するヨーロッパ人権規約第 8 条に違反するとし (Malone v. United Kingdom (1985) 7 EHRR 14)，これを受けて，Interception of Communications Act 1985 が制定されている．

9)　Cf. R. Austin, The Spycatcher Saga: Public Secrecy from Private Rights, in *Economical with the Truth: The Law and the Media in a Democratic Society*, eds. by D. Kingsford-Smith & D. Oliver (ESC Publishing, 1990) at 27–42.

しているとすれば，それは明らかにダイシーの述べる別の憲法原理，すなわち議会主権の原理と矛盾する．ダイシーは法律に関する司法審査を明確に否定しており[10]，裁判所は議会の制定する法に従うほかはない．そして，このような政治機構が，彼のいう主権の内在的および外在的制約にもかかわらず[11]，社会の多数派の専横から少数派の権利を保護する点で不十分であることもまた明らかである[12]．

他方，政府の裁量が恣意的な権力の支配を意味するとのダイシーの考え方がホイッグ的な夜警国家思想を背景としており，福祉国家思想とは両立しえないとの指摘はしばしばなされているが[13]，それにもかかわらず，第一原則の述べる法の優越と裁量の可及的な排除は，イギリスのみにとどまらず，ある程度の普遍的な妥当性を主張しうるかに見える．法の支配の名において行政裁量を否定しようとする議論が現代国家の下においてどの程度の妥当性を有するかは，次節以降で検討するより稀薄な意味の法の支配とも共通する問題点である．

3　法に従う

今日の英米系の法哲学界において，法の支配という概念は，法が理性的な人々の行動を規制するルールとして機能するための必要条件を総称するものとして使われることが一般的である[14]．「人の支配」ではなく「法の支配」，とい

---

10)　Dicey, *supra* note 4, at 60–61．これに対して，T.R.S. Allan, *Law, Liberty, and Justice* (Clarendon Press, 1993) ch. 11, esp. at 290 は，ダイシーの法の支配の観念は，彼のいう議会主権に限界のあることを含意するはずだとする．なお後掲注 14 参照.

11)　議会主権の外在的制約は，議会が選挙民の少なくとも一部の支持を確保しなければならないことを，内在的制約は，議会を取り巻く社会環境が議会の制定しうる立法の幅を事実上，限定していることを意味する．ダイシーによれば，代表民主政の下においては，外在的制約と内在的制約とは一致する (Dicey, *supra* note 4, at 76–85).

12)　E. Barendt, Dicey and Civil Liberties, *Public Law* (1985) at. 604–08; P. P. Craig, Dicey: Unitary, Self-correcting Democracy and Public Law, *The Law Quarterly Review*, vol. 106 (1990) at 124–28.

13)　E.g. Jennings, *supra* note 2, at 309–11; J. Jowell, The Rule of Law Today, in *The Changing Constitution*, eds. by J. Jowell & D. Oliver (Clarendon Press, 2nd ed., 1989).

14)　J. Rawls, *A Theory of Justice*, (Harvard University Press, 1971) at 235–43; J. Raz, *The Authority of Law* (Clarendon Press, 1979) ch. 11; J. Finnis, *Natural Law and Natural Rights* (Clarendon Press, 1980) at 270–73; J. Waldron, *The Law* (Routledge, 1990) at 36;

う主張が有意味になされうるためには，そこにいう「法」が，為政者と被治者の双方をコントロールしうること，被治者としては，為政者がいかに行動するかを予測する根拠となり，かつ今後の自己の行動の基準としても働くことが要求される．すなわち，法は人々に行動の枠組みを与え，予測可能性を保障する必要がある．そして，人が法に従いうるためには，何よりもまず，法が何かを理解することができ，しかもそれが従うことの可能な法であることが必要である．

このような意味での法の支配については，L. フラーによる分析がよく知られている．彼は，ある寓話の中で国王が法制度の改革を試みて挫折するにいたる過程を描き出し，それをもとに，法が人々の行動を規制しうるために必要な条件は何かを検討する[15]．彼の分析の結果は，以下のようにまとめることが許されよう[16]．

まず，「当為 ought は可能 can を含意する」という最低限の原則から導かれるいくつかの条件がある．実現不可能な事柄を要求する法は法として機能しえない．フラーの挙げる例でいえば，「国王に召喚された者は10秒以内に出頭せよ」という法[17]がそれにあたる．また個別の法の内容は服従可能であっても，

M. Oakeshott, The Rule of Law, in his *On History and other essays* (Blackwell, 1983) at 140; C. Sunstein, *Legal Reasoning and Political Conflict* (Oxford University Press, 1996) ch. 4.

他方，法の支配の要請が，本文で述べるような，人の行動を法が規制しうるための諸条件にはとどまらないとする最近の論者として T.R.S. アランがいる．彼は，ロナルド・ドゥオーキンの「整一的な法 law as integrity」の観念に依拠しつつ，イギリスにおけるコモン・ローの体系は多様な法原理によって構成されており，それらを首尾一貫して解釈適用しようとすれば，個人の自由や平等の保障，個別的結果の衡平 (equity) の確保など実体的な正義を考慮せざるをえなくなると主張する．そこでは法適用の平等と実体的正義の実現は切り離しえない (Allan, *supra* note 10, ch. 2).

アランの議論は，本文で述べるような法の支配の要請と，個別の実定法秩序——ここではイギリスのコモン・ローの体系——が含む実体的正義の原則とを渾然一体として語るものであり，イギリスという個別の実定法体系を超える妥当性をもつものではなく，またそれを標榜してもいないようである．このような議論の仕方が「法の支配」ということばの使い方として誤っているとはいえないであろうが，たとえば人種差別を公然として認め，それを助長するような実定法体系においては，論者の観点からすれば邪悪な法原則が「法の支配」の内容として渾然一体として語られねばならないことになるであろう．

15) L. L. Fuller, *The Morality of Law* (Yale University Press, revised ed., 1969) at 33–44.

16) Fuller, *supra* note 15, at 39; Rawls, *supra* note 14, at 235–41; Raz, *supra* note 14, at 214–19; Finnis, *supra* note 14, at 270–71.

17) Fuller, *supra* note 15, at 36.

複数の法が相互に矛盾している場合，また，法令が朝令暮改のありさまで過度に不安定である場合にも，人々は何に従うべきかを判別することができず，法に従うことが不可能となる．

次に，人々が法を行動の根拠としうるためには，法は遡及するべきではなく，また法が何かは公示され，かつその内容が明確でなければならない．不明確な法，隠された法は，事後立法と同様，人々の行動を導くことはできない．

第三に，行政処分や判決などの個別の法規範は，一般的・抽象的な法にもとづいて創設される必要がある．一般的・抽象的な法が何かはわかっていても，個別の法がそれと無関係に個々の機関の裁量によって創設され，執行されるならば，やはり，人々は政府の行動について予測可能性を得ることができない．

最後に，これはフラー自身は明示的に触れてはいないが，以上の原則のコロラリーとして，司法機関の独立，適正な手続，および裁判へのアクセスが保障されている必要があろう．容易にアクセスしうる独立の裁判所が適正な手続の下で争訟を解決することが保障されてはじめて，為政者に対する法の支配が確保され，その結果，被治者にとっての法の支配が実現する．

4　憲法上の根拠

前節で述べた法の支配について，憲法の条文上の根拠を問うことについては，このような問いそのものの意義を疑う見方がありうる．法の支配が，法が法として機能するための必要条件を定めたものであり，かつ憲法典も法秩序の一部であるとすれば，法の支配こそが憲法典の妥当性を支えているのであって，憲法から法の支配の正当性を導出しようとする試みは，憲法の条文を根拠として国民主権原則を基礎づけようとする議論がそうであるように[18]，自分の靴紐を引っ張って自分を持ち上げようとする試みに似ていなくもない．

もっとも，憲法学者が所与の観念の憲法上の根拠を問うときは，必ずしも後者から前者を論理的に導くことが意図されているわけではなく，両者の内容が少なくとも部分的に重なりあうことや，両者が同一の思想的淵源に由来するこ

18）長谷部恭男「法秩序の構造と裁判官の良心」学習院大学法学部研究年報 22 号（1987）2 頁参照．

との指摘を通じて，その観念が憲法秩序に適合し，正当視されることを確認することが目的とされることが多い．そして，このような確認がなされれば，当該観念は憲法的な価値を承認され，下位の法令や国家行為をコントロールする根拠となる．この種の確認についても，法の支配に関する限り，その意義を疑う余地があるが，少なくとも，ここでは，論理的な悪循環が生ずるわけではない．

前述の四つの原則のうち，第二原則のいう遡及法の禁止は，刑罰に関する限り，憲法39条が明文でそれを定めている．また，刑罰法規の明確性を憲法31条が要求していることは，最高裁判所の判例が認めるところである(最大判昭和48・4・25刑集27巻4号547頁；最大判昭和50・9・10刑集29巻8号489頁)．さらに，憲法，法律，政令，条約が公布の対象となることは，憲法7条1号の要求するところであろう．最高裁判所の判例も，「成文の法令が一般的に国民に対し現実にその拘束力を発動する(施行せられる)ためには，その法令の内容が一般国民の知りうべき状態におかれることが前提要件とせられるのであって，このことは，近代民主国家における法治主義の要請」であるとし，わが国では明治初年以来，その方法として法令公布の制度が採用されてきたことを指摘する(最大判昭和32・12・28刑集11巻14号3461頁)．

次に，第三原則のいう，具体的国家作用が一般的・抽象的法規範にもとづくべきことは，憲法41条の含意するところと一般に理解されている．また，第四原則の述べる司法の独立は憲法76条以下の各規定によって確認されており，適正手続の保障は，刑事手続については，33条から39条まで，裁判の公平性・公開性については，37条1項および82条，裁判へのアクセスの保障は32条の要求するところである．

不可能事を要求すべからずとの第一原則については，憲法の明文との関連を指摘することは難しいが，これは，人が法に従いうるための，まさに最低限の要求であって，明文のないことが憲法によるこの原則の否認を意味しているとは考えられない．第二原則から第四原則までも，当為は可能を含意するという原則を暗黙の前提としている．

5　功利主義的基礎づけ

法の支配を支える哲学的根拠についてもさまざまな議論が可能である．以下では，きわめて顕著な例として，功利主義による基礎づけと，個人の自律を理由とする議論とを取り上げる．

功利主義から法の支配を導き出す議論としては，ベンサムの議論がまず検討されるべきであろう．彼によれば，道徳および立法に関する唯一最高の原理は社会全体の幸福(効用)を最大化すべしという最大幸福原理であるが，社会において法が果たすべき第一の任務は人々の相互作用を調整する行動の指針を提供することである．その理由は，人々が社会においてしばしば調整問題状況に直面することにある．この点に関しては，すでに別稿で論じたことがあるので[19]，ここでは議論の骨組みを示すにとどめる．

調整問題状況においては，各当事者は複数の行動の選択肢に直面する．各当事者の利得は他の当事者の選択にも依存しており，当事者はお互いに他の当事者の選択を直接にコントロールすることができない．当事者が満足する場合は，すべての当事者が一致してある選択を行った場合であるが，その種の選択は一通りには限られていない．そのため，各当事者は他の当事者の出方を予想しながら，自分の行動を調整しようとする[20]．

調整問題状況は社会においてしばしば発生する．また，ある種の調整問題状況は反復・継続して起こる．そのような状況は，二つの方法によって解決できる．一つは慣習であり，いま一つは法ないし命令である．車が道の右側を通行

---

19)　長谷部恭男『権力への懐疑』(日本評論社，1991) 第 3 章 1-A，2-A 参照．

20)　調整問題状況の単純な例としては，以下のような状況がよく引かれる (cf. E. Ullmann-Margalit, *The Emergence of Norms* (Clarendon Press, 1977) at 77)．A と B の二人はそれぞれ別の列車に乗っている．二人は会いたいと思っているが，お互いに連絡をとることは不可能である．二人が会うためには，同じ駅で二人が降りる必要がある．可能な駅は複数あり，そのいずれで降りるかは，二人にとってさして重要ではない．このような状況では，二人はお互いに相手が降りる駅を予想しなければならない．この予想は多層的構造を有する．A は B が降りる駅を予想しなければならないが，そのためには A が降りる駅に関する B の予想をも予想する必要があり，かつ，そのためには，B が降りる駅に関する A の予想についての B の予想をも予想する必要がある．この予想の連鎖は論理的には無限に続く．A が首尾よく B の降りる駅を当てたときは，B も正しい予想をしたときであり，A が失敗したときは，B が失敗したときでもある．

するか左側を通行するかの選択は典型的な調整問題である．もし，ある社会に左側通行という慣習があり，大部分の人がそれに従っているならば，この慣習に従うことは，この社会で車を運転するあらゆる人にとって利益となる[21]．

法令による解決は，既存の慣習が存在しない場合に適している．また，慣習が存在する場合でも，それを人々の行動の指針として明確化するためには，法令として公示されることが望ましい．ベンサムが法に期待した役割も，このような社会における行動の指針を与えることであった．彼の考え方によれば，人は常に快楽と苦痛とに支配されており，自己の効用，つまり快楽と苦痛との差を最大化しようとして行動する．しかし，しばしば発生する調整問題は，選択された行動の帰結について不確定性をもたらし，人々の効用最大化を妨げる．もし，明確な法令が与えられ，ある行動をとれば，いかなるサンクションが待っているか，あるいは待っていないかがわかれば，人々は，それを基準として政府や他の私人の行動を予測することができ，その予測の下に効果的に自己の効用を最大化することが可能となる．そして，各自の効用が効果的に最大化されれば，ベンサムの目指す社会全体の効用の最大化も実現される[22]．

以上のような議論からは，上述の四つの法の支配の原理が自然に導き出されるであろう．ベンサムの要求するような予測可能性を保障する法の役割が果たされるためには，法の支配の諸原則は必ず守られねばならないように見えるからである．しかしながら，ベンサムのいう最大幸福原理は唯一最高の道徳および立法の原理であり，それは，個々の紛争を解決する場合についても変わりはない．したがって，法の支配がこの原理に反する結果を生む場合には，法の支配はやぶられるべきである．ベンサムは裁判官があらゆる争訟を厳格な法令の適用によって解決すべきであるとは考えておらず，個々の紛争に応じて最も適

21）いわゆる事実の規範力という観念は，このような状況に妥当する．反復・継続する調整問題状況をある同一の事実が解決する場合には，人々は共通の利益を理由にその事実を拘束力のある規範とみなすにいたる．単に事実が反復・継続すること自体が人々の行動を拘束するのではない．この点については，長谷部・前掲注19，第2章1-C参照．

22）典型的な例は，財産および契約に関するルールの体系である．何が誰に帰属すべきかについて，あらゆる社会に妥当するアプリオリに正当な自然法があるわけではない．ただ，人々がお互いに自己の暮らしを維持し，財を交換し，資源を効率的に利用しようとするならば，他の大部分の人があるルールの体系に従うことを条件に，自分もそれに従うことが要求される．この問題については，本書第7章第2節参照．

切な解決を行うべきであるとした．その結果，たとえ判決の効果が当事者にのみ及び，判決の先例としての価値が全く否定されるとしても，人々の予測可能性が損なわれることによる損失と当該事件を適切に解決することの利得とを考えあわせて最大幸福原理に即した解決を選択すればよいのであり，常に法の支配を貫徹すべきだとの結論が出てくるわけではない[23]．行政機関による個別の行政決定についても同様のことがいえよう．また，ベンサムは裁判の手続についても厳格なルールを妥当させるべきではないとし，とくに，証拠排除や証拠の評価に関するルールについてはきわめて批判的であった．裁判官は家庭内の争いを裁く家長 (paterfamilias) のように，およそ入手可能な証拠はすべて調べた上で，自由に心証を形成し，それにもとづいて最も適切な解決を求めるべきである[24]．さらに，ベンサムの功利主義は現代福祉国家に見られる国家の社会への広汎な介入の正当化根拠となっている．福祉国家の展開が法の支配を内側から掘りくずす要因をなしていることは，後に第7節において見る通りである．

6　個人の自律

ハイエクに代表される自由至上主義者 (libertarian) は，法の支配が個人の自律を保障することを強調する．ハイエクによれば，法の支配からあらゆる技術性を排除すれば，それが意味することは，「政府のあらゆる行動が既定のあらかじめ公示されたルールによって拘束されており，政府が所与の事態においてその強制力をいかに行使するかを人が確実に予見し，その知識にもとづいて自分の行動を計画しうること」である[25]．政府の行動および私人間の紛争の解決が一般的・抽象的な法によって規制されているならば，私人は自己および他者

23) Cf. G. Postema, *Bentham and the Common Law Tradition* (Clarendon Press, 1986) ch. 12, esp. at 405–06. ベンサムの構想する政治体制では，裁判官の裁量は，裁判が単独の裁判官によってなされ，それが常に世論の批判にさらされるとともに，市民のリコールにもとづいて，裁判官が罷免されうるという制度によって制約される．したがって，司法は，公衆および世論から独立であるべきではない (*id.* ch. 11, esp. at 364–66; J. Dinwiddy, *Bentham* (Oxford University Press, 1989) at 67–68).

24) Cf. Postema, *supra* note 23, at 347–50; Dinwiddy, *supra* note 23, at 67.

25) F. A. Hayek, *The Road to Serfdom* (University of Chicago Press, 1944) at 54.

の行動の帰結について高い予測可能性を得ることができるが，この予測可能性こそが自律的な人生の選択を可能にする．個別の適用場面，適用対象を考慮しない一般的・抽象的な法への服従こそが自由を保障する[26]．

法の支配と個人の自律との密接な関連は，別の側面からも明らかにすることができる．法の支配は，法の名宛人として，法によって自己の行動をコントロールしうる理性的な人間を想定している．法の支配の否定は，いいかえれば，このような自律的な人間像の否認を意味しているはずである[27]．

法の支配が保障する個人の自律は，与えられたさまざまな選択肢のなかから自分の望むものを選び，それを自分自身で生きていくという意味の自由であり，通常，憲法学者が自由ということばによって意味することがら，すなわち政府による制約の不存在とは部分的には重なりあうものの，一致はしないことに留意する必要がある[28]．そして，法の支配は，個人の自律としばしば関連づけられる民主主義の原理とも，一応は独立である．民主主義が存在しなかった1980年代までの香港においても，法の支配は存在していた[29]．

また，個人の自律を保障するためには，法の支配はその必要条件ではあっても，十分条件ではない．現実の法秩序によって与えられる選択肢は，きわめて限定されたものにすぎないかもしれないからである．夜間の外出禁止令や一定期間の兵役制度は個人の自由を極度に限定するが，予測可能性を奪うものでも，従いえないことを要求するものでもなく，法の支配には反しない．さらに，経済的な困窮や身体的な障害によって自律的な選択肢がきわめて限られている人々にとっては，法の支配のもたらす予測可能性はほとんど意味をなさないおそれがある．このような人々に実質的な自律を保障するためには，福祉国家的な所得の再分配が要求され，それは，法の支配に反する裁量的な福祉受給制度の導入につながる[30]．

---

26) F. A. Hayek, *The Constitution of Liberty* (University of Chicago Press, 1960) at 153–54.

27) Fuller, *supra* note 15, at 162–63.

28) Raz, *supra* note 14, at 220.

29) もちろん，このことは，法の支配の諸要請が実現されれば，それが民主政治の良好な運営に貢献するであろうことを否定するものではない．

30) 長谷部・前掲注19，第6章1-C参照．

7　法の支配の限界

法の支配については，それが意味することとともに，それが意味しないことについても検討する必要がある．まず，法の支配は，しばしば法と道徳との必然的な(概念上の)つながりを意味するといわれることがある．L. フラーによれば，大工が堅固な家を建てようとするならば必ず従わねばならない条件があるように，人の行動をルールによって規制しようとするならば，法の支配の含意する諸原則に必ず従う必要がある．これらの原則は，それを完全に達成することは不可能であるが，なおその実現を目指して努力すべき「目標の道徳 morality of aspiration」であり，また，個々の法が何を要求するかにかかわらない点で，法の手続的あるいは内的な道徳(internal morality of law)である[31]．

しかしながら，フラー自身の挙げる大工の比喩自体が示しているように，法の支配の諸原則が道徳と法との必然的なつながりを意味しているとは考えにくい．大工が建てる堅固な家は，悪党の巣にもなれば，病院として利用することもできる．同様に，法が法として機能するための条件を備えていることは，それ自体としては，法が道徳的であることを意味しないはずである．切れ味のよいことがナイフの道徳性を意味しないことと同様であろう[32]．

次に，本章で考察してきた意味での法の支配は，法秩序が備えるべき徳目の一つにすぎず，常に憲法上の他の要請を遮断し，あるいはそれに優越するわけではないことに留意する必要がある[33]．前述のように，法の支配が寄与するはずの社会の幸福の最大化や個人の自律を実現するためにも，法の支配のみでは足りず，それ以外の考慮が要求される．たとえば，個人の自律的な生を可能にするためには，予測可能性を保障するだけではなく，経済的な困窮からの救助や，教育条件の整備，労働機会の提供が必要である．政府がこのような活動を要求されるならば，政府は一定量の明確な法令に従って社会の秩序を維持し，最小限度の公共財を供給するだけでは足りず，社会に積極的に介入する福祉国

31) Fuller, *supra* note 15, at 96–99.
32) Raz, *supra* note 14, at 223–26.
33) *Id*. at 228.

家とならざるをえない．その結果，委任立法や一般条項の多用，個別の状況に応じた行政裁量や司法裁量が要請されることとなる．形式的な法令および解釈技術のみによる法的推論の自律性はもはや維持しえず，目的論的な考慮と法令の柔軟な適用が解釈論の主要な潮流となる[34]．このような傾向が，法の支配を腐食させることは明らかであるが，そのことを理由に，福祉国家の正当性を否認することは不可能である．法の支配を支える正当化理由そのものが，法の支配と必ずしも両立しない法のあり方を要請しているからである[35]．

もっとも，現代国家における行政立法および行政裁量の拡大は，政府の任務の拡大と議会の能力の限界によってのみ説明されるわけではない．政府の任務を，組織化された諸利益の相互調整と実現に求める利益集団自由主義 (interest-group liberalism) あるいはコーポラティズム (corporatism) の立場[36]からすれば，個々の立法は，特定の利益集団と議会多数派との協定に他ならない．ある集団が票と資金を提供するかわりに，その利益を擁護し増大させる法律が制定される．しかし，立法の執行について，独立の司法部の解釈を許すならば，たとえその解釈が立法の経緯において公にされた目的に忠実であっても，その背後にある利益集団と議会多数派との協定の趣旨には反する解釈がなされうる．これに対して，法律の規定を一般的な枠組みにとどめ，具体的な規定と執行を行政立法および行政裁量に委ねるならば，議会は司法部の介入を限定し，より容易に協定の実現をコントロールすることができる[37]．行政官僚が専門

34) R. Unger, *Law in Modern Society* (Free Press, 1976) at 193–200.

35) D. N. マコーミックによれば，ハイエクの自生的秩序の理論が示しているのは，情報の完全性を前提とした政府の計画は妄想であるということにすぎず，社会的正義を積極的に実現する義務が存在しないことを意味しない．さらに，ハイエクのいう自生的秩序を意図的に作り出そうとする試みは，それがもたらす意図せざる結果のゆえに，自己破壊的でさえある (D. N. MacCormick, Spontaneous Order and the Rule of Law: Some Problems, *Ratio Juris*, vol. 2 no. 1 (March 1989)).

36) T. Lowi, *The End of Liberalism* (Norton, 2nd ed., 1979) at 50–51. 利益集団自由主義あるいはコーポラティズムについては，さらに樋口陽一『権力・個人・憲法学』(学陽書房，1989) 第III章および P. Craig, *Public Law and Democracy* (Clarendon Press, 1990) chs. 3–6 を見よ．

37) Cf. R. Posner, Theories of Economic Regulation, 5 *Bell J. Econ.* (1974) at 335–51; R. Posner, *Economic Analysis of Law*, (Littre Brown, 3rd. ed., 1986) at 496–507 & 571–72. もっとも，このような法の解釈適用に対する議会多数派のコントロールは，多数派の交代のたびに法の運用を変化させることとなり，長期的に見た場合，逆に立法の価値を低下させる危険がある．

的・技術的知識をもち，政治的中立性の外観を保つ義務を負うことは，彼らが利益集団からの圧力に対して免疫を有することを意味しない．むしろ，利益集団からの圧力に対抗しえないほど政治権力および官僚機構が弱体であるからこそ，現代国家の任務が拡大をつづけることになる．

利益集団民主主義およびコーポラティズムは，さらに，法の支配の妥当領域をいわば外側から制約する[38]．法の支配は，何よりも，国家法について妥当することを予定された原理である．それは，現代におけるさまざまな社会権力，企業，組合，学校における権力行使を規制する原理ではない．部分社会の法については，それが公示されることさえ，必ずしも要求されない．もし，個人の生活領域をコントロールするものが，多くの場合，社会権力であり，他方で国家権力の及ぶ範囲が縮減され，あるいはその領域があいまいとなるならば，それに応じて，法の支配による個人の自律の保障も弱められる．中間団体が解体され，国家が社会におけるあらゆる権力を掌握し，原子化された個人と国家とが対峙する理念的状況においてこそ，法の支配は十全にその効用を発揮する[39]．国家がこの理念の実現に失敗し，社会集団に権力を割譲する過程は，法の支配が挫折する過程でもある[40]．

---

38) Unger, *supra* note 34, at 200–03.

39) 本文で述べた理念的状況については，樋口陽一『憲法』改訂版(創文社，1998)序章第 3 節および第 1 部第 3 章第 3 節参照．小規模の部分社会において，法の支配が必ずしも要請されないことは，法の支配が，あらゆる社会においてあてはまる普遍的な理念ではないことを意味している．たとえば，社会の構成員がすべて，伝統的な社会の慣習に従って日々を送っており，慣習の内容について重大な疑義が生じないような社会においては，法は既存の慣習を成文化する機能しかもたず，本章で述べたような法の支配の要請も，さして必要とは感じられないであろう．法の支配が典型的に要求されるのは，近代以降の価値が多元化した産業社会である．この点については，J. Raz, *Ethics in the Public Domain* (Clarendon Press, 1994) at 355–56 参照．

40) M. トロペール教授は，本章で検討した英米流の「法の支配」の観念について，その意味内容は明確だが，それを実現する手段が明らかでないとする (M. Troper, Concept d'Etat de droit, *Droits*, no. 15 (1992) at 63. しかし，「法の支配」の観念は，本章で示した通り，近代社会において法が法として機能するための条件を示すものであり，したがって，法を通じてしか行動することのできない国家は，これらの条件を遵守しない限り，実効的に統治すること自体が困難となる．そうだとすると，法の支配を実現する手段が明らかでないことが，それに対する有効な批判となるか否かは明らかでない．

第11章　厳格憲法解釈論の本質と精神

1　厳格憲法解釈論の内容

内野正幸教授の提唱する「厳格憲法解釈」とは，「厳格な意味における憲法解釈を略したもの」(18) である[1]．それは教授の著した『憲法解釈の論理と体系』の「出発点をなし，かつ本書全体の基底に流れる重要な概念」(18) である．内野教授によれば，厳格憲法解釈論は，以下のような内容をもつ．

まず，憲法解釈の対象となる「憲法」とは，「所与の憲法典(＝形式的意義の憲法)，今日のわが国についていえば日本国憲法を指す．いいかえれば，憲法解釈論の対象は，もっぱら憲法典である」(29)．したがって，憲法と法律とが一体化された形でなされる解釈論は，憲法解釈とはいえない．

第二に，厳格憲法解釈は，「ある国家行為もしくは事態が合憲(憲法上許される)か違憲(憲法上禁じられる)か，あるいは，(その要請に反したら違憲になるという意味での)憲法上の要請なのか否かを指摘するものとしての性格をもっている」(40)．憲法解釈における当為命題は，憲法上の要請・非要請・禁止・許容，の四つに分類されるが[2]，厳格憲法解釈とは，このうちいずれにあたるかを明確に結論として伴う議論である．したがって，立法政策的当否や，ある

1)　本章は，もともと内野正幸氏の著書『憲法解釈の論理と体系』(日本評論社，1991)の書評として執筆されたものである．以下，かっこ内の数字は，同書の頁数を示す．同書の出発点をなすとされる厳格憲法解釈論についてはさまざまな論評がなされているが，それを包括的に論じたものとして，市川正人「憲法解釈学の役割・再考――『厳格憲法解釈』の意義と限界」ジュリスト884号 (1987) がある．

2)　要請・非要請・禁止・許可，という四分類は，J. ベンサムによる法の四分類 (command, non-command, prohibition, permission) を想起させる (cf. J. Bentham, *Of Laws in General*, ed. by H.L.A. Hart (Athlone Press, 1970) at 97).

制度が憲法の精神(ないし趣旨)に適合するか否か，憲法上望ましいか否か，についての議論は，厳格憲法解釈とはいえない(41).

第三に，厳格憲法解釈は，規範的情報量の豊かな具体的議論でなければならない.「厳格憲法解釈論の素材とされるのは，原則として，抽象的規範命題ではなく具体的規範命題である」(38). このため，地方自治の本質，国政調査権の本質，選挙権の本質などのさまざまな「本質」論は，厳格憲法解釈の素材とならない. また,「憲法解釈論上の命題は，できるかぎり，例外のないルールとして提示される必要がある」(11) との主張も，情報量の極大化を求める議論につらなるものであろう[3].

第四に，教授は解釈論における論理性・体系性の維持を強調する. ここでいう論理性・体系性とは,「憲法解釈論上の諸命題が同一の平面に並び，相互の論理連関が明確であり，その内部に論理矛盾を含まないものとして提示されていることを指す」(8) 形式的な要請である.「本書のおもな主張は，憲法解釈論にとって論理性・体系性を保持することが最低限必要であり，このことは憲法解釈を一つの学問として確立するためにも不可欠である，という点に存する」(4) とされる[4].

---

3) 規範の情報量について，内野教授は井上達夫『共生の作法』(創文社，1986) 42 頁を引照する(39 注 4). 同様の考え方としては，ポパーの情報内容の観念に着想を得た E. トーピッチュの「規範内容」の観念がある(同「イデオロギー批判の問題としての人権」住谷一彦訳(『科学的思考と神話的思考』)(未来社，1985) 50–53 頁).

なお，内野教授は,「抽象的規範命題であっても，合憲か違憲か(ないし憲法上の要請か否か)を明示する形式の命題は，副次的にここ〔厳格憲法解釈論〕での素材とされる」と述べる(38). もっとも，教授の基本的な考え方からすれば，当該命題が抽象化するにしたがって，その規範的情報量は減少し，それに伴って，厳格憲法解釈論としての適格性も低下することになるはずであろう.

4) 内野教授は解釈論が満足すべき条件として，他に「認識の外形」を保持することを挙げる(199–200). 教授によれば，法解釈は実践的・主観的なものであるが，なおかつ「法文に内在する正しい意味を認識する」との外形の下に行われ，かつそうあるべきである. しかしながら，法解釈をことさら「認識」として標榜する必要があるかは疑問である. 解釈者としては，自己の解釈が他の解釈よりもすぐれた，より正当な解釈であることを標榜すれば十分であろう.

2　厳格憲法解釈論の本質——厳格な意味における「法の支配」

以上のような厳格憲法解釈論の主張は，いかなる論拠によって正当化されるものであろうか．一見したところでは，内野教授の提示する憲法解釈の論理性・体系性の維持という理念が，他の特質をも要請するように見える．しかしながら，形式的な意味における論理性・体系性は，必ずしも議論の情報量が豊かであることを要求しない．きわめて抽象度が高いにもかかわらず，あるいは経験内容の欠けたトートロジーであるにもかかわらず，形式的には論理的・体系的な議論であることは十分可能である．また，論理性・体系性は，憲法解釈の対象が憲法典に限定されることも含意しないはずである．

第二に，教授の標榜する「学問」としての憲法解釈論という理念(4)も，厳格憲法解釈の諸要請を必ずしも導かない．極端な例でいえば，行為功利主義(act-utilitarianism) の立場をとる憲法学者は，自己の学説に首尾一貫して忠実であるためには，あらゆる解釈問題について，その答えは個別の事例ごとの ad hoc な利益衡量によって決まるとしかいうことができず，たとえ一般的な解釈論を提示したとしても，それは多くの例外を許すガイドラインとしての意味しかもちえないであろう．つまり，彼の憲法解釈は厳格憲法解釈ではありえないこととなるが，それは彼の憲法解釈が学問として首尾一貫しようとする結果である．

可能な一つの見方は，厳格憲法解釈論は「法の支配」という法規範のあり方についての特定の立場を根拠とするというものである．ここでいう「法の支配」とは，近代立憲主義や望ましい法秩序のあり方をすべて含むような内容の濃い意味におけるものではない．現代の英米系の法哲学者が「法の支配 the Rule of Law」という概念を使う場合，理性的な人々の行動を規制しうるために法が備えるべき特質，というより稀薄な意味で用いることが通常である[5]．教授のいい回しを借りて，ここではこのような「法の支配」の観念を「厳格な意味における法の支配」と呼ぶことにする．

5)　本書第10章参照.

厳格な意味における法の支配については，ロン・フラーによる分析がよく知られている．彼は，ある国王が法制度の改革を試みて挫折にいたる寓話を描き，それをもとに，法が人々の行動をコントロールしうるための，いいかえれば，合理的な人間が法に従いうるための条件は何かを検討している．その条件として，彼が挙げるのは，法が公示され，その内容が明確であること，法がお互いに矛盾していないこと，実行不可能な内容ではないこと，朝令暮改の変更がなく法がある程度安定していること，行政処分や判決など個別の法規範が，一般的な法規範にもとづき，それと整合的に創設されることなどである[6]．これらは，法が為政者と被治者の双方をコントロールし，行動の予測可能性を保障しうるための，いいかえると，理解し従うことが可能な法であるための必要条件である．

一見して明らかな通り，厳格な意味における法の支配の内容と厳格憲法解釈の要請とはほぼパラレルである．厳格憲法解釈論が要求する，解釈の論理性・体系性，明確な結論と情報量の豊かさ，成文化された憲法典を根拠とする解釈であることなどは，いずれも，ここでいう法の支配の要請を，憲法解釈という特殊な領域に適用した結果といいうるように思われる．憲法解釈が内部で論理的に矛盾していたり，あまりにも漠然として不明確であったり，あるいは違憲・合憲の結論があやふやであったりすれば，公権力も私人もその解釈論を基準として実践的推論を行ったり行動したりすることは困難となる．法の支配の内容が，法が人の行動を規制し，法が法として機能するための条件を述べているように，厳格憲法解釈論は，憲法解釈が憲法解釈として機能するための条件を述べていると考えられる．

その限りで，厳格憲法解釈論は解釈論の内容とは一応，無関係な形式的要請である．切れ味のよいナイフが良い目的にも悪い目的にも使えるように，厳格憲法解釈の要請を遵守する切れ味のよい解釈論の内容は，道徳的に見たとき正しいことも正しくないこともあろう[7]．

---

6) L. L. Fuller, *The Morality of Law* (Yale University Press, revised ed., 1969) at 33–44.
7) Cf. J. Raz, *The Authority of Law* (Clarendon Press, 1979) at 223–26.

3　憲法規範の存在形式

厳格憲法解釈論およびそれが前提とする憲法観，解釈観については，いくつかの疑問を提起することができる．そのうちの一つは，厳格憲法解釈論が情報量の豊かな明確な議論への要求を極端におしすすめてはいないかというものである．内野教授は，先にも引用した通り，憲法解釈論について可能な限り，all-or-nothing で結論を決める議論であることを要求し，条文の趣旨や制度の本質を基礎とする抽象的な議論を退けようとする．

しかしながら，H.L.A. ハートが指摘するように，いかに明確な法規定にも必ず開かれた構造があり，適用のあり方の不明確な領域が存在する[8]．そこで生ずるハード・ケースを解決するためには，普段は明確なルールの背後に隠れ，それを正当化しているさまざまな抽象的原理を呼び出して，いかなる解決がそのような背景にある正当化原理と整合するかを検討する必要がある．つまり，法秩序は具体的で明確なルール (rule) だけではなく，答えを一定の方向に導く傾向的な力しかもたないさまざまな抽象的な原理 (principle) によっても構成されており，憲法，特に人権の分野では，抽象的な原理の果たす役割が大きい[9]．

憲法の人権宣言の条文のほとんどは，個別の事件について具体的な答えを all-or-nothing で与えてくれる明確な内容をもっていない．また，憲法上の原理の中には，条文の字面に直接の根拠を求めることが難しく，条文の「趣旨」や「精神」といった形でしか条文と関連づけることのできないものもある．このような憲法の諸原理に対し，上述の「法の支配」の要請を直接にあてはめれば，憲法による人権保障という目的を没却するおそれがある．

抽象的な憲法の条文に，ある制度が合憲か違憲かを決定する答えを求め，その答えが条文自体から与えられない場合には，答えは下位の規範に委任されて

---

8)　H.L.A. Hart, *The Concept of Law* (Clarendon Press, 2nd ed., 1994) at 124–36.

9)　R. Dworkin, *Taking Rights Seriously* (Harvard University Press, 1978) chs. 2–4. また，基本権規定の簡潔さと断片的な性格のゆえに，その解釈には何らかの基本権理論 (Grundrechtstheorie) が必要となると説く Ernst-Wolfgang, Böckenförde, *Staat*, *Gesellschaft*, *Freiheit* (Suhrkamp, 1976) S. 222 を参照．

いると主張する教授の議論(78 以下)は，原理しか述べていない条文にルールであることを要求しており，憲法典に過大な明確性を望むもののように思われる．抽象的原理から具体的ルールを導く過程は，ほとんどの場合，論理必然のものではなく選択の契機を含む．しかし，さまざまな選択肢のうち，いずれが憲法を含む法秩序全体の精神により適合するかを議論することはやはり可能であり，それはあるべき憲法解釈論の重要な任務であろう．

たとえば，表現の自由の規制立法に関するさまざまな違憲審査基準は，憲法 21 条から論理必然に導き出されるわけではない．所与の立法についていかなる審査基準をあてはめるべきかは，何故そしていかなる表現を保障するべきかに関する表現の自由の理論，つまり憲法 21 条の背後にある趣旨や精神を勘案しつつ選択するしかない．理論の導きを欠いた法解釈は盲目である．

おそらく教授自身も，この問題点については気づいており，下位規範委任説は，人権領域には安易に適用されるべきではないと指摘する(89–90)．しかし，そうだとすると，何が厳格憲法解釈論およびそれにもとづく下位規範委任説の射程をこのように限定しうるのかという疑問が新たに生ずることになる．

4　厳格憲法解釈論の精神

憲法学にとっては，明確な条文や具体的なルールと同様，条文や制度の背後にあって法体系を包括的に支える深層の理論も重要である．憲法の条文や具体的ルールは，その理論を構築するための素材であり，その本来の意義は深層の正当化理論と照らしあわせたとき初めて明らかとなる．そして，一見すると技術的要請にすぎないかに見える厳格憲法解釈論自体についても，その射程はそれを正当化する理論によってはじめて定まる．

前述した通り(第 2 節)，厳格憲法解釈の要請は，憲法解釈が学問であろうとする限り常に遵守しなければならない条件とはいいにくい．「法の支配」の理念自体，例外を許さないルールではない．たとえば，法の支配を支える正当化根拠が，個人に予測可能性を与えることにより自律的な生を可能にするという自由至上主義 (libertarianism) 的な考え方にあるとすれば，自律的な個人の生を経済的な困窮から守るための福祉国家的給付が同じ根拠から要請され，それに伴って，法の支配と衝突するさまざまな行政裁量が導入されることになる[10]．厳格憲法解釈論についても，それがいかなる実体的な政治道徳によって基礎づけられているかにより，その射程が限定されるはずである．しかし，内野教授は，その実体的政治道徳が何であるかをいまだ明らかにしていない．厳格憲法解釈論の全貌と射程とは，なお開かれた問題である[11]．

10) 本書第10章第6節参照．なお，法の支配の射程に関する拙稿として「『応答的規制』と『法の支配』」法律時報70巻10号(1998) 75頁以下を参照．

11) 本章で扱った「法の支配」の美徳を強調するスカリーア (A. Scalia) 裁判官の解釈理論とその射程を検討する最近の文献として，C. Sunstein, *One Case at a Time* (Harvard University Press, 1999) ch. 9 がある．

補論 I　法の不確定性と解釈について

本論は，ティモシー・エンディコットの著作『法の不確定性 Vagueness in Law』[1] を素材として，その内容を紹介し，若干の論点について検討を加える.

Vagueness ということばは，漠然性，曖昧さなど，いろいろに翻訳することができる．エンディコットは，このことばを，多義的ではなく一義的ではあるが，適用上不確定性をもたらし得る法または表現の特質として用いている (9)．個々の事案において法が何を要求しているかは，しばしば不確定である．本書の目的は，こうした法の不確定性を説明し，正当化し，法と裁判を理解する上で法の不確定性がもたらす諸帰結を検討することである (1).

彼は，indeterminacy を法または表現の個別の事例への適用に関してあてはまる特質として，vagueness を法または表現の特質として用いており，両者は厳密には異なる (9)．たとえば，脛骨の長さが 5 センチメートル未満のウシガエルの捕獲を禁ずるオンタリオ州のルールは，片方の脛骨は 5 センチ超だが，もう一方の脛骨が 5 センチ未満のウシガエルの捕獲を禁じているか否かが不確定だという意味では，法としては vagueness を帯びる．しかし，脛骨が両方とも 6 センチのウシガエルに適用される限りでは indeterminacy はない．ただし，この二つのことばを使い分けることには，さしたる有用性が感じられないので，以下では，vagueness も indeterminacy も，不確定性と訳すことにする.

1) Timothy Endicott, *Vagueness in Law* (Oxford University Press, 2000). 以下，補論 I では，参照頁は丸カッコ入りの数字で示す．著者のエンディコットは，オクスフォード大学で法哲学教授 (Professor of Legal Philosophy) の地位にある．なお，この補論の執筆にあたっては，森際康友教授から貴重なご教示をいただいた．記して謝意を表する次第である.

1 内容の紹介

(1) 解釈と根底的不確定性

以下，筆者の問題関心に応じて，内容を紹介する．本全体の概要を描く第1章に続いて，第2章は，「解釈 interpretation」に関する諸説を概観し，中でも，あらゆる言語理解は対象の解釈を前提としており，しかも任意の法のいかなる解釈も特権的な地位にはないため，法の理解は根底的に不確定であるとの主張を検討する．

理解するとは解釈することであるとの主張は，スタンリー・フィッシュ，フレデリック・シャウアー，ロナルド・ドゥオーキン等，他の点では見解を大きく異にする論者の間で共有されている．エンディコットは，これらの論者は法の理解は根底的に不確定であると本気で主張しているわけではないと指摘する．

根底的な不確定性を主張しているかに見えるフィッシュも，解釈共同体内部でのコンセンサスによって，意味は確定すると考える．根底的な不確定性を標榜するかに見えるデリダをはじめとする脱構築論者の主張は，額面通りに受け止めるなら内部矛盾を起こしていて理解不能である．言明の意味はコンテクストによって揺れ動くと主張する論者は，所与のコンテクストにおいては，意味は確定すると考えている．

理解と解釈との関係について論者によって主張が異なる背景にある主な要因として，ルールに従うことに関する後期ウィトゲンシュタインの指摘をいかに受け止めるかについての立場の違いがある (22-29)．ウィトゲンシュタインは，ルールの理解は根底的に不確定であると考え，当該社会の事実上のコンセンサスのみが，何がルールに従うことであるかを確定すると考えていたのか(これがクリプキの懐疑主義的立場である[2])，それとも，ルールとその理解との間には，それらを架橋する何かが存在するわけではなく，原則としてルールは解釈を必要とすることなく理解できると考えていたのか(ベイカーとハッカーの反

2) Saul Kripke, *Wittgenstein on Rules and Private Language* (Basil Blackwell, 1982).

懐疑主義の立場はこれである[3]．法と言語に関する問題を理解する上で，この論争は根本的な重要性を帯びる．エンディコットはこの箇所では自身の立場を明らかにしていない．彼の立場が明らかになるのは，第8章においてである．

(2) 不確定性の諸要因

第3章では，不確定性をもたらす諸要因が検討される．エンディコットは，vagueness に関するグライスの定義(それも vague なものであるが)を援用する[4]．それによれば，ある表現が vague であるのは，ある表現を適用してよいか否かの判断がつかず，しかも判断がつかないのは，関連する事実に関する知識が欠けているせいではない，という場合である (31)．ある表現が vague であるのは，その表現の意味が不確定である場合と，意味が確定してはいるが，それを当該事例に適用してよいか否かが不確定である場合に分けることができる．前者が意味論上 (semantics) の不確定性，後者が語用論上 (pragmatics) の不確定性である．

ある表現の意味が確定しているのは，それが適用される典型例 (paradigms) が把握されている場合である．典型例との近さ(類似性)によって，個別の事例が対応しているか——true と言えるか——の意味論上の判断が可能となる．他方，意味論上は対応している事例についても，その適用が適切 (appropriate) か否かに迷いが生ずる場合がある．それは語用論上の不確定性である．

ある表現が不確定である場合とは，その表現に寛容原理 (tolerance principle) が作用する余地がある場合だと，エンディコットは言う (33)．

古典的な例だが，髪のふさふさしている人から，髪の毛が何本抜けたらハゲになるかを考えてみよう．1本も抜けていない最初の状態 (X_0) は，ハゲではない．1本抜けただけ (X_1) でもハゲではないだろう．かりに n 本抜けた状態 (X_n) でハゲでないとしたら，それから1本余計に抜けたとき (X_{n+1}) に途端にハゲになるとは考えにくい．ここで働いている原理，つまり，「いかなる n に関しても，X_n がハゲでないとしたら，X_{n+1} もハゲではない」が寛容原理である．ある表現の適用対象に生じた僅かな相違は，当該表現を適用すべきか否

3) G. P. Baker and P.M.S. Hacker, *Scepticism, Rules and Language* (Basil Blackwell, 1984).
4) Paul Grice, *Studies in the Way of Words* (Harvard University Press, 1989), p. 177.

かに関して結論の違いをもたらさないというのが，その内容である．

これは古来，山のパラドックス (the paradox of the heap) と呼ばれてきた問題である．落ち葉が何枚つもったら山 (heap) になったと言えるだろうか．0 枚ではもちろん，1 枚でも山ではない．n 枚で山ではないとしたら，n+1 枚で急に山になることも考えにくい．では，いつまでたっても山にならないのかと言えば，そんなことはないはずである．1000 枚もつもれば山になったと言えるだろう．髪の毛も，10 万本も抜ければ，ハゲになったと言えるはずである．しかし，境界線がどこにあるかが不明である．

それは分かった．しかし，明らかにハゲである場合と，そう言えない場合とは区別できるのではないか．しかし，エンディコットは，そうした解決はできないと言う．明らかにハゲである場合とそうでない場合との間にも，やはり山のパラドックス(2 階の山のパラドックス)が発生するからである (35)．従来，提示されてきたいずれの解決法も，高次のパラドックスの発生を阻止することができないために，山のパラドックスの解決に失敗する (77ff.).

法の定めは，不完全 (incomplete) であることがある．当該規定の果たすべき任務を完全には遂行していない場合である．エンディコットは，「A 国の領域内で実行された犯罪は，A 国の裁判所の管轄に属する」と定めるルールを例に挙げる．多くの場合は，このルールの適用によって，ある事件が裁判所の管轄に属するか否かを決定することができる．しかし，A 国と関連する国際電話を使った詐欺事件は，A 国の裁判所の管轄に属するのだろうか．このルールは，管轄の決定という任務を不完全にしか遂行していない．エンディコットは，法の不完全性は，法の不確定性の一類型だとする (41)．そこでも，寛容原理の働く一連の事案の連なりを想定することができる．

X と Y の両者に共通するものさしで，両者を計測することが不可能なとき，X と Y とは比較不能 (incommensurable) である (41)．X と Y との善さ(悪さ)がいくつかの要素によって構成されており，それらをすべて一つのものさしに落とし込むことが不可能な場合がその例である．良い小説家は，ユーモアのセンスがあり，洞察力にすぐれ，イマジネーション豊かで筋立てを組み立てる能力にあふれている．それらのすべてを総合的に算定する一つのものさしがあるわけではない．そもそも，これらの要素は一つ一つをとっても，計測可能ではない．ユーモアのセンスを計測するものさしはあるだろうか．

ジョゼフ・ラズとジョン・フィニスは，諸価値の比較不能性を理由に，帰結主義――選好や善の最大化を帰結する行為を選択せよ――を批判する[5]．あらゆる価値を選好や善という単一の価値規準に落とし込んで比較することはできない．これに対し，エンディコットは，あらゆる比較不能性が不確定性をもたらすわけではないと言う (44)．いずれが良い小説家であるかを判断することが困難な場合もあるだろうが，さほど困難のない場合も少なくないであろう．また，母親に向かって，いくらの値段ならその子を売ってくれるかと問いかける人がいたとする．金額をいくら増やしても，子を決して売らないという母親の決意が揺らぐことはないであろう．後者は，ラズの言う「構成的比較不能性 constitutive incommensurability」の例である．そこには，境界線上の事例は存在しない．とはいえ，諸価値の比較不能性が法の不確定性を招くことはしばしばある．その意義を過小評価してはならないとエンディコットは言う (45)．

関連する事実はすべて共有されていて，それでもある観念が特定の事例に適用されるか否かについて，論争が起こる (contestable) ことがある．たとえば，法の定めが判断規準を与えているように見えて，実際には与えておらず，適用者の判断に委ねている場合がそうである．エンディコットは，イングランドの 1981 年最高法院法の定める原告適格の規準，すなわち「当該事項につき十分な利益を有する者」という例を挙げる．実際には，この法は規準を与えているわけではなく，自ら規準を設定するよう，裁判所に促しているにとどまる (49)．法が明示的に裁量権限を与える場合と，実質が異なるわけではない．両者の異同を考えるには，語用論上の不確定性について考察する必要がある．

意味論上の不確定性と語用論上の不確定性とがある．「5 時に私の部屋に来るように」という指示に意味論上の不確定性はない．「5 時頃に私の部屋に来るように」という指示には，意味論上の不確定性がある．5 時を何分すぎたら「5 時頃」とは言えなくなるか，寛容原理が作用し得る．他方，「5 時に私の部屋に来るように」と言われて，5 時 5 分に部屋をノックすることは，不適切であるとは言いにくい．語用論上は，それも適切な対応である．5 時 5 分 1 秒な

5）Joseph Raz, *Morality of Freedom* (Clarendon Press, 1986), Chapter 13; John Finnis, *Natural Law and Natural Rights*, 2nd ed. (Oxford University Press, 2011), pp. 113–15.

らどうか，5分10秒ならどうかと，ここでも寛容原理が作用する余地がある．

とはいえ，意味論上の不確定性と語用論上の不確定性との間に明確な線引きが可能であるわけではないと，エンディコットは指摘する．「有益 useful」ということばを例にとると，「十分に有益」なときにだけ「これは有益だ」と言うべきだという立場もあれば，何らかの有益性があればとにかく「これは有益だ」と言うべきであり，十分に有益なときにだけそう言うかどうかは，語用論上の問題だという立場もあり得るだろう．後者は，意味論を語用論から切り離そうとしている．しかし，それはあまり常識的な立場ではない (51).

語用論上の不確定性は，法の解釈と密接に関連する (52). H.L.A. ハートは『法の概念』の中で，公園への自動車の乗り入れを禁止するルールについて考察している[6]．公園内で怪我人が出たとき，救急車を乗り入れることは許されるのか．救急車は，意味論上は明らかに自動車である．しかし，このルールはこうした状況で救急車の乗り入れを禁じているものと理解すべきであろうか．裁判所がこの問題に直面したならば，裁判官は，法の趣旨・目的，立法者の意図，他の先例との類似性，頼るべき(諸)法原理等を勘案しながら，このルールを解釈することになるだろう．条文の本来の意味にこだわることができない場合にはじめて必要となるのが解釈である．

エンディコットは，概念の多義性 (ambiguity) と不確定性とを区別する．タクシーの運転手に「左ですか?」と問われて，「right」と答えたとき，その答えは多義的である．「その通り」という意味なのか，「右」という意味なのかが分からない．不確定性は，一つの意味しかない場合であっても，寛容原理が作用する余地があれば，存在する．

(3) 不確定性と法理論

第4章では，ハンス・ケルゼンとロナルド・ドゥオーキンの法理論が扱われる．ケルゼンは，法体系の完全性，つまり不確定性の欠如を一貫して主張したと言われることがある．法の欠歓 (gaps in the law) は存在しない．法的紛争は，相手方当事者が特定の義務を負うか否かを巡って争われる．もし義務を負

6) H.L.A. Hart, *The Concept of Law*, 3rd ed. (Oxford University Press, 2012), Chapter VII, Section 1; 長谷部恭男訳『法の概念』(ちくま学芸文庫，2014) 209頁.

う旨が「確定」しなければ，相手方は義務を負わない．答えはいずれかである[7]．

しかし，ケルゼンは，つねに確定的な法を発見することができると主張したわけではない．裁判官にとって，法は解釈の「枠組み frame」である．法が多義的であるとき，法はその枠内での多様な解釈の可能性を示す．裁判所はそのうちいずれかを選択し，選択した解釈に基づいて，いずれの当事者が勝利するかを決める．その限度で，法は不確定であり得るが，法体系全体としては，やはり完全性は保たれている[8]．

しかし，法は「枠組み」と言い得るほど，明確な外側の境界線を備えているわけではないとエンディコットは指摘する(62)．そこには，寛容原理が作用する余地がある．可能な解釈と不可能な解釈との境界線がどこにあるかは不明である．したがって，ケルゼンの法体系は完全ではない．明確な境界線を備えた法の授権を得ていない裁判官は，法の授権に基づいて解釈しているとは言えなくなる．授権のピラミッドは崩壊する．

他方，ドゥオーキンは，いかなる困難な事案 (hard case) にも正解 (right answer) があると主張したことで知られる．法に不確定性はない．彼の議論には，いくつかのバージョンがある．ここでエンディコットが扱うのは，特定の解釈原理——論争の余地のない核心的な事例についてのみ，当該法令は適用される——を導入することによって，確定性を確保する議論である[9]．つまり，こうした解釈原理が存在しない社会では，通用しない議論である．

ドゥオーキンの正解テーゼを批判する論者は，法は不確定であり得るとする．批判者は，法が不確定であるとき，「『x は θ だ』という言明は真かも知れないし，偽かも知れないし，真でも偽でもないかも知れない」と言う．ドゥオーキンはこれに対して，「真でも偽でもない」場合とは，「x は θ だ」という言明が真ではない場合に含まれるはずだと指摘する．したがって，「真でも偽でもない」場合が「真ではない」場合に含まれることを明確化するために，

7）Hans Kelsen, *The Pure Theory of Law*, Max Knight trans. (University of California Press, 1967), pp. 245-46; 長尾龍一訳『純粋法学』〔第 2 版〕(岩波書店，2014) 237-38 頁.

8）Kelsen, *The Pure Theory of Law*, p. 351; 長尾龍一訳『純粋法学』339 頁.

9）Ronald Dworkin, 'Is There Really No Right Answer in Hard Cases?', in *A Matter of Principle* (Harvard University Press, 1985).

「論争の余地なくxがθである場合にのみ,『xはθだ』は真だと言える」との解釈原理を導入すれば,不確定性はなくなる.

エンディコットはこれに対し,正解テーゼの批判者は,法が不確定であるとき,「『xはθだ』という言明は真かも知れないし,偽かも知れないし,真でも偽でもないかも知れない」と言うべきではなかったのだと指摘する(65).「真でも偽でもないかも知れない」と言う代わりに,むしろ「『xはθだ』が真だとも言えないし,『xはθだ』が偽だとも言えない」と言うべきである.批判者の主張をこのように,外的な不確定性の主張として定式化すると,ドゥオーキンの戦略は機能しなくなる.批判者の主張を「xはθだ」が真ではないと主張している場合に包含することは,もはやできなくなる.答えは不確定である.

もっとも,ドゥオーキンのより綿密な回答は,『法の帝国』で示された解釈理論に基づくものである.その検討は第8章で行われる.

(4) 不確定性と解釈

第8章で主として扱われるのは,ドゥオーキンが『法の帝国』で展開した解釈理論である[10].それは,特定の解釈原理を導入することによって法の不確定性を排除する議論ではない.

ドゥオーキンによると,法律上の難問に直面した裁判官は,関連する法令や先例等を素材として,それらの全体と可能な限り整合し,かつ,それらを最も説得力のある形で正当化する道徳理論を構成する必要がある.そうして構成された道徳理論は,面前の難問にも正解を与えることができる.法体系は多くの法令や先例によって形作られており,多くの道徳原理によって浸されているため,そうした道徳理論を構成する上で,十分な素材を提供することができる.しかも,こうした解釈の作業が必要なのは,難問の解決に限られてはいない.一見簡単そうに見える事案(easy case)においても,裁判官に限らず,一般市民のすべてに至るまでが,当該社会の法令・先例群を素材として,それらの全体と可能な限り整合し,かつ,それらを最も説得力ある形で正当化する道徳理

10) Ronald Dworkin, *Law's Empire* (Harvard University Press, 1986).

論を構成し，それに基づいて面前の事案に答えを出す責務を負っている．一人一人の市民が，すべてこうした責務を直接に担っている点で，解釈はプロテスタント的である[11]．解釈なくして法の理解はあり得ない．

ドゥオーキンのプロテスタント的解釈理論は，数多くの批判を浴びてきた．エンディコットがまず指摘するのは，法の提供する解釈の素材が往々にして不確定性を含むことである．難問の解決にあたる裁判官は，寛容原理が典型的に妥当する不確定概念と格闘する必要がある．ドゥオーキンは，法体系の提供する素材が不確定性を除去すると主張するが，エンディコットは，そうした素材の多くが確定的な回答を与えることのない原理 (principles) であることを理由に，不確定性の除去は多くの場合，困難であると指摘する (165)．もちろん，難問のすべてについて唯一の正解があり得ないとは言えない．しかし，すべての難問について，唯一の正解があるとも言えない．

ドゥオーキンは，裁判官はいかなる事案についても確定的な結論を下す必要があることを指摘し，それが彼の正解テーゼを支えているとも主張する[12]．たしかに，刑事裁判官は被告人が有罪か無罪かを決定する必要があり，民事裁判官は原告の請求が成り立つか否かを決定する必要がある．答えは二つの選択肢のうちのいずれかである．エンディコットはこれに対し，確定的な結論を与えるべき理由があることからは，当該結論の内容が法の要求する唯一の確定的なものであることは導かれないと指摘する (167)．

いかなる紛争も解決される必要がある．紛争が解決されることには，その解決の内容が正しいか否かとは独立の価値がある．言い換えれば，すべての裁判には，紛争に決着がつき，それに当事者が従うこと自体に意味があるという調整問題 (co-ordination problem) としての側面がある．判決の既判力の法理を支えているのは，こうした側面である．しかし，そのことと，判決の正しい内容が法体系によってただ一つに確定されているか否かとは別のレベルの問題である．

11) Dworkin, *Law's Empire*, p. 413.

12) Ronald Dworkin, 'Objectivity and Truth: You'd Better Believe It', 25 *Philosophy and Public Affairs*, 87, 137 (1996).

(5) 解釈と理解

エンディコットはさらに，easy case を含めて，あらゆる法の理解は法の解釈を前提とするとのドゥオーキンの議論をも批判の対象とする (172ff.). ここで彼が採り上げるのは，後期ウィトゲンシュタインの反懐疑主義的理解に立脚するアンドレイ・マルモアの議論である[13].

ルールに従うことに関するウィトゲンシュタインの検討が示しているのは，ルールとその適用(使用)との間には，架橋すべき空隙は原則としてないことである．かりに架橋すべき空隙が常にそこにあり，架橋する何ものかを解釈によって構成しなければならないのだとすると，解釈によって構成された(再解釈された)ルールとその適用との間にもやはり空隙が生ずるはずであり，それを埋めるための解釈がさらに必要となる．この作業は無限後退へと陥る．つまり，解釈によらないルールの理解があると考えない限り，ルールの理解はおよそ不可能となる．このことは，ルールに限らず，言語による表現一般に当てはまる．

言い換えれば，解釈こそがすべての理解の前提だとのドゥオーキンの前提は，法の理解をおよそ不可能とする．解釈によらない理解こそが理解の標準形である．解釈は例外的であり，解釈によらない理解に寄生する活動である．解釈が必要となるのは，所与の状況の下でルールの適用に疑念が生ずる例外的な場合に限られる．

(6) 法の不確定性と法の支配

第 9 章では，法の不確定性と法の支配との関係が検討される．法の支配は，無秩序状態とも，また支配者による恣意的な支配とも対極的な関係にある．法によってコントロールされない支配，同様の事案を同様に扱わない支配，市民にとって予測のつかない支配は，法の支配に反する．しかし，エンディコットはさらに，法の趣旨・目的 (reason of the law) から乖離した政府の行動もまた，法の支配に反すると指摘する (187).

法体系に不確定性はつきものである．「正当な理由なく」とか，「合理的な期

13) Andrei Marmor, *Interpretation and Legal Theory* (Clarendon Press, 1992), pp. 146–54.

間内に」という漠然とした概念を法文が用いることには，理由がある．それをより明確な文言に置き換えることは，しばしば法の趣旨・目的に反する公機関の行動をもたらす．ヨーロッパ人権規約第6条は，「合理的な期間内 within a reasonable time」に公正な裁判を受ける権利について規定する．この規定を数字で明確に期間を定める規定に置き換える方が，法の支配の理念にかなっているわけではない．不明確性を低下させることは，かえって法の支配に反する，恣意的な公務員の行動をひき起こす．金融商品取引市場での詐欺事件の起訴に必要な期間と，スーパーマーケットでの万引きの起訴に必要な期間とは異なる．具体的な状況に即した公務員の判断を要する法制度は数多存在する(190)．法の支配の目標は，サッカーのゴールキーパーの目標に似ている(191)．ゴールを全く許さないことが目標ではあるが，それは実現不可能である．

2　若干の考察

筆者がエンディコットによるこの著作を読了したのは2017年10月であった．出版年が2000年であるから，随分と遅れをとっている．検討の対象とされている諸論点は，ポスト・モダニズムの解釈理論にしろ，山のパラドックスにしろ，調整問題の解決にしろ，また，後期ウィトゲンシュタインの議論に立脚したアンドレイ・マルモアの解釈理論にしろ，筆者自身が検討してきたものばかりである．勉強不足を恥じるほかはない．個々の論点に関する著者の結論も，概ね同意できる．

山のパラドックスについては，リチャード・タックの議論に即して，選挙での投票は結果にほとんど影響をもたらさないが故に意味がないのか，という問題を検討したことがある[14]．タックの結論は，選挙での投票は結果に影響をもたらすことがあるというものである．少なくとも事後的に見れば，選挙は，何票で当選という形で明確な境界線を引くことができる．また，タックの議論は，民主政を維持していくためには，選挙での投票は結果に影響をもたらすことがあると考えるべきだ，という規範的なものであり，法適用にあたって発生

14)　長谷部恭男『憲法の円環』(岩波書店，2013) 第9章「多元的民主政観と違憲審査」．

する不確定性の遍在性と解決不能性を記述するエンディコットの議論とは[15]，正面から衝突するものではない．

裁判所の判決に調整問題の解決としての側面があることは，日本国憲法下での司法作用について，「争訟の状況」という概念を素材に検討したことがある[16]．少なくとも関係する当事者間では統一的に解決されるべき紛争状況があるからこそ，司法権は発動される．司法作用に調整問題の解決としての側面がある以上，たとえ誤った判決であっても，確定した以上は既判力が発生する．既判力が発生することをもって，法の与えるべき答えが前もって確定していると結論づけることができないことは，エンディコットの指摘する通りである．

アンドレイ・マルモアの「解釈＝例外」テーゼは，ミシェル・トロペールとロナルド・ドゥオーキンの解釈理論を検討する諸論稿で扱った[17]．トロペールもドゥオーキンも法の解釈こそが法の理解の前提である――言い換えれば，あらゆる法の理解は法の解釈である――とのテーゼから出発する．後期ウィトゲンシュタインの議論を的確に理解するならば，この出発点自体がおよそ成り立ち得ないものであることが分かる．法の理解こそが解釈の前提であり，法の解釈は，通常の法に理解との関係では例外的であり，かつそれに寄生する活動でしかあり得ない．

ただし，ドゥオーキンの解釈理論は，その適用範囲を困難な事案に限定し，かつ「正解」が何かがすべての人にとってただ一つ，しかも客観的に確定するという強すぎる主張を撤回すれば，なお擁護可能ではある（それが法の認識に関する理論か，あるいは法の創造に関する理論かは，ラズが指摘するように判

15）エンディコットは第 6 章において，不確定に見えるすべての概念には，実は明確な適用の境界線（sharp boundaries）が存在しているが，それがどこに引かれているかが分からない（隠されている）だけだというティモシー・ウィリアムソンの理論を退けている．ウィリアムソンの理論が正しいとすれば，山のパラドックスは解決可能である．しかし，不確定なことばの正しい適用は，話者の性向との重なり合いにあるというウィリアムソンの前提は，明確な境界線を引くことに失敗すると，エンディコットは指摘する．

16）長谷部『憲法の円環』第 13 章「司法権の概念」．

17）本書第 8 章「制定法の解釈と立法者意思」，長谷部恭男『憲法の理性』〔増補新装版〕（東京大学出版会，2016）第 15 章「法源・解釈・法命題」; Yasuo Hasebe, ‘The Rule of Law and Its Predicament’, *Ratio Juris*, Volume 17, Number 4 (2004).

断が困難であるが[18])．エンディコットは，ドゥオーキンが正解の唯一客観性に関する主張を取り下げていないと考えているが (63)，筆者はそうは考えない．『法の帝国』における彼の主張は，当該法体系を整合的に説明し，正当化する法理論は複数成り立ちうることを前提とした上で，解釈者がそのうちいずれかの正当性にコミットし，内的な視点をとるならば，困難な事案についても，その視点からの「正解」を導くことができるとするにとどまるものである[19])．理想の裁判官ハーキュリーズが用いる「客観的 objective」という形容詞が，消去可能な余剰であることを彼は認めている．もちろん，困難な事案に妥当範囲を限定するとしても，ドゥオーキンの解釈理論は法の権威主張とは両立しない．とはいえ，ドゥオーキンの解釈理論は，そもそも法の権威主張を否定するものであり，それを指摘されたとしても，彼は痛痒を感じないであろう．

法の不確定性と法の支配の関係については，徳島市公安条例事件最高裁判決を素材に議論したことがある[20])．明確性に乏しい概念を用いることは，法の支配を支える理念である個人の自律的判断の尊重と必ずしも衝突するわけではない．明確性に乏しい概念を意図的に用いることで，具体的状況に応じた個人の自律性判断を促すことも，現代社会の法体系にはしばしば見られる．

ただ，エンディコットのこの著作を読むことで，従前の筆者の見解に若干の修正を加える必要を感じた点がある．ただし，結論についてではなく，論理の筋道についてである．この点は，節を改めて論じたい．

3　ミシェル・トロペールの解釈理論・再訪

エンディコットは「法の支配の不可能性　The Impossibility of the Rule of Law」と題する第 9 章 (最終章) の中で，次のような仮想の問題を提起している (193).

18) Joseph Raz, ‘Authority, Law, and Morality’, in his *Ethics in the Public Domain*, revised ed. (Clarendon Press, 2001), p. 225; ラズ「権威・法・道徳」深田三徳訳，同『権威としての法』(勁草書房，1994) 所収参照.

19) Dworkin, *Law's Empire*, pp. 81 & 267; 長谷部恭男「事実認定と確率理論・再訪」法律時報 66 巻 9 号 (1994 年 8 月号) 84 頁.

20) 長谷部恭男『憲法の論理』(有斐閣，2017) 第 8 章「漠然性の故に有効」.

法の支配は概念としてそもそも実現不可能である．法の支配は公務員のすべての行為について司法審査を要求する．しかし，公務員の行為を法的にコントロールする裁判官自身も公務員であり……裁判そのものは法によって支配されていない．なぜなら，いかなる法体系といえども，裁判所の無限の階層秩序を想定することはできないからである．あらゆる裁判を法によって支配しようとすれば，無限の階層秩序が必要であるのに，いかなる裁判所秩序においても，最上位の裁判所は法によって支配されてはいない．

これに対してエンディコットは，無限の裁判所秩序を想定することは可能だと言う．1616年のイングランドにはそうした秩序が存在した．衡平法裁判所は王座裁判所の判決の執行を停止する命令を発することができ，他方，王座裁判所は衡平法裁判所の判決を破毀することができた．無限の裁判所秩序が存在するためには，このように相互の判決を覆す権限を持つ二つの裁判所が存在すれば十分である[21)]．

とはいえ，こうした状態では，いずれの裁判所の判決も実定法として妥当しているとは言い難い．無限の裁判所秩序は論理的には可能であるが，それは法の支配を実現する手段ではあり得ない．いずれかの裁判所の決定が最終的なものでない限り，何が法であるかを誰も知ることができないからである．法の支配を実現するために必要なのは，無限の裁判所秩序ではなく，裁判の最終性(finality)である(195)．最終的な裁判，つまり単一の最上級裁判所の裁判は，さらに法的にコントロールされることはない．

しかし，だからと言って，この最上級裁判所が法に従ってはいないとの結論が導かれるわけではない．誰にコントロールされることもなく，ルールに従うことはできる．裁判官も同じである(194)．コントロールの仕掛けがあれば，たしかにルールへの服従は実効性を増すかも知れないが，それはコントロールの仕掛けがない限り，ルールに従うことがあり得ないことを意味しない．毎朝，自分の朝食をこしらえる前に，猫の朝食を用意するというルールを自分に

21) 当時の裁判所間の権限争議については，さしあたり長谷部恭男「国王も神と法の下にある」松井茂記編著『スターバックスでラテを飲みながら憲法を考える』(有斐閣，2016) 295頁以下参照．

課している人は，誰も見ていなくてもそうする可能性はある．

筆者は，1991 年に刊行した著書で，ミシェル・トロペール教授の法解釈理論を検討したことがある[22]．トロペールの理論は，あらゆる法は有権解釈機関，つまり最上級裁判所の有権解釈によって創設されるというものである．この議論は，第 2 節(5)で述べたように，法のあらゆる理解は法の解釈を前提とするとしている点で，すでに一貫した理論として成り立ち得ない．ただ，1991 年の著作で筆者が指摘したのは，トロペール理論の枠内において，最上級裁判所が最上級裁判所として存立するためには，自己の権限を自らに授権(自己授権)する必要があり，それは論理的理由によって遮断されるというものであった．

最上級裁判所の保持する権限のうち，自己授権の権限を A とし，それ以外の権限を B とすれば，最上級裁判所の権限は A＋B となる．このうち，B の内容は個別に列挙することで同定することができるが，A の内容は A＋B を自己に授権するというものであり，そのうち B の内容は個別に列挙することで同定可能であるが，A の内容はといえば，それはやはり A＋B を自己に授権するというものであり，そのうち B の内容は個別に列挙することで同定可能であるが，A の内容は再びさらなる展開を要する．つまり A の内容は永遠に確定せず，意味が不明であり続ける．自己授権は不可能である[23]．

しかし，エンディコットが指摘するように，最上級裁判所は一つではなく，二つ存在する可能性があり，二つが相互にコントロールし合うこと，互いの判断をコントロールして無限のコントロールが行われることも，論理的にはあり得る．別の言い方をするならば，二つの最上級裁判所が，相互に相手の権限を制限し，または許容し合っていると主張 (claim) することになる．そうすると，一見したところ，法体系の頂点において二つの機関が循環的な相互授権をすることが，論理的に可能であるかに見える．トロペールの理論が最上級裁判所の自己授権を必然とするとした点で，筆者のかつての議論は誤っていたのだろうか．

しかし，二つの最上級裁判所が並存する場合，少なくとも有権解釈機関は存

22) 長谷部恭男『権力への懐疑――憲法学のメタ理論』(日本評論社，1991) 第 1 章「解釈による法創造」および第 2 章「慣習としての法」．
23) 長谷部『権力への懐疑』27-28 頁．

在し得なくなる．二つの最上級裁判所のうち，いずれの解釈も最終的なものではなく，他の最上級裁判所によっていつでも覆され得る．したがって，トロペールの解釈理論は，中核となる必要不可欠な構成要素——有権解釈機関——を保持しえなくなり，やはり崩壊する．あらゆる法を創設する最終性を有する有権解釈が存在し得なくなるからである[24]．

二つの最上級裁判所の見解がたまたま一致すれば，その限りで相互授権に基づく有権解釈はなお存在することになり，この裁判所秩序は生き残り得るのだろうか．おそらくそうではない．

第一に，両裁判所の合致によってのみ有権解釈が生み出されるのであれば，そこで生起している事態は，議会両院の議決の一致によって法律が制定される事態とパラレルである．両裁判所の見解の合致によって生み出された有権解釈が両者に同時に権限を与えているのであり，そこにあるのは，自己授権であって相互授権ではない[25]．そして，自己授権はすでに述べたように，論理的理由により遮断される．

第二に，二つの最上級裁判所が並存する状況において，両者の見解が一致する蓋然性はきわめて低い．トロペールの法解釈理論では，単一の最上級裁判所は，他の機関を拘束するため，戦略的考慮から自身を自己拘束する．最上級裁判所は自己の編み出す法理の網の目で自らを縛ることによってのみ，他者をも拘束することができる[26]．しかし，並存する二つの最上級裁判所に，こうした

24）判断が最終的であることが最上級裁判所のメルクマールだとすれば，この状況では，二つの裁判所のいずれも最上級裁判所ではないと言うべきことになるだろう．

25）授権に関する有権解釈に限って言えば，X と Y，二つの裁判所が法体系の頂点にあるとき，「Y は権限 π を有する」と X が判断し，かつ，「『Y は権限 π を有する』と判断する権限が X にはある」と Y が判断するならば，「Y は権限 π を有する」点において，両裁判所の判断が合致したことになるのであろう．しかし，ここにおける Y の判断は，「Y は権限 π を有する」との X の判断は妥当であるという判断に他ならない．これは，ある法体系の頂点に二つの議院が存在するとしたとき(つまり，両院の権限は上位の法規範や国家機関に与えられているわけではないとき)，そのうち一院の権限についての両院の判断が合致した場合と同様である．これはつまるところ，両裁判所(両院)による自己授権であって，相互授権ではない．

26）Michel Troper, 'Justice constitutionnelle et démocratie', in his *Pour une théorie juridique de l'État* (PUF, 1994), pp. 342–45; ミシェル・トロペール「違憲審査と民主制」日仏法学 19 号(1993–94) 17–19 頁参照．自己授権とは異なり，ここで遂行されているのは，世の中に広く見られるプレコミットメントと同様の戦略的考慮に基づく事実上の自己拘束であって，論理的困難を伴うわけではない．

戦略的考慮は働かない．自己拘束したとしても，他の最上級裁判所の判断によって，いつでも自身の解釈は覆され得るからである．

むしろ，他の国家機関を味方に引き入れるため，他の機関への法的拘束を緩和して法の支配を切り下げる，底辺(無拘束状態)に向かう解釈の競争に巻き込まれるおそれさえある．自己拘束のインセンティヴを有しない最上級裁判所が並存する法秩序に安定した有権解釈はあり得ない．そうだとすると，むしろそこには，相互授権も自己授権もないと考えるべきであろう．1616年のイングランドのように，二つの最上級裁判所が相互に授権していると主張するシステムは存在し得るが，結論としては，相互授権のシステムは成り立たない．こうした事態は，最上級裁判所が三つ以上となって，相互授権を行うと主張する場合でも同様に生ずる[27]．

法体系の最上位で複数の機関が相互授権をすると主張する事態は，法の支配にとって破滅的である．紛争が最終的に解決されることはなく，国家機関に対する法的拘束は無拘束状態に向けて無限の切り下げに向かい，何が従うべき法であるかを知ることは，誰にもできなくなる．

4　トロペール的法秩序の存立可能性

有権解釈機関たる最上級裁判所の自己授権が論理的に成り立たないとしても，以下で述べるように，トロペールの描くような法秩序――有権解釈機関たる裁判所が頂点に位置する法秩序――それ自体が成り立ち得ないとか，持続不可能だということになるわけではない．しかし，そうした法秩序の成立と持続を，自己授権という観念によって循環的・自己完結的に正当化することができ

27) ハンス・ケルゼンは，自己授権が論理的に遮断されることを暗黙の前提として，ある社会における実定法の妥当性の根拠を上位の法規範へと遡っていくと，結局のところ，当該社会の実定法が妥当であり，従うべきものだと考えている者は，当該社会の歴史的に最初の憲法に従うべきだと思惟の上で前提していると考えざるを得ないとした．いわゆる根本規範の前提である．これに対して，ジョゼフ・ラズは，法体系の頂点において複数の機関が循環的に相互授権する事態を想定すれば，根本規範を前提することなく，当該法体系に含まれる実定法の妥当性を説明できるとしている (Joseph Raz, *The Concept of Legal System*, 2nd ed. (Clarendon Press, 1980), pp. 138–39)．しかしながら，本文で述べた理由により，複数の機関が相互授権を行う法秩序は，現実には持続不可能である．ラズといえども，常に正しいわけではない．

ない以上，正当化の根拠は外部から，しかも実質的に与えられるしかない．授権の連鎖によって簡便に正当性を獲得することはできない[28]．

筆者はかつて，その根拠は，最上級裁判所による有権解釈を通じて提供される実定法が人々の社会的相互作用を調整することで，人々の自発的な服従を調達し得る点に求められるのではないかとの仮説を提示した[29]．有権解釈を通じて当該社会の実定法が何かを社会一般に告知する最上級裁判所を頂点とする法秩序は，自己授権という奇怪な根拠に頼ることなく，有権解釈を通じた社会的相互作用の調整という実定法秩序に通常期待される機能を現に果たすことで，人々の自発的服従(少なくとも黙従)を調達することができる．法秩序としての役割を果たすことを通じて正当化根拠を自ら調達することができるわけである．こうした広い意味における功利主義的な観点からの，トロペール的法秩序の実質的な正当化は可能であると筆者はいまだに考えている[30]．逆に，自己の権限を自ら授権したとの奇怪な主張をする最上級裁判所が頂点に位置するというだけで，その法秩序に従おうと考える人々が現れるという想定は，明らかに常軌を逸している．

しかし，こうした機能的正当化は，秩序の頂点で複数の最上級裁判所が並存して相互授権と相互取消しを行うと主張する秩序では成り立ち得ない．第3節で説明したように，こうした法秩序では，有権解釈なるものがおよそ存在し得ず，何が実定法であるかを人々が判別することさえできないからである．こうした秩序を「法秩序」ということさえ，憚られるであろう．何が法かを判別することのできない秩序を法秩序と形容することができるものだろうか．それは，互いの判定を覆し合う複数の主審が活動するサッカーの試合のようなものである．当然，そうした「法秩序」は，人々の社会的相互作用を調整する機能

---

28) 授権の連鎖による簡便な正当化と実質的論拠に基づく正当化の区別については，長谷部『憲法の論理』第3章「憲法96条の『改正』」，とくに48頁以下参照．

29) 長谷部『権力への懐疑』58-59頁; Hasebe, 'The Rule of Law and Its Predicament', pp. 494-95.

30) もっとも，この場合でも，あらゆる法の理解にはその解釈が必要となるとのトロペール理論の出発点は撤回される必要がある．このため，最上級裁判所による有権解釈が行われるのは，例外的な場面のみである．大部分の実定法は，最上級裁判所による有権解釈を経ることなく，立法機関の立法がなされた時点で理解可能でなければならない．その結果，トロペールの描く法秩序は，我々にとってなじみ深い，さして驚くべき点のない法秩序に大きく近づくことになる．

を果たすこともできないし，それ以外にいかなる社会的機能を果たし得るかも定かでない．法秩序に期待される社会的機能を果たすことができない以上，機能遂行に基づく正当化根拠は調達し得ない．そうした「法秩序」は，短期間の存立は可能かも知れないが，持続可能性には欠ける．

何がルールなのか，何が判定なのかが判別できないサッカーの試合は理解不能で意味がないと考えるなら，競技場を後にすればよいだけである．しかし，複数の最上級裁判所が並存する「法秩序」はその社会における人々の生活全体にとって破滅的である．人々にできるのは，国外に脱出するか，新たな法秩序を打ち立てるかであろう．

5　むすび

法体系の頂点における自己授権や相互授権を根拠とする法秩序がかりに持続可能であるとしても(第3・4節で見たように，筆者の結論はそれについて否定的であるが)，そうした法体系の法が権威を備えており，従うべき理由(道徳的理由)があるか否かは，ジョゼフ・ラズが指摘するように[31]，個別の法，個別の市民に即して検討されるべき問題である．問われるべきなのは，当人の判断に基づく行動を差し控えてその法に従うことが，当人が本来とるべき行動をよりよくとることにつながるか否かである．

当該法体系が，法の支配の要請――法の公開性，明確性，一般性，安定性，無矛盾性，事後法の禁止等――を十分に満たしているとしても[32]，当然に，当該法体系に属する個別の法に従うべきことになるわけではない．法の支配の諸要請は，その法が法として機能するための――権威として人の行動を方向づけることができるための――必要条件ではあるが，十分条件ではない．法が法として機能する必要条件を備えているからといって，当然にその法に従うべきだ――権威として受け取るべきだ――ということになるわけではない．その法に従うことが，当人が本来とるべき行動をよりよくとることにつながるか否かが，依然として，答えを決める．

31）　Raz, *Morality of Freedom*, p. 80; do, *Ethics in the Public Domain*, p. 350.

32）　法の支配の要請については，本書第10章「法の支配が意味しないこと」参照.

エンディコットやマルモア等，法の基礎理論に関する英米系のこうした議論の紹介が，日本ではその意義に比して過少であるように感じられる[33]．憲法改正論議に参加して憲法学者に誹謗を加えている方が世間の注目も浴びて面白いのかも知れないが，法哲学者には法哲学者として期待される本来の任務があるのではないだろうか．

33) マルモアの解釈理論を検討する濱真一郎『法実証主義の現代的展開』(成文堂，2014) は存在するが．

補論 II　普遍主義の罠，科学主義の誤謬
――バーナード・ウィリアムズの「人間知としての哲学」に寄せて――

われらは……政治道徳の法則は，普遍的なものであり，この法則に従ふことは，自国の主権を維持し，他国と対等関係に立たうとする各国の責務であると信ずる．（日本国憲法前文）

1　はじめに

日本国憲法に関する俗説としてしばしば耳にするものの中に，多くの国々では憲法を改正しているのだから日本も早く憲法を改正すべきだとか，多くの国々は武力の行使を憲法によって限定していないのだから日本も武力の行使を個別的自衛権の行使に限定すべきではないというものがある．こうした俗説は，単に大勢順応主義や右に倣え主義に訴えかけるだけではなく，あたかも学術的な根拠を伴うかのように装うことがある．普遍主義あるいは科学主義という装いである．

我々が日常的に出会う法学や政治理論の中には，普遍的な有効性を標榜するものが少なくない．また，普遍的に有効であればあるほど，法学や政治理論はそれだけ価値があるという前提に依拠した議論も少なくない．レトリックとして考える限りでは，ある法理論・政治理論を提唱しようとする者は，それが広い範囲の人々によって受け入れられるべきだと主張するものであろう．しかし，あらゆる視点から独立して有効な理論であればあるほど価値があるという考え方は，法学や政治理論に関する限り，根本的に誤っている．

筆者は，この一見したところパラドクシカルに見える問題をいくつかの機会をとらえて論じてきた[1]．本論ではこの問題を，バーナード・ウィリアムズの議論を素材として検討する．主な素材となるのは，彼がイギリス王立哲学協会

1）長谷部恭男「比べようのないもの」「理性の彼方の軽やかな希望」本書第 2 章および第 5 章，長谷部恭男「カントの法理論に関する覚書」同『憲法の円環』(岩波書店，2013) 所収等．

で行った「人間知としての哲学」という講演である[2].

2 絶対的観念と科学主義的誤謬

学問は多様である．学問は知を求める．求めるべき知が何か，知を求める試みに成功したか否かが，ローカルな視点や研究者の個性から独立に判断される学問もある．

自然科学の大部分はそうした学問であろう．研究者がヨーロッパ人であろうと東南アジア人であろうと，探求すべき対象は同じ，探求にどこまで成功したかを判断する規準も同じである．

時代によって，こうした知的探求の対象や判断規準が大きく変化することもない．このため，自然科学は「進歩 advance; improve」する．これまでの成果を，今までは説明し得なかった現象をも含めてより広く深い視点から解明し，これまでの成果を特定の条件の下においてのみ妥当する部分的な理論として説明することのできる新たな理論が提示されれば，それは従来の成果に比べて「進歩」している．

バーナード・ウィリアムズは，自然科学を典型とするこうした特質を備えた学問は，世界を「それ自体，あるがまま as it is in itself」に記述しようとするものであり，「可能な限り，ローカルな視点や研究者の個性から独立して to the largest possible extent independent of the local perspectives or idiosyncrasies of enquirers」世界を記述しようとするものだと言い，こうした記述を「世界の絶対的な観念 the absolute conception of the world」と呼ぶ (HD, 184–85).

ウィリアムズによれば，哲学が目指すのは，こうした世界の絶対的な観念ではない．哲学もそうした観念を目指しているはずだというのは，絶対的観念なるものがあるとすれば，それは哲学が保有すべきものだというヘーゲリアン的

2) Bernard Williams, 'Philosophy as a Humanistic Discipline', in his *Philosophy as a Humanistic Discipline*, ed. Adrian Moore (Princeton University Press, 2006). 以下，本論では HD と略す．Humanistic Discipline を「人文学」と訳したのでは，重要な意味が抜け落ちる．おそらくは，「人として生きることの知」と訳すべきであろう．編者のエイドリアン・ムーアは，この講演はウィリアムズ自身による彼の知的生涯のマニフェストであると言う (Adrian Moore, 'Introduction' to *Philosophy as a Humanistic Discipline*, xiv).

な思い込みに基づく誤解である (HD, 186). 別の言い方をすると，(1) 学問としての哲学は自然科学に劣っているはずはない．そして，(2) 世界をあるがままに記述しようとする学問，可能な限り特定の視点から独立した世界の記述を目指す学問は，特定の視点やローカルな条件によって限定された学問より優れているはずである．そうである以上，哲学もそうした世界の絶対的な観念を目指しているはずだ，という思考様式にとらわれた誤解である (HD, 186).

このうち，(1) は，半ばは真実だとウィリアムズは言う．宇宙の神秘を解明すること等において哲学は自然科学に劣っているが，他のこと，たとえば我々の知的な営みにどのような意味があるかを解明する点においては，哲学は自然科学にまさっている．しかし，(2) は端的に誤りだとウィリアムズは言う (HD, 186). 可能な限り特定の視点から独立した世界の記述なるものが可能だとしても，それは知的な営みを含め，人としてのさまざまな営みがどのような意味を持つかを示すことには全く役立たない．そもそもそうした問題に取り組むことさえできないだろう．

我々の営みを，そして我々を理解するためには，ローカルな実践，我々の特殊な文化，我々の特殊な歴史と伝統に根付いた概念や説明が必要であり，そうした概念や説明は，世界の他の地域，他の文化に属する研究者と共有し得る希薄な諸概念によって代替することはできない (HD, 186–87). ここにおける「我々 we」は，全人類に及ぶ包括的な「我々」ではなく，ローカルで部分的な「我々」である (HD, 187).

自然科学，たとえば物理学が普遍的な有効性を持つのであれば，それは学問として本質的に優れていることを意味するという主張は，科学主義的誤謬 (scientistic error) にすぎない (HD, 187). また，哲学に絶対的観念はあり得ないと主張しながら，かりにそうしたものに到達し得るなら善いことだと考える者は，やはり科学主義的誤謬にとらわれている．それは，神が存在しないならいかなる行為も道徳的に許容されると考える無神論者が，それと気付かずに神への信仰——道徳的判断に確固たる基盤を与えるのは神の命令のみである——に強くとらわれているのと同様である (HD, 187).

たとえば，言語行為なるものがあれば，それにはローカルな実践やローカルな文化等とは独立に，普遍的に妥当する説明があるはずだ——たとえば自然淘汰等——という前提は，科学主義的な誤謬である．ローカルな実践やローカルな文化があるという特質は，人類に普遍的に妥当する．しかし，特定の実践や文化が自然淘汰の結果として説明できるという議論は，科学主義的誤謬にすぎない(HD, 188).

3　歴史的探求の不可欠性

自然科学者にとって，自然科学の歴史にさしたる意味はない．物理学の現状を理解する上で，物理学のこれまでの歴史を理解することが前提条件となるわけではない．物理学は，いかなる特定の視点からも独立した，あるがままの世界のあり方を記述する学問だからである．従前の物理理論と現在の物理理論とは同一の判断基準に基づいて比較可能であり，現在の物理理論は従前の物理理論の「改善」となっている．従前の物理理論を支えていた現象は，現在の物理理論によっても十分に説明できるし，従前の物理理論は現在の物理理論を特殊な条件の下で適用した姿として包摂することができる．したがって，現在の物理理論さえ理解すれば，それで十分である．

哲学の歴史を，こうした意味での「改善」の歴史として理解することはできない(HD, 190)．現在，政治哲学の分野で受け入れられているリベラルな理論を従前の理論との比較の上で「正当化」しようとすれば，平等の観念，個人の尊厳の観念，民主政の観念等に訴えかけることになる．これらの観念に訴えかける限りにおいては，現在の理論は従前の理論に比べて「改善」となっている．しかし，なぜそうした説明ができるかと言えば，これらの観念が現在の理論の構成部分であり，そのために，これらの観念に照らせば現在の理論が「改善」となっているからである．つまり，現在の理論の正当化とは，現在の理論自体に照らした循環的正当化である(HD, 190).

従前の理論から現在の理論への変化を歴史的に説明することはできる．しかしそれは，物理学の理論の変化の記述とは異なり，正当化には役立たない．従前の理論——それは人類の歴史の大部分を占めてきた階級社会を支える理論である——に対して現在の理論が，議論 (argument) の結果として打ち克った歴史では必ずしもないからである．議論によって現在の理論が従前の理論に打ち克つためには, 両者が共有する議論の前提が必要である. しかし, 階級社会を支える従前の理論と平等社会を支える現在の理論とでは, 議論の前提がそもそも異なる[3]. 自由を抑圧する体制を支える政治理論と自由な体制を支える政治理論の関係も, 同様に, 議論の前提が根本的に異なっている (HD, 190).

別の言い方をすると, 科学理論が変動するとき, そこで科学者が直面する危機は,「説明の危機 crisis of explanation」である. そして何が成功した説明であるかについては, 判断の基準が科学者の間で広く共有されている必要がある. しかし, 旧来の政治体制が新たな政治体制へと変革されるとき, そこで人々が直面する危機は, 少なくとも第一義的には「説明の危機」ではない. それは信頼の危機, 正統性の危機である (HD, 191). 体制の変革は, ある理論が他の理論に議論において打ち克った結果として発生するわけではない[4].

現在, 我々が特定の哲学理論, 政治理論を受け入れているのは, 理論の「改善」の結果ではなく, たまたまの歴史的経緯の帰結である. だからこそ, 我々を理解するためには, 歴史を無視することはできない (HD, 191).

ウィリアムズ自身が取り組んだ問題で言えば[5], 真実を目指すこと (truthfulness) がなぜ大切かを説明するためには, 正確さ (accuracy) や誠実さ (sincerity) が人類にとって普遍的に重要だと指摘するだけではなく, これらの特質が文化的, 歴史的にさまざまな形をとってきたことを記述する必要がある. そうしてはじめて, なぜ我々が今, 他のものではなく, 今我々が抱いている価値を大切にしているかを説明することができる. 真正性 (authenticity) や廉潔性 (integrity) がなぜ美徳とされるかを説明するにも, 西欧文明がたまたま辿ってきた歴史的経緯を記述することが必須となる[6]. 人間の置かれた一般的

---

3) ウィリアムズが別の箇所で挙げる例で言えば (Bernard Williams, '*The Last Word*, by Thomas Nagel', in his *Essays and Reviews 1959–2002* (Princeton University Press, 2014), 386), 先住民の呪術師と近代的な病院の医療とでは, 思考の前提が根本的に異なっている. 呪術は未発達な医療ではない. 村人たちが呪術に頼るのをやめ, 病院に通うようになったとしても, それは医療が呪術に議論の末, 打ち克ったからではない.

4) 長谷部「理性の彼方の軽やかな希望」(前掲注(1)) 本書 80 頁参照.

5) Cf. Bernard Williams, *Truth and Truthfulness: An Essay in Genealogy* (Princeton University Press, 2002).

6) これらの諸概念は, ウィリアムズの言う「濃厚な thick」倫理概念である (Bernard Williams, *Ethics and the Limits of Philosophy* (Fontana, 1985), p. 140). 濃厚な倫理概念は, 具体の状況の事実の描写とそれに対する価値的評価とを含む.

な状況から——たとえば「正義の状況」から——アプリオリに妥当すべき帰結を導出する哲学だけでは，人間の営みの多くはその意義を理解することができない．我々の思想や動機を理解する上で，歴史は不可欠であり，歴史は哲学の不可欠の一部である (HD, 192).

4　アイロニーの不要性

自然科学者は，自然科学の発展の歴史に無関心でいることができる．哲学者はそうではいられないというのが，今までの結論である．しかし，我々の抱いている政治理論や道徳理論が，たまたま我々の歴史が辿った経緯に基づくものであり，それにすぎないものであるとすると，我々は心の底からそれを抱きしめることができるのだろうか．対抗する理論との間で，議論を通じた正当化を経てはいないものなのに．

リチャード・ローティはこの問いに対して，アイロニーで答えようとする[7]．政治的に行動する主体としては，我々は我々の世界観に，リベラルな世界観に，コミットせざるを得ない．しかし，一歩引いた観察者としての立場からは，我々の世界観がたまたまの歴史的経緯の帰結であること，それにもかかわらず我々がそれにコミットしていることを我々は戸惑いながら見つめている．

ウィリアムズは，ここでローティは切り離し得ないはずのものを切り離そうとしていると言う (HD, 193)．我々は，アイロニーを意識から消し去ることなしには，我々の世界観——ローティが「常識 common sense」と呼ぶもの——に真正にコミットすることはできないのではないか．そして，消し去ることができるのであれば，そもそもアイロニーは必要であったのか．

我々の立場が歴史的偶然の帰結であることを十分に理解するならば，アイロニーは不要だとウィリアムズは指摘する (HD, 193)．ここで我々が直面しているのは，科学主義の誤謬と同じ問題である．現在の我々の理論が従前の理論の「改善」であることを示してくれる説明があれば本当は結構なのだが，我々の

7)　Richard Rorty, *Contingency, Irony, and Solidarity* (Cambridge University Press, 1989). ローティの議論については，さしあたり，長谷部「理性の彼方の軽やかな希望」(前掲注 (1)) 本書 80 頁以下参照.

リベラルな世界観は我々の歴史が偶然辿った筋道の帰結にすぎないことが分かってしまったので，せいぜいのところ次善の策――アイロニー――で我々は我慢せざるを得ないというわけなのであろう．

しかし，それを残念がる理由はない．残念に思えるのは，普遍主義の罠に陥っているからである．我々は，いかなるローカルな文化にも，視点にも，実践にもとらわれることなく，無機質的な始源状態で自己利益に適う合理的な原理を選んだわけではない[8]．我々に与えられた歴史的条件の中で懸命に努力した結果，たまたま辿り着いたのが，我々が現在抱いているリベラルな世界観である．だからこそそれは，我々の世界観である[9]．

従前の経緯を一切かなぐり捨てて，歴史的偶然性から完全に自由な，絶対的な視点から我々の世界観を選択すべきだというのは，もう一つの科学主義的幻想に過ぎない．この科学主義的幻想から逃れることができれば，次の三つの学問的営為が相互に矛盾・衝突するものではないことが理解できるはずだとウィリアムズは言う (HD, 194)．第一に，我々が現在抱いている世界観の枠内で行動し，議論すること．第二に，より一般的なレベルでこうした活動について省察し，その意味を理解すること．第三に，そうした世界観がどのような歴史的経緯で生まれたかを理解すること，である．第三の歴史的探求と前二者との間に不両立の関係はない．

5　理解の限界

もっとも，我々の世界観の意味を我々が完全に筋の通った形で理解することができるとは考えない方がよい．世界観なるものは，往々にして筋が通っては

---

8)　ロールズの始源状態 (the Original Position) の意義は，世界観や価値観を異にする主体同士で社会的な協働を可能とする条件は何かを探ろうとする点にあり，自己利益に基づく合理的選択の側面のみを強調することは，ロールズの真意を歪めることになる．ロールズは誤解に基づく批判に直面して，正義の 2 原理が価値の多元性を前提とする政治的な観念であることを前面に押し出すようになった．この点については，Bernard Williams, '*Political Liberalism*, by John Rawls', in his *Essays and Reviews 1959–2002* (Princeton University Press, 2014), p. 328 でのウィリアムズの解説を参照．また，人間の行為に関する合理主義と科学主義との関連性については，長谷部恭男「私が決める」同『憲法の境界』(羽鳥書店，2009) 所収参照．

9)　Williams, '*The Last Word*, by Thomas Nagel', supra note 3, p. 386.

いない．歴史的探求はなぜそうであるかの理解を助ける (HD, 194)．たとえば，リベラルな世界観に含まれる個人の自律 (autonomy) という観念は啓蒙期にまで遡ることができる．しかし，カントの想定した，自身の性向や気質，趣味も含めていかなる外的要因にも影響されることなく決定するという「自律」の観念は，現在の我々にとってほとんど意味をなさない[10]．もしこうした筋の通らなさが深刻さを増し，「説明の危機」にまで達すれば，我々の解釈や意味づけを組み換える必要が生ずるであろう．それはさらに「正統性の危機」として受け取られるに至るかも知れない．そうなれば，果たしてこの観念を維持し続けるべきかが問われることになる．

我々の世界観を共有しない人々にとっては，我々の世界観は当初から「正統性の危機」にある．しかし，彼らにとってそれは「説明の危機」とはならない．そもそも我々の世界観は，彼らにとって意味をなさないからである．

こうした人々に対して「説明」するためではなく，我々自身にとって「説明」となるように，そして，対立する世界観との間でいずれを選択するか迷っている人々に我々の世界観を「説明」するために，我々の世界観に内在的な，それなりに筋の通った説明が必要となる (HD, 194)．

もっとも，我々の世界観の中には，それ以上の説明が不要な要素，それ以上の説明が不可能な要素もある．すべての個人は同等の配慮をもって扱われるべきだという原理はそれであろう．歴史を遡れば，こうした原理を共有しない人々も大勢いた．しかし，我々にとってそれは，それ以上，その基礎を探っても何も出てこない最も基盤にある根本要素である．「そうしたものだ it is simply there」，我々はそう考える (HD, 194–95)．

我々の世界観のこうした最基盤にある根本要素については，歴史的探求は意味をなさないのではないか．どのような歴史的経緯を辿って形成されたにせよ，そうした要素抜きでは我々の世界観は成り立ち得ない．であれば，そうした根本要素に基づいて内在的な正当化の理論を構築すれば足りるのではないか[11]．

10） カントの自律性の観念が含む問題点については，さしあたり，長谷部恭男「普遍的道徳と人格形成の間」同『憲法の論理』(有斐閣，2017) 75–77 頁参照．

11） ウィリアムズは，これはトマス・ネーゲルの主張だとする (HD, 195, note 14)．ネーゲルが

そうではないとウィリアムズは言う (HD, 195)．我々の世界観と対抗する世界観との間で，いずれを選ぶべきか迷っている人々もいる．彼らに対して，我々の最も根底的な原理がどのようにして生まれてきたか，また，対抗する世界観の根底にある原理がどのような歴史的経緯を辿って生まれてきたかを説明することには，十分に意味がある．それはなぜ対抗する世界観を抱く人々がいるかを我々に対して説明することにもなる．

ウィトゲンシュタインは，正当化の試みにはいつか終りがくると指摘した[12)]．最後は，「これが我々のやり方だ」という地点が来るものである．

しかしそれでも，そこで言う「我々」が何者か——全人類を包括する「我々」か，よりローカルな「我々」か——を明確にすることには大きな意味があるとウィリアムズは言う (HD, 196)．ウィトゲンシュタインは，理解や説明にも限界があることをカントから，言語の意味の条件付けに関する関心をフレーゲやラッセルから，そして哲学がきわめて特殊な，病理学的な学問であるとの観念を彼自身から得た．これらの観念に導かれてウィトゲンシュタインは，「我々」についてきわめて包括的な理解に行き着く一方，哲学は何の「説明」でもない——科学的説明でもないしその他の説明でもない——それは哲学

適切に指摘するように，我々は自分たちの思考様式から抜け出す (get outside) ことはできない．論理学を批判する者はやはり論理に訴える必要があり，ある宇宙観をまやかしだと批判する者はやはり客観的な物理学に依拠する必要がある．しかし抜け出すことのできない要素は，普遍的客観性を帯有しているとは限らない．ユーモアを感じるか否かは，我々のユーモアのセンスに依存する．それを抜け出した地点にユーモアはあり得ない．しかし，その「我々」は全人類を包括する「我々」ではない．ユーモアのセンスはローカルであり，パロキアルである．同じことが道徳理論や政治理論についても言える (Williams, '*The Last Word*, by Thomas Nagel', supra note 3, pp. 380–87).

12) Cf. Bernard Williams, 'Wittgenstein and idealism', in his *Moral Luck* (Cambridge University Press, 1981). ウィリアムズが例示するウィトゲンシュタインの言明は次のようなものである (ibid., p. 156).「しかし，この世界に関する私の描写を獲得するのは，それが正しいと納得したからではない．それが正しいと納得しているから，今でもそれが私にとっての世界の描写であり続けているわけでもない．違う．私が真と偽とを区別するのは，私が受け継いだ素養 (background) によってだ」(Ludwig Wittgenstein, *On Certainty*, eds., G. E. M. Anscombe and G. H. von Wright (Blackwell, 1977), Section 94).「『それは確実だ We are quite sure of it』という言明が意味しているのは，誰もがそう確信しているということにはとどまらない．それは，我々がみな学知と教育によって結びつけられた一つの共同体に属していることをも意味している」(*On Certainty*, Section 298). 特定の「我々」に共有された生活様式の支える言語ゲームに関するウィトゲンシュタインの観察をここで援用することもできる (長谷部「理性の彼方の軽やかな希望」(前掲注 (1)) 78 頁).

的説明としか言いようのないものだとの結論に到達した．それは謎の解明(elucidation)であり，本人がすでに知っていることの想起を促すこと(reminder)である．こうした探究の過程でウィトゲンシュタインは，哲学の取り組むべき課題がアプリオリなものであり，それのみであると前提してかかっている．この前提は疑問に附されるべきだとウィリアムズは言う(HD, 196).

この前提から解放されたなら，我々はよりローカルな「我々」に対して正統な関心を抱くことができるようになる[13].

しかし，我々の哲学的営為には限界があることに注意すべきである(HD, 196–97). 我々は我々の世界観を乗り越えることはできない．したがって，我々の政治理論や道徳理論の将来を予測することはできない．それらが将来，どのような途を辿るかは，歴史的偶然のしからしむるところである．

6　むすび

ウィリアムズが哲学について指摘することは，法学や政治理論についても妥当する．むしろ，法学や政治理論についてはより強く妥当すると言うべきであろう[14].

法学や政治理論は，物理学や数学とは異なる．人の社会的な営みの意味づけにかかわる法学や政治理論に特定の視点はつきものである[15]．ローカルな文化や実践と全く無関係に妥当する法学や政治理論は存在しない．ある法理論がなぜ有効かを理解するには，それを抱く人々がどのような視点からものごとを見ているか，どのような文化や実践の中で生きている人々なのかを理解する必要がある．そのためには，そうした文化や実践がどのような歴史的経緯を辿って

---

13) ウィトゲンシュタインの哲学観に含まれるこの問題点については，長谷部「理性の彼方の軽やかな希望」(前掲注(1)) 本書 79 頁参照.

14) この点をアイザィア・バーリンの議論を援用しながら論ずるものとして，長谷部「比べようのないもの」(前掲注(1)) 本書第 2 章がある．価値の多元性と比較不能性の意義を強調する点で，バーリンとウィリアムズの議論は共通している.

15) 特定の視点は，ある社会の全体を覆うとは限らない．一つの社会内部にも，比較不能な複数の観点が共存し得る．道徳の普遍性を強調したカントも，善悪に関する判断がすべて普遍的な道徳原理に還元し得るとは考えていなかった．この点については，長谷部「普遍的道徳と人格形成の間」(前掲注(1)) 73–74 頁参照.

生まれてきたかを理解する必要がある．

たとえば，隣国では第二次大戦後，9回も憲法を改正している，日本もだから憲法を改正すべきだという議論は，我々自身の辿ってきた特殊な歴史的経緯に――隣国の辿った特殊な歴史的経緯にも――無頓着な議論である．なぜ隣国では9回も憲法が改正されたのか，体制の根本的な変革を伴うクーデタが何度も発生したのではないか，それはなぜなのか．それに対して，日本は戦後，同一の政治体制を守り続けてきた．それはいかなる事情によるのか．それぞれの国と社会の辿ってきた特殊な歴史的経緯を考慮することなく，ただ改正の回数を比較することには何の意味もない．

現在に至るまでの歴史的経緯もローカルな実践もすべてかなぐり捨て，何ものにもとらわれない絶対的視点から何が「合理的」かを議論しなおすべきだという主張は，法学や政治学ではそもそも妥当しない普遍主義の罠に陥った人々にしてはじめてなし得る，浅薄な科学主義的誤謬である．我々は我々の歴史を理解し，その歴史の帰結としての我々の実践と理論とを抱きしめて生きるしかない．それ以外に，人間としての生は存在しない．

初出一覧

第 1 章　原題「国家権力の正当性とその限界」岩村正彦他編『岩波講座現代の法 I 現代国家と法』(岩波書店，1997)

第 2 章　原題「憲法学における比較不能性」『芦部信喜先生古稀祝賀　現代立憲主義の展開　下』(有斐閣，1993)

第 3 章　原題「平井宜雄教授『法律学基礎論』の基礎」ジュリスト 1010 号 (1992)

第 4 章　「文化の多様性と立憲主義の未来」井上達夫他編『法の臨界 I 法的思考の再定位』(東京大学出版会，1999)

第 5 章　「理性の彼方の軽やかな希望」法律時報 68 巻 6 号 (1996)

第 6 章　原題「多数決の『正しさ』と人権の保障」国際人権 7 号 (1996)

第 7 章　「それでも基準は二重である!」憲法理論研究会編『人権保障と現代国家』(敬文堂，1995)

第 8 章　「制定法の解釈と立法者意思」北村一郎編集代表『現代ヨーロッパ法の展望』(東京大学出版会，1998)

第 9 章　「司法審査と民主主義の正当性」法律時報 69 巻 6 号 (1997)

第10章　「法の支配が意味しないこと」『小林直樹先生古稀祝賀　憲法学の展望』(有斐閣，1991)

第11章　「厳格憲法解釈論の本質と精神」法律時報 63 巻 8 号 (1991)

補論 I　書き下ろし

補論 II　書き下ろし

索　引

あ　行

依存テーゼ　4
一般意思　89, 90, 91, 92, 94, 95, 96, 129, 131, 133
一般性への渇望　54
一般的な行動の自由　69, 101
意味論　119, 121, 173, 175, 176

か　行

解釈理論(トロペールの)　113, 116, 185, 186
解釈理論(マルモアの)　113–33
科学主義　191, 193, 194, 196, 197, 201
価値相対主義　37
カルドア=ヒックス基準　3
寛容原理　173, 174, 175, 176, 177
議会主権　152
基礎言明　40
基本財　60
共同体論　52, 54, 58
共和主義　32, 40, 141, 142, 146
「切り札」としての権利　33, 68, 69, 95
近代立憲主義　50, 51, 52, 53, 56, 57, 73, 136, 149
経済活動規制　107–11
結社　91, 92, 133
権威　3, 43, 67, 125, 126, 131, 145, 146, 183, 189
厳格憲法解釈　163, 164, 165, 166, 167, 168, 169
言語ゲーム　52, 54, 55, 78, 79, 83, 84, 86, 199
現代立憲主義　50, 51, 53, 58
憲法９条　21
憲法の科学　25, 36
公共空間　10, 53, 59, 60, 67, 68, 78, 136, 142
公共財　7, 10, 49, 50, 104, 160
功利主義　89, 95, 128, 129, 144, 156, 158, 188
コーポラティズム　161
個人の自律　102, 103, 156, 158, 160
コモン・ロー　41, 57, 146
語用論　119, 120, 121, 122, 173, 175, 176
コンドルセの定理　89, 91, 92, 93, 94, 95, 96, 129

さ　行

最大幸福原理　157, 158
裁判の最終性　184, 186
シヴィック・ヒューマニズム　22
始源状態　58, 60, 66
資源の平等　102
自己言及　139
自己授権　185, 186, 187, 188, 189
事実の規範力　157
自然権　9, 10, 62, 106, 107
自然状態　1, 3, 9, 10, 11, 12, 13, 15, 18, 52
実証主義モデル(コモン・ローの)　41
自文化中心主義　84, 87
司法審査の正当性　94, 135, 145
司法審査の正統性　141, 144
社会契約　1, 2, 9, 11, 12, 13
自由至上主義　158, 168
自由主義　32, 40
囚人のディレンマ　6, 8, 9, 13, 14, 15, 18, 21, 23
承認のルール　37
正解テーゼ　138,177, 178, 179, 182
生活様式　78, 199
正義の状況　196
制約された最大化追求者　13
世界の絶対的な観念　192, 193
選好功利主義　69
争訟の状況　182

た　行

多元主義(価値の)　143
多元主義(政治的)　32, 40, 112, 141, 142, 143, 144, 146, 147, 148
多元主義(文化的)　69
単純な最大化追求者　13
チキン・ゲーム　15, 17, 18

調整問題　5, 8, 9, 14, 23, 49, 50, 125, 126, 156, 157, 179, 182, 188
超然とした視点　35, 36
徴兵制　23
通常正当化テーゼ　4, 8, 22, 125
伝統モデル(コモン・ローの)　44, 47, 56
特殊意思　91, 95

な　行

内的視点　32, 35, 36, 41, 138
ナショナリズム　52, 54
二重の基準論　99, 100, 102, 107
ネオ・プラグマティズム　80

は　行

パラダイム　32, 34, 75, 76, 83, 84, 86, 94, 120, 138
パラドックス(ウィトゲンシュタインの)　114, 115, 116, 118, 119, 180
パラドックス(山の)　174, 181
比較可能　40, 74
比較不能　29, 30, 31, 34, 35, 37, 57, 61, 65, 67, 68, 69, 70, 71, 75, 76, 77, 86, 89, 136, 142, 143, 174, 175, 200
開かれた構造　167
比例代表制　96
不確定性(法の)　171–90
不完全性(法の)　174
福祉国家　152, 158, 159, 161, 168
福祉の平等　102
部分社会　91, 133
普遍主義　191, 197, 201
フランス革命　73, 80
法実証主義　64, 66, 67
法の支配　149–69, 180, 183, 184, 187, 189
法律学基礎論　39, 45, 75
ポストモダニズム　73, 74, 76, 77, 79, 80, 83, 84, 86

ま　行

見えざる手　12
名誉革命　16
命令委任　96
免責特権　147

や　行

より強い者の権利　18

ら　行

利益集団自由主義　161
立法者意思　123, 124, 125, 127, 128, 131, 133
理念型　26, 27
リベラリズム　50, 51, 52, 54, 57, 58, 61, 62, 66, 69, 70, 84, 135, 136, 137, 142, 194, 196, 197, 198

著者略歴

1956年　広島に生まれる
1979年　東京大学法学部卒業
現　在　早稲田大学法学学術院教授．東京大学名誉教授

主要著書

『権力への懐疑——憲法学のメタ理論』日本評論社，1991年
『テレビの憲法理論——多メディア・多チャンネル時代の放送法制』弘文堂，1992年
『憲法学のフロンティア』岩波書店，1999年
『憲法と平和を問いなおす』ちくま新書，2004年
『憲法とは何か』岩波新書，2006年
『Interactive 憲法』有斐閣，2006年
『憲法の境界』羽鳥書店，2009年
『憲法入門』羽鳥書店，2010年
『憲法の imagination』羽鳥書店，2010年
『続・Interactive 憲法』有斐閣，2011年
『憲法の円環』岩波書店，2013年
『法とは何か——法思想史入門 増補新版』河出書房新社，2015年
『憲法の理性 増補新装版』東京大学出版会，2016年
『憲法の論理』有斐閣，2017年
『憲法 第7版』新世社，2018年

比較不能な価値の迷路　増補新装版
リベラル・デモクラシーの憲法理論

2000年1月7日　初　版 第1刷
2018年4月13日　増補新装版 第1刷

［検印廃止］

著　者　長谷部恭男（はせべやすお）

発行所　一般財団法人　東京大学出版会
代表者　吉見俊哉
153-0041 東京都目黒区駒場4-5-29
電話 03-6407-1069・Fax 03-6407-1991
振替 00160-6-59964

印刷所　研究社印刷株式会社
製本所　牧製本印刷株式会社

ISBN 978-4-13-031191-5 Printed in Japan